古典文獻研究輯刊

三　編

潘美月・杜潔祥　主編

第 **17** 冊

清儒與元史

吳宗儒　著

國家圖書館出版品預行編目資料

清儒與元史／吳宗儒著 — 初版 — 台北縣永和市：花木蘭文化
出版社，2006〔民 95〕

杜序 2+ 黃序 2+ 自序 2+ 目 2+164 面；19×26 公分
（古典文獻研究輯刊 三編：第 17 冊）
ISBN：978-986-7128-48-5（精裝）
ISBN：986-7128-48-6（精裝）
1. 學術思思 – 中國 – 清（1644-1912）
2. 史學 – 中國 – 元（1260-1368）
112.7   95015445

古典文獻研究輯刊   ISBN：978-986-7128-48-5
三 編 第十七冊   ISBN：986-7128-48-6

清儒與元史

作　　者　吳宗儒
主　　編　潘美月　杜潔祥
企劃出版　北京大學文化資源研究中心
出　　版　花木蘭文化出版社
發 行 所　花木蘭文化出版社
發 行 人　高小娟
聯絡地址　台北縣永和市中正路五九五號七樓之三
　　　　　電話：02-2923-1455／傳眞：02-2923-1452
電子信箱　sut81518@ms59.hinet.net
初　　版　2006 年 9 月
定　　價　三編 30 冊（精裝）新台幣 46,500 元

作者簡介

吳宗儒，臺灣台北人，民國五十七年生，輔仁大學歷史系畢業，政大歷史研究所碩士，現任國家公務員。自幼即嗜史，治學則以思想史、史學理論、史學史、政治史、外交史最相契合，著有論文〈清代學風與清儒的元史學〉。

提　　要

　　中國的「清學時代」，自明末清初迄於民國初年。這三百年來，展現了兩大學術典範（Paradigm），一是「興樸學」，為傳統中國學術作總整理的功夫；一是「啟西學」，為中國學術開新生命的氣象。換句話說，清學不只扮演了傳統中國與現代中國的橋樑，也擔負起中國文化走向世界文化的推手。清學依時代風尚分成四個時期，即清初學風、乾嘉學風、道咸學風及同光學風，各時期皆有其特色，而皆能紹往開來，推陳出新，導引中國學術洪流不斷向新時代前進。

　　欲知清學，以清儒一門重要學術入門是絕佳研究途徑。清儒的元史學，因滿清入關而起，因乾嘉樸風而興，因道咸經世而盛，因同光西風而大，聲氣所播，為清代學術界之一大運動。究其所學，反映出五大歷史意義：異族政權的啟示、清代學風的寫照、西北危機的呼聲、中體西用的先河以及清儒傑出的史學。彷彿清儒經學，實不朽之盛業焉。

　　本書名「清儒與元史」，意欲由清代一門傑出史學，觀清儒治學志趣及一代學風發展，是屬於學術史（intellectual history）的範疇。文分七章：「第一章：序曲」、「第二章：蒙元史學與元史的問世」、「第三章：清初學風與元史學的初放異彩」、「第四章：乾嘉學風與元史學的啟蒙運動」、「第五章：道咸學風與元史學成熟時代的來臨」、「第六章：同光學風與元史學的極盛時代」、「第七章：尾聲」。

　　當我覽讀他們的故事及其成就時，彷彿我也置身於清代世界。在提筆寫下他們時，我猶如又看到一群梁山好漢出現在我的眼前。最後，完成本文時，我歡喜無限，好似寫成了一部清史儒林傳。

目錄

杜　序

　　清代是中國歷史上史學極盛的時代之一。極富科學精神的歷史考據學，於此時最爲流行，其學尊重事實，尊重證據，實事求是，不涉虛誕。自清初迄於乾嘉，蓬勃發展，道咸以後，世變日亟，而其學不絕。凡清代最被稱譽的歷史作品，往往是歷史考據學的作品。如顧炎武的《日知錄》，王鳴盛的《十七史商榷》，錢大昕的《廿二史考異》，皆其著者。史學大業，自記注、撰述開其端，而必以考據繼其後。史官的記錄天下事，當事人就所見所聞所歷所思以記載，都是記注之業。網羅前代遺文故冊，運以別識心裁，以成一家之言，是所謂撰述。撰述有偏失，記注多訛誤，信史不存，實錄蕩然，於是考據出。清代三百年中，史學家前後相繼，傾力爲舊史訂譌文，正誤謬，補闕漏，輯遺逸，「去其一非，成其百是」，歷史的眞相，自此出現。此與西方十九世紀極爲流行的科學史學，若相呼應。歷史需眞，而考據適以求眞。清代歷史考據學的價值，永遠不朽，應不待辯。

　　清代繼明之後，政治嚴酷，文獄屢興，史學家寫史的自由，遠不能與宋代相比，以致史學上的記注、撰述之業，落於宋代之後。惟自清代浙東史學而言，清代史學的記注與撰述，亦有可觀，不容盡掩。

　　發源於南宋的浙東史學，至清初以後而大放異彩。大史學家黃宗羲、萬斯同、全祖望、邵晉涵、章學誠競出其間。此派史學，與歷史考據學異趣。以存眞的精神，撰寫近世當代之史，爲其史學的鵠的；以博大的思想，創垂學術思想之史，爲其史學的新猷；博羅文獻，尋求史義，爲其史學的前景。數者皆是極爲珍貴的史學。所以，《南雷文約》、《南雷文案》、《南雷文定》、《鮚埼亭集》、《鮚埼亭集外編》，無異史官的記錄；《明儒學案》、《宋元學案》，與近代風行的學術思想史，沒有區別；尋求史義，爲史學開闢叢，《文史通義》、《校讎通義》所扮演的角色，最值肯定。值考據學披靡之日，浙東史學有此建樹，令人驚喜而讚歎。

　　元史學的研究，也是清代史學的豐功偉績。元代是第一個完全征服中國的外族政權，明兩次設局費時僅三百三十一日修成的《元史》，則是中國正史最陋劣的一部。其中本紀或一事而再書，列傳或一人而兩傳，宰相表或有姓無名，諸王表或有封號無人名，紕謬累累，不可勝述，史學家深知之。而時值清以外族入主中國，與元入主中國的情況相同，研究元史，遂無禁忌，史學界乃掀起研究元史的風氣。自清出

至清末，名家輩出。其研究初期，集中於糾謬攻瑕，道咸以後，經世思想滲入其中，由元史而及於西北地理；晚清則延及於西學。洪鈞的《元史譯文證補》，屠寄的《蒙兀兒史記》，柯劭忞的《新元史》，都是巨著。論清代史學，此為重要的一端，而系統的研究，有待後起的學者。

吳君宗儒性情恬淡，獨嗜史學，從輔大歷史系畢業以後，考入政大歷史研究所，選擇清代史學為研究範圍，沉潛其中，如醉如癡。其碩士論文以《清代學風與清儒的元史學》為題，氣勢磅礴，視野寬廣。學風部分，論及清初學風、乾嘉學風、道咸學風、同光學風；元史學部分，以孫承澤、邵遠平、錢大昕、魏源、洪鈞、屠寄、柯劭忞為重心，而涉及元史學研究的人物多至數十人。所須蒐集的資料無窮，所待發揮的議論紛紛，而〈尾聲〉一章，議論、意境、文采，皆臻優美的境界。長期載沉載浮於史料淵海之中，最後能出於其上，瀟灑自如。宗儒應是已完全追入史學的宮殿了。

值宗儒論文即將問世之日，謬贅數語，以為之序。

杜維運　民國九十五年六月序於溫哥華

黃　序

　　大概十一二年前筆者開始對元史學產生興趣，此緣起於《元史》一書。明初宋濂、王禕等史官僅用了三百三十一天的時間便修成《元史》，其進度之速，真令人咋舌；然而其素質向為人所詬病；以清人而言，乾嘉大儒錢大昕之評價尤其負面。個人乃對該書的若干問題，如纂修之起迄時間及成書何以如此之速等等問題予以探討，爰成〈《元史》纂修若干問題辯析〉一文（刊登於《東吳歷史學報》創刊號，1995年）。嗣後又對錢大昕之元史研究、邵遠平《元史類編》、汪輝祖《元史本證》等的元史專著，以至趙翼《廿二史劄記》中的《元史》部份及孫承澤、畢沅等人的相關著作，逐一予以鑽研闡述。後乃彙整各文而組成《清人元史學探研－清初至清中葉》一書（台北：稻鄉出版社，2000年）。

　　中國史學史之研究向來不甚受人青睞，清人元史學尤其冷門。摯友蘇州大學退休教授張承宗先生〈清代的元史研究〉（發表於《史學史研究》，1992年）可謂嚆矢之作，惜失諸簡略，然創始之功固不可抹。吳宗儒先生《清代學風與清儒的元史學》（政治大學史學研究所碩士論文，1998年）可謂台灣方面甚早且具相當份量的專著。後得悉宗儒大文乃由筆者素所欽崇之史學大師杜維運先生悉心指導而撰成，宜乎其論文之質素遠在一般碩士論文之上也。

　　憶1998年初夏，宗儒攜其初成之論文求見，謂由其導師杜維運教授指引而前來者。其肫肫懇懇問難求學之情至今猶歷歷在目，蓋今之古人也。惟以其他考量而未克報考博士，惜哉！

　　1998年間，筆者正值撰寫《清人元史學探研－清初至清中葉》一書。宗儒之著作適巧成為拙著最可參考的讀物，而筆者從中實亦獲益匪淺。筆者邊參考該著作，邊隨手糾補其中或不免失誤疏略之處。事後乃原書奉還宗儒，並力促其付梓，以嘉惠學林。惟宗儒謙謹慎重，其事乃一再蹉跎。月前忽接宗儒來電，謂決定出書云。筆者喜不自勝，以其書實嘉惠士林而必可傳也；此為讀者及學術界而喜也。就宗儒而言，固亦可喜之至，以多年心血結晶之得以"重光"也。筆者有幸獲邀綴數語於簡端，是為序。

黃兆強序於東吳大學文學院辦公室
2006年7月4日

自 序

　　此書是我民國 87 年 6 月的碩士論文，原名爲《清代學風與清儒的元史學》。去年 9 月，始利用公餘閒暇修訂。在保存原文風貌的原則下，只作內容及文字的潤飾校正，並以《清儒與元史》爲名出版。邊讀邊校，不時感嘆，若要我重撰本書，恐怕我也寫不出來了。

　　回憶當初本文撰寫，甘苦不在話下。很感謝杜維運老師的指導與提攜，使我能完成學位。杜老師謙謙君子，平易近人，有傳統中國士人溫文爾雅的典型，也有西方彬彬有禮的紳士風範，可說是與他治中西史學於一爐的形象互相輝映。其謙和敦厚，尤值得我們後輩效法與學習。也很感謝閻沁恒教授及蕭啓慶教授，口試時熱心的指教。當年，三位大師談笑間通過了我的論文口試，並給予我高分成績，使我至今銘感在心。

　　此外，我也要感謝甲凱老師，在我就讀大學時，啓蒙我很多的史學理念，特別是學術思想史方面。本書之作，有部份原因是來自他的啓蒙。另亦感謝侯坤宏學長及陳祥雲學長，在我就讀碩士班期間對我的照顧。值得一提的是，東吳大學文學院長黃兆強教授，曾對本文細讀與校正，並多次引用於他的力作《清人研史學探研——清初至清中葉》中，增添了本書的光彩。同時，也慨然應允書序，令人感動，在此一併致謝。

　　畢業後八年來，我立業，也成家了。從三十而立的青年邁入即將四十不惑的中年時，我忽然感悟歷史確是有體有用之學。學生時代讀史，是「實事求是」，到了社會大學，則是「經世治用」。現在，我從事公職，於此體會尤深。所以，公餘閒暇時，仍以讀史或觀賞歷史劇爲樂事。誰曰歷史無用？

　　談到歷史有體有用，我不得不推崇治元史的清儒們。從事歷史研究者，應當效法他們，兼俱「實事求是」與「經世致用」的精神。雖說歷史之撰，多采多姿，然仍應以關懷國家興衰及生民休戚爲重心。若治學，既無益於國家社會，也不通於人情世故，只是淪於學者的玩物之學，則歷史眞是無用了，同時也是學者生命的浪費。讀者諸君，以爲然否？

　　最後，特別感謝花木蘭文化出版社對我的信任與支持，使本文有幸問世。此書有任何錯誤疏陋，概由我完全負責，惟幸大雅教正焉。是爲序。

吳宗儒民國 95 年仲夏台北景美

第一章　序　曲

第一節　清代學術的歷史地位

太古官師合一兼，東周諸子開雲天；兩漢經師號獨盛，魏晉哲人術最玄；

隋唐講佛邀宋辯，元明談理激清顛；古風之後又西風，羌笛之外添新弦。

中國學術思想的發展，常隨著歷史的流變，而呈現不同的時代特色，故有所謂「上古官學」、「東周諸子」、「兩漢經學」、「魏晉玄學」、「隋唐佛學」以及「宋元明理學」是也。逮至清代，又別開新象，而有「清學」之名。《清史稿》卷四百八十四〈文苑傳〉云：

清代學術，超漢越宋。論者至欲特立「清學」之名，而文學並重，亦

足於漢、唐、宋、明以外別樹一宗，嗚呼盛已！

清學時代，由明末清初始，至民國初年止（即 17 世紀至 20 世紀初），約三百年。這三百年間，因清儒究心經世實學，反對空疏心學，而興樸學之風。〔註 1〕樸學是

〔註 1〕沈兼士於〈近三十年來中國史學之趨勢〉云：「清代學術是以樸學始，以樸學終。」（收入《沈兼士學術論文集》，北京中華書局，1986 年 12 月）

清學一直發展到民國初年。姚從吾先生在民國 52 年 11 月 6 日寫信給他的學生蕭啓慶教授說：「我在北大念書時，頗得名師指導，如屠敬山，柯鳳蓀，張相文先生，都是我大學時代的導師，……所謂乾嘉樸學，是朝夕掛在嘴上的。」（收入於王德毅著的〈姚從吾先生年譜〉，《台大歷史學報》，民 63 年 5 月，第一期）

所謂「西化學術」者，五四新文化運動以後始可稱之。周予同於〈「漢學」與「宋學」〉云：「清代三百年得學術思想，雖是「宋學」的反動，但只是「漢學」的復興，而不是新學（西學）的胚始。」（收於《周予同經學史論著選輯》，上海人民出版社，1983 年）巴勒克勞夫（Geoffrey Barraclough）《歷史的主要趨勢》亦云：「中國傳統史學的崩解，如果不是從 1905 年開始，就必須向後推至 1919 年算起。」（*Main Trends in History*, New york，1978，p.138）

一門講究訓詁考釋的學問，原由考據經學始，後及於小學、史學、子學、金石、興地、曆算、音韻等學，因旁徵博引，正本考源，無形中對傳統學術作了總整理的功夫。〔註2〕因為清儒貢獻實在太大了，故現代興起研究「清學」的熱潮。〔註3〕

中國的清代，也是西方世界崛起的大時代，所以西學的輸入，是清代學術的另一件大事。明末清初，是西學輸入的初始，當時西方天主教傳教士扮演了重要的角色，傳播天文學、數學、地理學、宗教等方面的知識，因僅中國少數知識份子參與其中，故影響不大。至十九世紀中葉，西人挾船堅礮利之勢，耀威中原，西學也彷彿如同滔滔江海，沛然莫之能禦的氣勢輸入中國，使中國產生了三千年來未有之變局，而有了「競譯西書，道藝並重」〔註4〕的劇烈轉變。而這股西風，至今依然狂飆。

總之，我們綜觀清代學術，可知其展現了兩大學術典範（Paradigm）〔註5〕，一是「興樸學」，為傳統中國學術作總整理的功夫；一是「啓西學」，為中國學術開新生命的氣象。換句話說，清學不只扮演了傳統中國與現代中國的橋樑，也擔負起中國文化走向世界文化的推手。處於如此的關鍵年代，正是清學享有歷史地位的重要原因。

除了「樸學」與「西學」兩大典範外，再由時間發展序列來看，清學也有其內在的歷史變遷，而其變遷又與清代政治社會變動相依。《清史稿》卷四百七十六〈循吏傳〉記載了有清一代的史治興衰：

〔註2〕清代興樸學之風與反宋元明理學有相當的關係。方東樹（1772～1851）於《漢學商兌》序中，歸納清代漢學家罪宋學者有三端，其云：「一則以其講學標榜，門戶紛爭，為害於家國；一則以其言心言性言理，墮於空虛心學禪宗，為歧於聖道；一則以高談性命，束書不觀，空疏不學，為荒於經術。」

〔註3〕有不少近代學者，每以清朝為異族統治且皇權極盛，以及樸學是清儒避難下的產物，而否定清學。故其治思想，不談清學，論史學地位，也言清不如宋，甚至高唱清代是中華文化倒退的時代，此實對清儒誤解而生不公允之論。

〔註4〕《清史稿》卷一百四十五〈藝文志〉。

〔註5〕典範（Paradigm）之意，是指某一特定時期，參與某一個研究工作的學術社群，所共同持有的基本觀點與研究方法。「典範」一詞，由美國科學史家孔恩（Thomas Kuhn）於1962年出版的《科學革命的結構》（The structure of scientific Revolution）提出，其意約有五項：
　　（1）典範是一套「信念或信念系統」（Belief system）。
　　（2）典範是一種「世界觀」（world view）。
　　（3）典範是一種觀察的方式（A Way of seeing）：
　　（4）典範是一種普遍性的觀點（A general perspective）：
　　（5）典範是最高的「共識單位」（Unit of consensus）：
（詳見吳瓊恩《行政學》，台北，三民書局，民國85年9月出版，頁61～64）

清初以武功定天下，日不暇給。世祖親政，始課吏治，詔嚴舉劾，樹之風聲。聖祖平定三藩之後，與民休息，拔擢廉吏，如于成龍、彭鵬、陳璸、郭琇、趙申喬、陳鵬年等，皆由縣令洊歷部院封疆，治理蒸蒸，於斯為盛。世宗綜覈名實，人知奉法。乾隆初政，循而勿失。國家豐亨豫大之修，蓋數十年吏治清名之效也。及後權相用事，政以賄成，蠹國病民，亂萌以作。仁宗矯之，冀滌瑕穢。道、咸以來，軍事興而吏治疏。同治中興，疆吏賢者猶能激昂清濁，以彌縫其間。又遷調不時，雖有潔己愛民者，亦不易自取其職。論者謂有清一代，治民寬而吏治嚴，其弊也奉行故事，實政不修，吏道媮而民生益蹙。迨紀綱漸隳，康、雍澄清之治，藐焉不可見。觀此，誠得失之林也。

《清史稿》卷四百八十四〈文苑傳〉，記載了政治興衰下的學術反映：

明末文衰甚矣，清室既興，文氣亦隨之而一振。謙益歸命，以詩文雄於時，足負起衰之責；而魏、侯、申、吳，山林遺逸，隱與推移，亦開風氣之先。康、乾文治，文教大昌，聖祖賢臣，莫不以提倡文化為己任。師儒崛起，尤盛一時，自王、朱以及方、惲，各擅其勝。文運盛衰，實通世運。此當舉其全體，若必執一人一地言之，轉失之隘，豈定論哉？道、咸多故，文體日衰，龔、魏之徒，乘時立說。同治中興，文風又起。曾國藩立言有體，濟以德功，實集其大成。光宣以後，支離龐雜，不足言文久矣。

蓋文化學術乃時代之精神反映也，往往政治、社會之變遷，亦將引導學術新生命之開展。據此，我們可觀清代學風歷經四變：〔註6〕

1、清初學風　順康之世，天造草昧，學者多生勝國遺老，離喪亂之後，志在經世，故多為致用之學。求之經史，得其本原，一掃明代苟且破碎之習，而實學以興。

2、乾嘉學風　雍正以後，紀綱既張，天下大定，士大夫得肆意稽古，不復視為經世之具，而經史小學專門之業興焉。

3、道咸學風　嘉道之世，政治中衰，經世之風又起，思「實事求是」與「經世治用」並重。而漢學不再獨尊，史學意識昂揚，學風發展多元，西方之學初昌。

4、同光學風　同光之世，思變日亟，洋務運動，戊戌變法，新政立憲，而西風興焉。究西學者思治，研今文者思變，考遼金元西北輿地者思用，務

〔註6〕王國維〈沈乙庵先生七十壽序〉一文，分清代「國初」、「乾嘉」、「道咸」三變。本文清初、乾嘉皆引其文。唯道咸、同光相承而不相類，故本文再區別之。

皆期於經世精神。

此四學風，不僅呈現了清學的遞嬗傳承，也說明了清學的歷史地位，故以「清學」之名，鼎足歷代，無愧色焉。

第二節　清儒元史學的歷史意義

思欲知悉清學，以有清一重要學術入門是絕佳研究途徑。清儒元史學具有這樣的歷史地位。

清儒元史學，因滿清入主中土而起，因乾嘉樸風而興，因道咸經世而盛，因同光西風而大，聲氣所播，實爲清代史學界之一大運動。鄭鶴聲〈清儒對於「元史學」之研究〉云：

> 清儒的元史學，爲有一系統之研究，聲氣所播，實爲清代史學界之一
> 大運動。〔註7〕

元史學蓬勃於清代，並非偶然，實當時政治與學風下的時代反映。究其所興，實反映了五大歷史意義：「異族政權的啓示」、「清代學風的寫照」、「西北危機的呼聲」、「中體西用的先河」及「清儒傑出的史學」。

一、異族政權的啓示

自古以來，西北即爲中國的邊防重地，長期的胡漢衝突融合，寫下不少動人的史詩悲歌。十七世紀，滿清繼蒙元以邊疆民族征服中國，使當時朝野興起了「鑑元知清」的思想。如清太宗詔譯遼、金、元三史，即是政治借鏡的一種表示。後來又有高宗詔修《遼金元三史國語解》，正三史之人、地、官、物譯名之舉。

清儒處異族統治下，感受更是深刻。清初有孫承澤者，撰《元朝人物略》感慨自身。錢大昕一生悴力於元史學，「鑑元知清」是他的動機之一。其〈答袁簡齋第三書〉云：

> 元中書省有右丞相、左丞相，有平章政事，有右丞、左丞，有參知政
> 事，皆稱宰輔，而秉政者丞相也，皆蒙古、色目世家爲之。平章間有用事
> 者，右丞以下，雖曰與聞國政，其委任已輕矣。世祖之世，平章兼用漢人，
> 成宗以後，漢人授平章不過李孟、張珪、王毅三人，右丞以下始參以漢人。

〔註7〕鄭鶴聲〈清儒對於「元史學」之研究〉，載於民國24年12月及25年3月《史地學報》第3卷第4期及第5期。又收於杜維運、黃進興編《中國史學史論文選輯》第二冊，華世出版社，民國68年出版。

然南人初無入中書者，順帝始有危素一人，亦僅得參政耳。〔註8〕

是「鑑往知來」的一種影射。〔註9〕此又可於趙翼《廿二史箚記》中之〈元制百官皆蒙古人為之長〉、〈元諸帝多大臣擁立〉與〈金元二代立皇太子皆不吉〉獲得印證。〔註10〕

魏源更明白表示，元室尊重宋文化，兵不血刃下一統江山，以暗諷清室之濫殺無辜，以及扼殺漢人氣節的種種作為。其《元史新編》云：

> 元承遼金入中原，從無變更宋人衣冠及薙髮之事，而金代郊祀，且執玉珪，則並參用漢制，故伯顏下江南，兵不血刃，杭民安堵，亦無一人變動者。由紀律寬嚴，絕無削髮、改衣冠之令也，故其官服制度亦無可考。〔註11〕

魏源又以元朝末肇提醒當道：

> 元有天下，其疆土之袤，海漕之富，兵力物力之雄，均超漢唐而過之。自塞外三帝，中原七帝皆英武踵立，僅末造一朝偶爾失馭，曾未至幽厲桓靈之甚，遂至魚爛河潰，不可救者何哉？夫大道之行也，天下為公，公則中外一家，不公則南北瓦裂。元初尚無內蒙古色目，外漢人南人之見，惟中葉以後，始分畛域，凡臺省長官皆蒙古舊人，中書政以賄成，臺憲皆以議值而得，甚至出而分巡者，亦競相漁獵以償債帥，不復知綱紀為何物。天道循環，物極必反，故不及百年而向之混一者復成輪裂，乘除勝負，理識其固然哉！〔註12〕

因滿清高壓統治所形成的的種族問題，向來是清儒心中的痛，清儒實亦真心企盼消解之。屠寄於《蒙兀兒史記》云：

> 宜乎種族之禍，于今為烈已。種族乎！種族乎！彼蒼天者視之，果孰肖於德乎？於戲！元有中國百餘年而亡，清有中國二百六十餘年而亡，諉曰胡漢異種不相容也。彼朱明者，非華族同種耶？何以二百七十餘年而亦亡也？然則自今以往，繼清而起者，勿恃同種相愛，逞其一家天下之私，

〔註8〕《潛研堂文集》卷二十四。

〔註9〕牟潤孫〈錢大昕著述中論政微言〉有云：「錢氏借著講經論史，頗有以古喻今，批評清王朝施行政治的微言。」（本文收入氏著《注史齋叢稿》）

　　　柴德賡於〈王西莊與錢竹汀〉一文，更明白的指出竹汀元史學的「鑑元知清」動機。（見氏著《史學叢考》）

〔註10〕詳見趙翼《廿二史箚記》卷二九與卷三十。

〔註11〕魏源《元史新編》凡例之第11條。

〔註12〕魏源《古微堂外集》卷三〈擬進呈元史新編序〉。

謂二世三世至於千萬世，可傳之無窮也。〔註13〕

如此環境，自然使元史研究多了幾分政治情感的投射，故上焉者倡之，下焉者究之，使元史學成爲清代學術中一門很特殊的學問。

二、清代學風的寫照

清儒元史學，彷彿見證了清學三百年的歷史。清初，究經世學風，元史研究爲勝國遺老的精神寄託；乾嘉時代，樸學流行，元史爲學者的考據鵠的；道咸經世學風再起，元史學成爲「實事求是」與「經世治用」的利器；同光盛行西潮，元史學首開西史證中史的風氣。

元史學盛於清代，又與清代考據學特別發達有密切的關係。蓋清學向以漢學爲正統，而能以漢學精神治史者，元史學其一也。李思純《元史學》云：

> 自康乾以來，此一貫之漢學精神與方法，先及群經，次及諸子，而後徐徐以達於史學。又以《元史》在諸史中特爲蕪雜繁難，宜於施用此方法，故致力者獨多，而元史學於以產出焉。〔註14〕

> 清代能以漢學家之精神方法治史者，固捨諸元史學專門家以外莫屬也。〔註15〕

清儒從事元史研究，好作元、清比較。例如論述元清學風時，有的學者主張元代學風不振。如魏源以「留意於經世，進之於義理」〔註16〕的思想，批評元代學風缺少經世精神，謂其「所用非所養，所養非所用，歷朝士風之不振，未有如元者」〔註17〕。有的學者卻認爲元儒有講學安民之功。如沈垚云：

> 自宋王安石引用小人，至金天興之季，中原幾無遺而禍始息。於是江漢先生趙復、魯齋先生許衡，奮起於大亂之後，拯救於焚溺之餘，遂盡革金季惡俗，以開元明之治。二人或仕或不仕，而關繫運則一也。明太祖，嚴刑峻法，誅斬朝士如草芥，而天下不叛者，宋元諸儒講學之功也。成祖靖難之慘，正士皆盡，乃不數年而士氣復振，宋元諸儒講學之功也。講道論德之風，久而成俗，民無異志，士無異習，故雖法慘於上，而俗猶存於下。自宣德至正德，奄寺佞倖，屢汙朝政，而風俗不衰。嗚呼，宋元諸儒

〔註13〕《蒙兀兒史記》卷八〈忽必烈汗本紀〉。
〔註14〕李思純《元史學》，頁52。
〔註15〕李思純《元史學》，頁70。
〔註16〕《元史新編》卷四十七〈文苑傳〉。
〔註17〕《元史新編》卷四十七〈儒林傳〉。

漸漬數百年，乃克有此，斯豈易覯也。〔註18〕

由是嘆「今日風氣，備有元成時之阿諛，大中時之輕薄，明昌、貞祐時之苟且。海宇清宴，而風俗如此，實有書契以來所未見。」〔註19〕

又曾廉亦於《元書》之〈儒林傳〉中，藉元儒通經呵詆晚清棄經之罪也。其云：

> 後之儒生能通經者鮮矣。何也？彼所習者經，而所用者非經也。故後人荒經之罪，不減於焚書也。以其不用，遂相棄而去之，以為非所以謀食者，故李斯亦趨時而已矣。士不趨時而後可以為儒矣，故曰「謀道不謀食」。上用儒術則見，上不用儒術則潛，何徘徊之有哉！不此之為，而病儒術之疏，不知其用之非，非所習之非也。〔註20〕

類此「鑑元知清」的思想，常不時流露於清儒的元史研究中，是清儒一種情感的自然表現。

三、西北危機的呼聲

西北關係著華夏民族的生死存亡，自古以來即為中國國防的重點要塞。中國盛世時代，均奄有西北，例如漢、唐時代；及至西北盡喪，是衰世時代，例如晉、宋時代。〔註21〕

清室定鼎中原後，即積極開拓西北疆域。蒙古地區，自太宗以來即不斷經營，一直到乾隆時設盟旗制度始有效治理。西藏地區，則於世宗初年於拉薩設駐藏辦事大臣。回疆地區，亦於乾隆時納入。然自嘉道年間起，西北危機陸續發生，首為騰格爾之亂，次有英俄南北進向中亞，使西北情勢日趨複雜。西北關係中原民族的生存，刺激了士大夫的憂患意識，遂相繼於西北興學，期有助於時務。而西北興地原為遼金元時故土，故又群趨於三史。

後來歐國侵略日亟，興起了左宗棠保西北與李鴻章固海疆之爭。宗棠道出了當時元史與西北地理學者的共同心聲，其云：

> 伊古以來，中國邊患，西北恆劇於東南。蓋東南以大海為界，形格勢禁，尚易為功。西北廣漠無垠，專恃兵力為強弱，兵少固啟戎心，兵多又耗國，以言防，無天險可限戎馬之足，以言戰，無舟楫可省轉饋之炊，非

〔註18〕沈垚《落帆樓文遺稿》卷一〈史論風俗傳〉。

〔註19〕沈垚《落帆樓文集》卷八〈與張淵甫書〉。

〔註20〕曾廉《元書》卷八十八〈儒林傳〉。

〔註21〕郭廷以〈從張騫到左宗棠──西北兩千年的經營〉云：「（中華民族）對於西北尤為重視，經營開拓，全力以赴，因之成就亦特別偉大。……西北則正關係著中國民族的安全。」（《大陸雜誌》第七卷第一、二期）

若東南之險阻可憑藉，事較易也。周秦至今，惟漢唐爲得中策，及其衰也，舉邊要而捐之，國勢遂益以不振，往代陳跡可覆按矣。顧祖禹於地學最稱淹貫，其論方輿形勢，視列朝建都之地爲重輕。我朝定鼎燕都，蒙部環衛北方，百數十年無峰燧之警，不特前代所謂九邊皆成腹地，即由科布多烏里雅蘇台，以達張家口，亦皆分屯列戍堠相通，而後畿甸安然，蓋祖宗朝削平準部，兼定回部，開新疆，立軍附之所貽也。是故，重新疆者，所以保蒙古，保蒙古者，所以衛京師。西臂指相連，形勢完整，自無隙可乘。若新疆不固，則蒙部不安，匪特陝、甘、山西各邊時虞侵軼，防不勝防，即直北關山亦將無晏眠之日，而況今之與昔事勢攸殊，俄人拓境日廣，由西而東萬餘里，與我北境相連，僅中段有蒙部爲之遮閡，徙薪宜遠，曲突宜先，尤不可不豫爲綢繆者也。〔註22〕

提倡經世意義，呼應西北危機，正是晚清學人樂於研究元史與西北輿學的動機。

四、中體西用的先河

十三世紀崛起的蒙元帝國，是世界歷史的大事，在歐亞各地都留下不少史料。清初，已有法國天主教傳教士譯介中國元史文獻於西方，中國則遲至道咸以後才注意到西方的蒙古學。魏源是當時發現西方蒙古學價值的先驅學者之一，他先引用於《海國圖志》，後又發揮於《元史新編》中。

光緒年間，洪鈞以出使西洋之利，周諮博訪，得波斯拉施特（Rashid-ad-Din）《史集》、志費尼（Juvaini）《世界征服者史》（The History of the World-Conqueror）、蒙古阿卜而嘎錫（Abulghazi）《突厥世系考》、波斯瓦薩甫（Vassaf）《伊兒汗史記》、阿拉伯訥薩怖（Nessavi）《蘇丹只剌哀丁傳》，而法人多桑（D'Hosson）《蒙古史》、德人哈木耳（Von Hammer Purgstatt）《欽察汗國史》、英人霍握斯（Howorth）《蒙古史》等籍，中西史互證，作成《元史譯文證補》一書，掀起元史學革命，導引了中國元史學與西方蒙古學的交流，也催生了中外歷史的比較研究，與當時流行的「中體西用」思想，眞可說是互相輝映。

五、清儒傑出的史學

元史學是清人珍貴的學術資產，不僅有多位學人潛研其中，而且成績非常的豐碩，知名者如顧炎武、黃宗羲、孫承澤、邵遠平、朱彝尊、全祖望、錢大昕、汪輝

〔註22〕《左文襄公全集》，奏稿，卷五十。

祖、趙翼、畢沅、袁枚、祁韻士、徐松、毛嶽生、龔自珍、魏源、沈垚、張穆、何秋濤、盛昱、李文田、洪鈞、文廷式、丁謙、曾廉、沈曾植、葉德輝、王先謙、屠寄、柯劭忞等皆曾與之。他們當中，或者補輯元史，或者改編《元史》，或者校讎蒙元史料，或者考察蒙古地理，或者研究元代政治經濟，或者致力元儒學案，或者刊印蒙元史籍，或者譯介西方蒙古書籍，貢獻鉅大，成就不凡，彷彿清代經學地位，實不朽之盛業焉。所以，晚近學人鄭鶴聲讚為「清代史學界之一大運動」，實在是很有其道理的。

　　或問為何清儒多人志此？這有元史自身的因素，也有大時代環境的配合。李思純云：「元史學者，別無鵠的，即以困難為其鵠的。以其研究之特為困難，而學者乃更群趨之焉。」〔註23〕即是元史學自身的因素。大時代環境的因素，則是「清代異族政權的特質」、「樸學風氣的盛行」、「晚清西北的危機」以及「同光西方蒙古學的輸入」。時勢造英雄，英雄造時勢，學術研究亦然。倘無前開因素之因緣和合，學者見元史之特為困難，恐早已落荒而逃，何能群趨耶？是蓋明室繼元室而立，而元史學不興之意在此也。〔註24〕

　　由於元史學在清代學術具有重要的指標意義，是故晚近學人述此盛事者不少。他們的記錄，不僅使清儒的元史事業常留青史，同時也燦爛了中華文化。〔註25〕唯其美中不足的地方，是對「蒙元史學發展源流」、「清代政治、學術與清儒元史學的關係」以及「清儒元史學的文化生命」所述尚少，而這些正是彰顯清儒元史學非凡成就與不朽地位的地方。本文作者不揣所陋，有志於此。希冀以宏觀的角度，縱橫元史與清儒，以窺知清學的歷史地位及清儒元史學的歷史意義，如有所得，於願足矣。

〔註23〕李思純《元史學》，頁3。

〔註24〕桑原騭藏〈柯劭忞的「新元史帖木兒傳」〉云清儒許多人鑽研元史的原因有四：

（1）清朝起於塞外的關係，不承認有華夷的區別。清朝學者，不如明朝學者以遼、金、元為夷狄而極端排斥，反而對於元的雄圖，十分同情。

（2）內外蒙古、天山南北兩路等塞外之地，歸入清朝版圖的結果，使這方面的地理古蹟得以明瞭，而顧有助於元史研究。

（3）隨著精緻考證學風的大開，學者們對於被批評為歷代正史中最粗笨的《元史》，生起使之完備的志望。

（4）近年來西洋與日本蒙古學的興盛，不少中國學者受到刺激，思欲利用西洋與日本所得的材料，填滿《元史》的缺陷。

（本文原刊於《史林》1卷2期，大正五年（1916），後收入《桑原騭藏全集》。）

〔註25〕清學固應以經學為主流，但最能凸顯清代學風特色者，應屬清儒元史學。

第二章　蒙元史學與元史

第一節　蒙元時代的史學發展

一、蒙元脫卜赤顏

　　草原時代的蒙古，在蒙古文字未出現以前，已有了豐富的歷史傳說。他們最感興趣的歷史傳說，是他們可汗的豐功偉業，所以其歷史體裁主要在頌揚可汗，使可汗功績能永垂千古。〔註1〕十三世紀初，成吉思汗令以畏兀兒（或曰回回、回紇）字母為基礎，創立了全蒙古通行的文字，用以發布命令、登記戶口與處理文書。這是蒙古文化史上的劃時代大事。〔註2〕此後從事文字工作的人應運而生，蒙古宮廷的「必闍赤」即是其中之最有名者。徐霆疏《黑韃事略》云：

> 移剌（耶律楚材）及鎮海自號中書相公，總理國事，鎮海不止理回回也，韃人無相之稱，只稱之曰必徹徹。必徹徹者，漢語令史也，使之行文耳。

《元史》卷九十九〈兵志二〉亦云：

> 為天子主文史者，曰必闍赤。

必闍赤是天子身邊的秘書，彷彿中國古代的左右史，其擔任者有蒙古人、西域人與

〔註1〕參考（蒙古）沙‧拉比著，陳弘法譯《蒙古史學史》，頁15～30。

〔註2〕蕭啟慶《西域人與元初政治》云：「蒙元初起時，畏兀兒的知識份子擔任蒙古貴族教師甚多，他們不僅教授文字，灌輸知識，而且還負訓導之責，身教言教，兼而有之。這對提高蒙古人智識及政治的水準有極大的貢獻。尤其值得注意的是他們擔任王傅的時間多在蒙古發動伐金戰爭之前，漢人尚未與蒙古汗廷發生直接的關係，這大概也就是後來西域人，尤其畏兀兒人特別獲寵于蒙古汗廷的原因。」（頁81～82）

漢人。他們將大汗的曠世功勳，與大汗所頒布的法令，皆一一紀錄，編為「青冊」，以存後世。《元朝秘史》曾這樣的記載：

> （成吉思汗）降聖旨說：把全國百姓分成份子的事，（和）審斷詞頌的事，（都）寫在青冊上，造成冊子，一直到子子孫孫，凡失吉‧忽禿忽和我商議制定，在白紙上寫成青字，而造成冊子的規範，永不得更改！凡更改的人必于處罰！〔註3〕

此「青冊」，可謂當時之檔案文書。〔註4〕

　　蒙古王廷有自己的修史制度，即《元史》中常云的「脫卜赤顏」（Tobchiyan）。「脫卜赤顏」，由蒙文記錄，專述蒙古宗室的活動，是成吉思汗成立「大蒙古國」（Yeke Mongghol Ulus）以來的修史制度。〔註5〕。忽必烈汗立足中原後也賡續此項傳統。〔註6〕《元史》卷三十六〈文宗本紀〉云：

> 至順三年（1332）五月，撒迪請備錄皇上登極以來固讓大凡往復奏答，其餘訓敕、辭命及燕鐵木兒等宣力效忠之蹟，命朵來續為《蒙古脫卜赤顏》一書，置之奎章閣，從之。

〈虞集傳〉亦云：

> 初，文宗（1330～1332）在上都，將立其子阿剌忒納答剌為皇太子，乃以妥歡鐵穆爾太子（後來順帝）汝母失言，明宗（1329）在日，素謂太子非其子，黜之江南，驛召翰林學士承旨阿鄰帖木兒、奎章閣大學士忽都魯篤彌實書其事於《脫卜赤顏》，又召（虞）集史書詔，播告中外。〔註7〕

編纂「脫卜赤顏」，由皇帝指定少數蒙古、色目大臣執筆於禁中，不隨意公開。〈文

〔註3〕札奇斯欽《蒙古秘史新譯並註釋》卷八之第203節。

〔註4〕（波斯）拉施特主編《史集》之第二卷〈察合臺傳〉有云：「當時有一種習俗，君主所說的每一句話都要逐日記載下來，凡他們所說的言詞，大部份有條有理而且含義深奧，所以每個君主都指定一個近臣記錄他的話。」（見於余大均、周建奇譯本，頁186）

〔註5〕影響近代蒙古學極大的《元朝秘史》，即是當時典型的「脫卜赤顏」。《元朝秘史》，蒙文名「忙豁侖‧紐察‧脫卜察安」（Mongghol-un Ni'ucha Tobchiyan），譯為「蒙古‧祕密‧史綱」，即是不公開的蒙古史記。

〔註6〕蕭啟慶於〈論元代蒙古人之漢化〉云：「為保持其在蒙古世界中之統治合法性，忽必烈及其子孫不能僅以中國的「皇帝」自居，立法施政必須自蒙古「大汗」的觀點著眼。否則便會引起嚴重的政治問題。」其文分析了元代蒙古人漢化有利因素有二：政府的倡導、人口與雜居。不利因素有四：文化差距過鉅、征服狀態的局限、世界帝國的牽制、西域文化的競爭。（本文收入於氏著《蒙元史新研》，亦見於《台灣大學歷史學系學報》十七期）。

〔註7〕《元史》卷一百八十一〈虞集傳〉。

宗本紀〉云：

> 　　至順二年（1331）四月，奎章閣以纂修《經世大典》，請從翰林國史
> 院取《脫卜赤顏》一書以紀太祖以來事蹟，詔以命翰林學士承旨押不花、
> 塔失海牙。押不花言：「《脫卜赤顏》事關祕禁，非可令外人傳寫，臣等不
> 敢奉詔。」從之。〔註8〕

正因「事關祕禁，非可令外人傳寫」，遂使留存今日之《脫卜赤顏》，僅止於太宗窩
闊台汗時代的記述，以後則下落不明。〔註9〕為此，清儒錢大昕嘆云：

> 　　〈宗室世系表〉云元之宗系，藏之金匱石室者甚祕，外廷莫能知也。
> 其在史官，固特其概，而考諸簡牘，又未必盡得其詳，則因其所可知，而
> 闕其所不知，亦史氏法也。史臣未見《秘史》，故於元初世系頗陋略。〔註10〕

後人多病宋王諸公草率，實元人所自取之。清儒魏源云：

> 　　人知《元史》成於明初諸臣潦草之手，不知其載籍掌故之荒陋疏舛、
> 諱莫如深者，皆元人自取之。兵籍之多寡，非勳戚典樞密之臣一二預知外，
> 無一人能知其數者。《拖布赤顏》一書譯言《聖武開天記》，紀開國武功，
> 自當宣付史館，乃中葉修《太祖實錄》，請之而不肯出。天曆修《經世大
> 典》，再請之而不肯出。故《元史》國初三朝本紀顛倒重複，僅據傳聞；
> 國初平定部落數萬里，如墮雲霧。而《經世大典》於西北藩封之疆域，錄
> 籍兵馬，皆僅虛列篇名，以金匱石室進呈乙覽之書而視同陰謀，深閉固拒
> 若是。是以《元一統志》亦僅載內地各行省，而藩封及漠北、遼東、西域
> 皆不詳，又何怪文獻無徵之異代哉！是以疆域雖廣，與無疆同；武功雖雄，
> 與無功同。加以明史館臣不諳繙譯，遂至重紕疊繆，幾等負塗，不有更新，
> 曷徵文獻！〔註11〕

此外，值得一提的是元代朝廷通行蒙文。〔註12〕舉凡官府文書、關防會記、詔誥章
奏，甚至《脫卜赤顏》在內皆用蒙古文字。〔註13〕是否因此漢文不通行於朝廷？清

〔註8〕《元史》卷三十五〈文宗本紀〉。　又可見於卷一百八十一〈虞集傳〉。
〔註9〕《元史》卷一百三十七〈察罕傳〉云：「（元仁宗）命（察罕）譯《脫卜赤顏》名曰
　　　《聖武開天紀》（可能就是後來著名的《聖武親征錄》），及《紀年纂要》、《太宗平金
　　　始末》等書，俱付史館。」顯見《脫卜赤顏》並非完全秘不可宣。
〔註10〕錢大昕《十駕齋養新錄》卷九〈元初世系〉。
〔註11〕魏源〈擬進呈元史新編表〉。
〔註12〕成吉思汗時的蒙文，由畏兀兒字母拼音而成，是帝國通行的文字。至世祖忽必烈時，
　　　另採八思巴以藏文新創蒙文，稱蒙古新字，唯成效不彰而不通行。
〔註13〕《元史》卷八〈世祖本紀五〉記至元十二年（1275）三月：「從王磐、竇默等請，分
　　　致翰林院，專掌蒙古文字，以翰林學士承旨撒的迷底里主之。其翰林兼國史院，仍

儒趙翼、魏源採肯定的答案。趙翼云：

> 不惟帝王不習漢文，即大臣中習漢文者亦少也。〔註14〕

魏源亦云：

> 元代諸帝之通漢文者，惟明孝太子與文宗，其下諸臣之習於此者，亦
> 不及畏吾文字之盛。文宗將幸上都，命錄御衣於簿，故左右無能書漢字者，
> 末造如此，開國可知！夫一代之興，制度典章必有所因，以爲損益。元
> 代之習尚畏吾文字也，其所因者，漸非一朝一夕之故。〔註15〕

清代學者批評如此，可是當代學者卻有不一樣的看法。蕭啓慶教授特於〈論元代蒙古人之漢化〉中云：「不惟元朝帝王多通漢文，而帝王以外之蒙古人中漢學造詣頗深者亦不乏其人。」〔註16〕並認爲，早期帝王確實與漢文化隔閡，不識漢文，中期之成宗、武宗、泰定帝漢文化浸潤亦淺，然其後之仁宗、英宗、文宗及順帝，對漢文學及藝術皆有相當之造詣。其中，文宗更是工詩、擅書、能畫，可說是多才多藝。〔註17〕

　　儘管如此，《脫卜赤顏》以祕禁不令外人傳寫，終究使《元史》纂修呈現先天的缺憾，且江南草澤出身的宋王諸公，與北方蒙古王廷所生的隔閡，以及修史者多不通蒙文的遺憾下，更使《元史》之粗疏陋劣亦理勢之固然哉。〔註18〕所幸元代尚採行唐宋相沿的史館制度，編纂帝王實錄與后妃、功臣列傳，使明修《元史》尚有可稽，不致如秋風落葉，一掃而逝。

二、元代的史學

　　中國自遠古時代起，設立了一種及時記載天下事的史官，這是破世界紀錄的。〔註19〕史官修史的傳統，後來發展成有系統的修史制度，雖歷朝更替而史書不絕，即便是四裔邊族，亦頗有受其影響者，故劉知幾於《史通》之〈史官建置〉篇云：「偏

舊纂修國史、典制誥、備顧問，以翰林學士承旨兼修起居注和禮霍孫主之。」〈百官志〉則載「蒙古翰林院」，下設有必闍赤，而必闍赤又爲天子主文史者，推斷此院亦有修史之制。雖不知《脫卜赤顏》是否與此院有關，但可由此推知元代朝廷蒙文之通行。

〔註14〕趙翼《廿二史劄記》卷三十〈元諸帝多不習漢文〉。同卷，〈元漢人多作蒙古名〉一文亦云：「有元一代諸君，惟知以蒙古文字爲重，直欲令天下臣民，皆習蒙古語，通蒙古文，然後便於奏對，故人多習之，既學之即以爲名耳。」

〔註15〕魏源《元史新編》卷二十六〈開國文臣〉。

〔註16〕參見蕭啓慶〈論元代蒙古人之漢化〉。（《蒙元史新研》，頁251～252）

〔註17〕參見蕭啓慶〈論元代蒙古人之漢化〉。（《蒙元史新研》，頁251～252）

〔註18〕蕭啓慶教授於本文口試時，告訴作者：「活動江南的儒生，與西北出身的蒙古王廷所產生的隔閡，是《元史》修不好的主要原因。」

〔註19〕杜維運《中國史學史》第一冊第二章〈史學的起源與史官的設立〉，頁41。

隅僭國，夷狄僞朝，求其史官，亦有可言者。」史官與史館制度，發展至唐宋時代，已極爲完備。

　　西元 1260 年，忽必烈汗建國中原，爲了維持蒙古帝國統治的合法性地位，以及降低漢人的反抗意識，採行蒙漢文化兼容並蓄的政策，故在中土推行「蒙古本位主義」的同時，又仿照中國傳統，建國號「大元」，有條件的接受漢文化，唯元室始終視蒙古文化居漢文化之上。雖然，兼容精神終究也成就了元室百年的立國基礎。〔註20〕

　　元室的兼容精神，也表現於修史事業。一方面他們極力保存了自身所發展出來的「脫卜赤顏」修史傳統，同時也接受了中國自古相傳的修史制度。這種兼容蒙漢的二元修史制度，一如當時常有的蒙漢文化衝突，並非全然是處於和諧的狀態。

　　元室最重視《脫卜赤顏》。纂修時，由皇帝指定少數位居要津的蒙古、色目大臣執筆禁中，不公開進行，也不隨意讓外人傳寫。另一方面，元室仿行中國的史官傳統，依唐宋設史館制度。〈世祖本紀〉云：

　　　　至元五年（1268）冬十月乙未，享于太廟。中書省臣言：「前代朝廷必有起居注，故善政嘉謨不致遺失。」即以和禮霍孫、獨胡剌充翰林待制兼起居注。〔註21〕

唐代史館修史，主要是帝王編年體「實錄」與紀傳體「國史」。其所依據的史料有三：一是起居舍人所修的「起居注」，二是宰執自撰的「時政記」，三是各官署錄報之事件。宋代史館修「實錄」與「國史」，亦同唐制。所據史料，可考者爲「起居注」、「時政記」、「日曆」等。〔註22〕元因襲唐宋而略變更之。如唐宋的「起居注」，是記天子之起居言動，而元代的「起居注」，卻淪爲錄臣下聞奏事目。〈英宗本紀〉云：

　　　　至治二年（1322）十一月，御史李端言：「朝廷雖設起居注，所錄皆臣下聞奏事目。上之言動，宜悉書之，以付史館。世祖以來，所定制度，宜著爲令，使吏不得爲奸，治獄者有所遵守。」並從之。〔註23〕

《元史》卷八十八〈百官志〉亦云：

　　　　至元六年（1269），始置起居注、左右補闕，掌隨朝省、臺、院、諸

〔註20〕成吉思汗立國於 1206 年，國號爲「大蒙古國」（Yeke Mongghol Ulus），爲草原帝國。至其孫忽必烈汗於 1260 年建國中原，爲中土政權的開始，一直到 1368 年大明軍攻入北京爲止，中土政權凡 108 年。

〔註21〕《元史》卷六〈世組本紀〉。

〔註22〕引自金毓黻〈唐宋時代設館修史制度考〉，《說文月刊》第三卷第八期，民國 31 年 9 月。

〔註23〕《元史》卷二十八〈英宗本紀〉。

司凡奏聞之事，悉紀錄之，如古左右史。

元代「古左右史」，只錄朝臣奏事，顯非古時君王之左右史，無怪乎元末明初有徐一夔者，譏其「不置日曆，不置起居注」。〔註24〕

元代修史，主要在「翰林兼國史院」，世祖時設立。〈世祖本紀〉云：

> 至元元年（1264）二月，敕選儒士編修國史，譯寫經書，起館舍，給俸以贍之。……九月，立翰林國史院。〔註25〕

〈王鶚傳〉亦云：

> 王鶚上奏（世祖）：「自古帝王得失興廢可考者，以有史在也。我國家以神武定四方，天戈所臨，無不臣服者，皆出太祖皇帝廟謨雄斷所致，若不乘時紀錄，竊恐久而遺亡，宜置局纂修實錄，附修遼、金二史。」又言：「唐太宗始定天下，置弘文館學士十八人，宋太宗承太祖開創之後，設內外學士院，史冊爛然，號稱文治。堂堂國朝，豈無英才如唐、宋者乎！」皆從之，始立翰林學士院，鶚薦李治、李昶、王磐、徐世隆、高鳴爲學士。復奏立十道提舉學校官。〔註26〕

元代「翰林兼國史院」承唐、宋而來。唐代翰林學士，專掌起草文書，無關乎修史。宋代因之。元代則釐革爲賦有修史之務，且主持者多爲漢人。〔註27〕經「翰林兼國史院」編修者，有《十三朝實錄》、《大元一統志》、《經世大典》、《后妃功臣列傳》等當代史，以及《遼史》、《金史》、《宋史》三朝正史。〔註28〕元室亦甚重視，〈世

〔註24〕《皇明文衡》卷26徐一夔在〈與王待制書〉云：「元朝制度，文爲務從簡便，且聞史事尤甚疏略，不置日曆，不置起居注，獨中書置時政科，以一文學掌之，以事付史館，及一帝崩，則國史院據所付修實錄而已。」（本文又可見於《明史》卷285〈徐一夔傳〉）清代趙翼據此，又加以發揮，其《廿二史劄記》卷29〈元史〉云：「是元之實錄，已不足爲信史，修《元史》者即據以成書，毋怪不協公論。」這兩篇文章引起近代史學極大的爭論，因爲一翻《元史》有關起居注的設立，有不少的例子，如卷六〈世祖本紀三〉記至元五年（1268）冬十月：「乙未，享于太廟。中書省臣言：『前代朝廷必有起居注，故善政嘉謨不致遺失。』即以和禮霍孫、獨胡剌充翰林待制兼起居注。」徐一夔是明初總裁官王禕想推薦編修《元史》的人才，其對元代歷史應有一定的了解。推測徐氏之意，乃嘆元代起居注脫離了傳統起居注在君王身邊修史的傳統，淪爲錄臣下聞奏事目。另一方面，在元順帝時，史官職廢，無實錄可徵，亦爲徐氏所不滿，故有此言。

〔註25〕《元史》卷十五〈世組本紀〉。

〔註26〕《元史》卷一百六十〈王鶚傳〉。

〔註27〕王明蓀於〈元代之史館與史官〉一文，歸納元代翰林兼國史院載職有八，爲諮詢與審議、祭祀、典藏、賜宴之所、經筵、薦官、文書工作、修史等。（見於《第三屆史學史國際研討會論文集》，民國八十年二月。又見於《宋史研究集》第二十五輯。）

〔註28〕纂修遼、金、宋三史爲元代史學之大事。元世祖時，即有意爲之，但究由何史爲正統

祖本紀〉有云：

> 至元二十五年（1288）二月庚申，司徒撒里蠻等進讀祖宗實錄，帝（世
> 祖）曰：「太宗事則然，睿宗少有可易者，定宗固日不暇給，憲宗汝獨不
> 能憶之耶？獻當詢諸知者。」〔註29〕

「蒙古脫卜赤顏」與「中國史官史館制度」是元代官方史學的兩大系統，明修《元
史》，採行的是中國史官史館制度方面的系統。此因「脫卜赤顏」原本諱莫如深，宋
王諸公又多不通蒙文，故只能就「翰林兼國史院」所留下的史料，沿唐宋史例，編
修一朝正史。《元史》之陋，良有以也。

　　不過，蒙元時代的私人筆記稍可補其缺憾，著名者如《長春眞人西遊記》、《西
遊錄》、《輟耕錄》、《島夷志略》、《庚申外史》等，皆是當時流傳下來珍貴的史料。
不只如此，橫掃世界的蒙古帝國，除中國外，在世界各地也留下了許多豐富的史料，
這些史料在近代陸續被發掘出來，不僅於晚清元史學有推波助瀾之功，也使「蒙古
學」躍居成世界性的學問。

第二節　《元史》與明儒元史學

一、《元史》的問世

　　「正史體尊，義與經配」〔註30〕，如史中之帝王。《史記》、《漢書》，創業維艱，
彷彿「太祖」、「太宗」，然守成不易，《元史》一出，四方病起，猶如「哀帝」，爲二
十四史中最受爭議者。

　　《元史》的編修，起於元亡北移之際。時洪武元年（1368）八月庚午，徐達
率領大明軍「入元都，封府庫圖籍」〔註31〕，得元十三朝實錄，太祖朱元璋下詔
修之，云：

> 近克大都，得元十三朝實錄。元雖亡國，事當記載，況史紀成敗，示
> 勸懲，不可廢也。〔註32〕

王朝而爭論不下。時至順帝，在丞相脫脫主持下，三史同列正史，而告完成。正式
編纂時間，是元順帝至正三年（1343）三月，於至正五年（1345）十月完成。見《元
史》卷四十一〈順帝本紀〉。
〔註29〕《元史》卷十五〈世組本紀〉。
〔註30〕引自《四庫全書總目提要》卷四十五正史類序。
〔註31〕《明史》卷一〈太組本紀〉。
〔註32〕《明太祖實錄》卷三十九。

洪武二年（1369）年二月，，以丞相李善長爲監修，宋濂、王禕爲總裁，趙塤等十六人分科纂修，「開局於天界寺，取元《經世大典》諸書以資參考」〔註33〕，至八月書成。此爲第一次纂修。宋濂云：

> 洪武元年秋八月，上既平定朔方，九州攸同，而金匱之書，悉入於秘府。冬十有二月，乃詔儒臣，發其所藏，纂修《元史》，以成一代之典，而臣濂、臣禕實爲之總裁。明年春二月丙寅開局，至秋八月癸酉書成，紀凡三十有七卷，志五十有三卷，表六卷，傳六十有三卷。〔註34〕

這次的編修，獨缺元末順帝一朝史事。此因順帝時，史官職廢，無錄可徵之故也。於是，明太祖遣使採訪天下，爲二次纂修準備。宋濂於〈宋呂仲善使北平采史序〉有云：

> 皇帝即位之明年，四方次第平，乃詔文學之士萃於南京，命官開局，纂修《元史》。自太祖開國，至於寧宗，凡一百二十六年已據舊史麕括成書。而元統迄於終祚，又三十六年，遺文散落，皆無所於考，臣相具以上聞，帝若曰：『史不可以不就也，宜遣史天下訪求之。』於是儀曹會諸史臣，發凡舉例，具於文牘，遴選黃蛊等十有二人分行各省。〔註35〕

採史後，洪武三年（1370）二月，第二次設局修史，仍以宋濂、王禕爲總裁。協修者，除趙塤曾參與第一次纂修外，餘十四人皆爲新人。同年七月書成。宋濂云：

> 至若順帝之時，史官職廢，皆無實錄可徵，因未得爲完書。上復詔儀曹遣使天下，其涉於史事者，令郡縣上之。又明年春二月乙丑開局，至秋七月丁亥書成，又復上進，以卷計者，紀十，志五，表二，傳三十又六。凡前書有所未備，頗補完之。…… 合前後二書，復釐分而附麗之，共成二百一十卷。〔註36〕

《元史》計二百一十卷，本紀四十七，志五十八，表八，列傳九十七。末附〈元史纂修凡例〉，云其編纂宗旨：

一、本紀

按：兩漢本紀，事實與言辭並載，兼有《書》、《春秋》之義。及唐本紀則書法嚴謹，全仿乎《春秋》。今修《元史》，本紀準兩漢史。

一、志

〔註33〕《明太祖實錄》卷三十九。
〔註34〕《元史》之〈宋濂目錄後記〉。
〔註35〕《宋學士文集》卷七。
〔註36〕《元史》之〈宋濂目錄後記〉。

按：歷代史志，爲法間有不同。至唐志，則悉以事實組織成篇，考覈之際，
學者憚之。惟近代《宋史》所志，條分件列，覽者易見。今修《元史》，
志準《宋史》。

一、表

按：漢、唐史表所載爲詳，而《三國志》、《五代史》無之。爲遼、金史據
所可考者作表，不計詳略。今修《元史》，表準遼、金史。

一、列傳

按：史傳之目，冠以后妃，尊也；次以宗室親王，尊也；次以一代諸臣，
善惡之總也；次以叛逆，成敗之規也；次以四夷，王化之及也。然諸
臣之傳，歷代名目又自增減不同。今修《元史》，傳準歷代史而參酌之。

一、歷代史書，紀、志、表、傳之末，各有論贊之辭。今修《元史》，不
作論贊，但據事直書，具文見意，使其善惡自見，準《春秋》及欽奉
聖旨事意。

兩次修史，共花了三百三十一天，還不及一年。明太祖與修史諸臣如此急於成書的
原因有三：

一、正統思想

徐達、常遇春領導大明軍北伐，平定北京，雖使明朝一時地位更形鞏固，惟四
方仍有不服，如北遷的蒙元王朝復仇心切，時時不忘重返故都，而南方也尚有許多
割據自立的軍閥，在這樣的處境下，以新朝修前朝之史例修《元史》，非但可展現自
己名正言順的正統地位，也可獲得人民對新政權的支持。〔註37〕修史總裁王禕於〈正
統論〉一文，亦表現了這方面的思想。〔註38〕

二、國可亡史不可滅

這是中國優良的史學傳統。明太祖於驅逐韃虜後云：

〔註37〕羅仲輝〈明初史館和元史的修纂〉云：「究其根本，明太祖只注重史學爲眼前的政治
需要服務，忽略史學修纂的基本歸律。」（《中國史研究》1992年第一期，頁152）

〔註38〕王禕〈正統論〉云：「自遼并於金，而金又并於元，及元又并南宋，然後居天下之正，
合天下於一，復正其統。」由是謂明之代元，亦正統所在。（本文收於《王文忠公文
集》）

楊聯陞於〈官修史學的結構—唐朝至明朝間正史撰修的原則與方法〉一文，認
爲官修前朝正史有兩項宣傳價值：

可以顯示新興王朝的寬宏大量，更有助於建立與前朝的繼承關係，以表示新
王朝具有正統的地位。

可以吸引還效忠前朝的士大夫。

（本文收入氏著《國史探微》，台北聯經公司，民國73年2月再版）

自古有天下國家者，行事見於當時，是非公於後世。故一代之興衰，必有一代之史以載之。元主中國，殆將百年。其初君臣樸厚，政事簡略，與民休息，時號小康。然昧於先王之道，酣溺胡虜之俗，制度疏闊，禮樂無聞。至其季世，嗣君荒淫，權臣跋滬，兵戈四起，民命顛危。雖間有賢智之臣，言不見用，用不見信，天下遂至土崩。〔註39〕

由此觀之，「鑑戒垂訓」是明太祖修史的另一個動機。

三、太祖威嚴

明太祖為表正統及垂鑑戒急於修史，而宋王諸公又畏其威嚴，故倉促成之。清儒趙翼云：「諸臣以太祖威嚴，恐干煩瀆，遂不敢請將前後兩書重加編訂耳。時日迫促，舛漏自多。」〔註40〕

因《元史》成書太快，故書始頒行，已憑遭竊議，後來遞相考證，紕漏彌彰。所遭詬病者有四：

一、體例不佳

《元史》本紀繁簡失宜，開國四帝簡略，而〈世祖本紀〉十四卷合〈順帝本紀〉十卷，幾占本紀之二分之一。又不志藝文，且列傳有「一人兩傳」、「譯名不一」、「歧互舛誤」、「脫漏重出」諸病。〔註41〕

二、文字鄙俗

史料貴在實錄，史書貴在雅馴。《元史》書法不嚴，屢現鄙俗之語。如元泰定帝登極一詔，所譯全是俗語，趙翼云其「無異村婦里老之言」，而《元史》沿之。〔註42〕又列傳方面，撰寫元初諸將，因相沿虞集、揭傒斯舊稿，文筆尚勁。後之諸文臣傳，皆鈔襲神道、墓誌諸文，未加刪正，非惟事多溢美，抑且未合體例，因而被評為「著述鄙猥」〔註43〕。

〔註39〕《明太祖實錄》卷三十九之洪武二年（1369）。

〔註40〕趙翼《廿二史箚記》卷二十九〈元史〉。

黃兆強於《〈元史〉纂修若干問題辨析》亦持此說而更進一步發揮，其云：「《元史》所以修不好，原因至多，其中政治因素（干預）殆係最重要者。」（《東吳歷史學報》第一期，民國84年4月）

〔註41〕《四庫全書總目提要》評其有「不知芟削」、「失於剪裁」、「前後複出」之病。

〔註42〕《廿二史箚記》卷二十九〈元人譯詔旨雅俗不同〉。

〔註43〕引用昭槤《嘯亭雜錄》之續錄卷五〈元史失實〉。由此也可知《元史》頗能表現了傳統史學的徵實精神，以「知之為知之，不知為不知」的精神修纂，此亦蓋值得稱道者。如〈后妃表〉：「內廷事秘，今莫之考，則其氏名之僅見簡牘者，尚可遺而不錄乎？且一代之制存焉，闕疑而慎言，斯可矣。」

〈宗室世系表〉：「其在史官，固特其概，而考諸簡牘，又未必盡得其詳，則因

三、開國簡略

明修《元史》，採行的是中國史官史館制度方面的系統，史臣又多不通蒙文，不知蒙古尚有「脫卜赤顏」，故未參稽《元朝秘史》、《聖武親征錄》等書，致開國四朝（太祖、太宗、定宗、憲宗）史事簡略，開國功臣無傳。

四、西北闕如

蒙元帝國，疆域遼闊，為跨有歐亞之世界大帝國。而宋王諸公，傳統儒士出身，只知中原九州，無世界觀念，故專錄中土史事，西北域外，一概附之闕如。

因有上述諸失，遂使《元史》成為二十四史中最被批評的正史。〔註44〕明太祖晚年也覺未善，曾下令修改。當時作正誤補遺者，有朱右《元史拾遺》與解縉《元史正誤》等書，惜皆不傳。〔註45〕

《元史》為明代官修史書，明人儘管有所不滿，亦不敢露骨表白。〔註46〕到了清代，學者已無此忌諱，遂勇於指摘其失，彼云：

> 《元史》之成，雖不出于一時一人，而宋（濂）、王（禕）與趙（勳）君亦難免于疏忽之咎矣！（顧炎武《日知錄》卷二十七〈元史〉）

> 其文蕪，其體散，其人重複。（朱彝尊《曝書亭集》卷三十二〈史館上總裁第三書〉）

> 古今史成之速，未有如《元史》者；而文之漏劣，亦無如《元史》者。（錢大昕《十駕齋養新錄》卷九〈元史〉）

其所可知，而闕其所不知，亦史氏法也。」

〈諸公主表〉：「秦漢以來，惟帝姬得號公主，而元則諸王之女亦概稱焉，是又不可不知也。惜乎記載弗備，所可見者，僅此而已。」

〈宰相年表〉：「元初，將相大臣，年月疏闊，簡牘未詳者則闕之。中統建元以來，宰執之官，其拜罷歲月之可考者，列而書之。」

〔註44〕鄭鶴聲於〈清儒對於「元史學」之研究〉一文，歸納《元史》疏陋的原因有六：
  （1）宋王諸公，俱非史才，且無真摯之責任心。
  （2）急於開局，得書之路未廣，材料貧絀。
  （3）速於成功，時日迫促，未審考定之事。
  （4）抄錄舊文，不加潤色，無討論之工。
  （5）諸臣起於草澤，不諳元代掌故。
  （6）漢人不諳蒙古語文字，無從繙譯。

〔註45〕《明史》卷一百四十七〈解縉傳〉云：「晉因寓書於（董）倫曰：『……《元史》舛誤，承命改修。』」。另外，明嘉靖時期，周復俊著《元史弼違》一書，雖間亦有考訂《元史》，但所論更重於《春秋》夷夏之防。

〔註46〕邵遠平重刻《弘簡錄》凡例云：「鄭樵自序云：『《唐書》、《五代史》皆本朝大臣所修，微臣所不敢議。』故紀傳迄隋。先弘齋公（邵經邦）亦以《元史》為明初敕修，不敢輕議。」可知當時風氣如此。

金華（宋濂）、烏傷（王禕）兩公，本非史才，所選史官，又皆草澤迂生，不諳掌故，於蒙古語言文字，素未諳習，開口便錯，即假以時日，猶不免穢史之譏，況成書之期，又不及一歲乎！（錢大昕《潛研堂文集》卷十三）

《元史》二百三卷，而紀志先去百卷，不待觀書，而知其無節度矣！（章學誠《章氏遺書》外編卷一〈信摭〉）

爲從來未有之穢史！（魏源《古微堂外集》卷三〈擬進呈元史新編序〉）〔註47〕

清儒批判《元史》之強烈，有其濃厚的時代背景，本文將於後面詳述之。值得一提的是，現代史學重視一手史料觀，對《元史》有了新的看法。現代史家認爲，《元史》有保存元代史料之功，包括《十三朝實錄》、《后妃功臣列傳》、《經世大典》以及元代諸家所撰行狀碑銘，厥功至偉，不能因其體例與史實的一些訛誤，就抹殺其保存蒙元歷史的珍貴價值。且「元之舊史，往往詳於記善，略於懲惡，是蓋當時史臣有所忌諱，而不敢直書之」〔註48〕，非能全怪宋王諸公之挂陋也。〔註49〕所以，現代的元史學，仍以《元史》爲第一把交椅，而視清儒改編者，如《元史類編》、《元史新編》、《元書》、《蒙兀兒史記》、《新元史》等，爲僅具參考價值的二手史書。《元史》之生機復燃，宋王諸公若地下有知，應會額手稱慶。

《元史》之過於「中國本土化」，是另一個值得深思的史學課題。蓋蒙元帝國是世界性的帝國，具有世界性的歷史地位，與中國歷代王朝僅建制於九州中原者極爲不同。宋王諸公，將《元史》修成如同歷朝正史〔註50〕一般，正說明當時中國人對中土域外世界的無知。一直要到四百七十年後的中英鴉片戰爭，「世界」概念才漸被

〔註47〕洪金富於〈從元史到新元史〉一文，歸類清代史家對《元史》的九項批評：
（1）一人兩傳或附傳之外別立專傳。　（2）一名數譯。
（3）譯詔雅俗不一。　（4）不志藝文。
（5）開國功臣無傳。　（6）記事脫落。
（7）記事重出。　（8）自相歧互。
（9）謬誤甚多。

並提出反駁，云：「自另一角度，視《元史》爲史料，不以之爲一朝正史，則《元史》中『一人兩傳』、『一名數譯』、『譯詔村俗』等最遭詬病之處，於今日治元史者，非僅不成問題，反而彌足珍貴。」（本文收於程發軔主編《六十來的國學》第三冊）
〔註48〕《元史》卷二百五〈姦臣傳〉。
〔註49〕《四庫全書總目提要》卷五十二「聖武親征錄」亦云：「史言太祖滅國四十，而其名不具，是書亦不能悉載，知太祖時事，世祖時已不能詳，非盡宋濂、王禕之挂漏矣。」
〔註50〕沙·比拉《蒙古史學史》云：「就篇章結構和性質而言，《元史》無疑當屬典型的中國朝代史之列。」（頁95）。

國人所理解。〔註51〕魏源是晚清時代的先知，他親眼目睹了中國與世界的關係，也發現了元史的世界性地位，彼云《元史》：

> 舉一代數萬里之版章，擯諸荒外，等諸烏有，其〈地理志〉末僅附錄西北地名二頁，畢竟孰西孰北尚未能辨也。列傳則動言西北諸王兵起，畢竟西方之王歟？北方之王歟？皆不能辨也。自一十行省而外，一則曰西北之地難以里計，再則邊儌羈縻之州莫知其際，更何詰其部落之本末、山川之界畫。〔註52〕

遂嘆道：

> 儒者著書，惟知九州以內，至塞外諸藩，則若疑若寐，荒外諸服，則若有若無。〔註53〕

於是，他將當時所見所聞，寫於《海國圖志》、《聖武記》、《元史新編》等著，期開國人的眼界，而後，覽讀元史遂也成為國人認識世界的要徑之一。

二、明代學風與明儒元史學

明代的學術文化有其輝煌的一頁，尤其是理學上的造詣，最為明人所自豪。生於明末的黃宗羲很感驕傲的說道：

> 嘗謂有明文章事功，皆不及前代，獨於理學，前代之所不及也，牛毛繭絲，無不辨晰，真能發先儒之所未發。程、朱之闢釋氏，其說雖繁，總是只在跡上；其彌近理而亂真者，終是指他不出。明儒於毫釐之際，史無遁影。〔註54〕

可是，宋代史學的光彩，至元明時代卻沉寂了下來。這可能與元明興理學之風以及明代八股取士有相當的關係。

宋興理學而盛於元明，元明又以朱熹學為主流。黃宗羲云元代朱子學：

> 許衡、趙復以朱氏學倡于北方，故士人但知有朱氏耳，然實非能知朱氏也，不過以科目為資，不得不從事焉。〔註55〕

〔註51〕鄭鶴聲於〈清儒對於「元史學」之研究〉也云：「蓋元史者，實本國史與西洋史之混合物也。明人不知此故，其取材僅域內而不足，以諸史中最難修之史，而為之如此簡率，故其繁蕪，亦為諸史最。清儒知其然。」(《史地學報》第三卷地四期及第五期)

〔註52〕魏源《海國圖志》卷三〈元代西北疆域沿革圖〉敘。

〔註53〕魏源《聖武記》附錄卷十二〈武事餘記　掌故考證〉。

〔註54〕詳見《明儒學案》凡例。

〔註55〕《宋元學案》卷九十三〈靜明寶峰學案〉。

云有明朱子學：

> 有明學術，從前習熟先儒之成說，未嘗反身理會，推見至隱，所謂「此
> 亦一述朱，彼亦一述朱」耳。〔註56〕

可見朱熹對元明士人的深厚影響。

朱熹對歷史，有他自己的一套見識。他曾說：「史學甚易，只是見得淺！」〔註
57〕又云：「看經書與看史書不同。史是皮外物事，沒緊要，可以箚記問人。若是經
書有疑，這個是切己病痛，豈可比之看史，遇有疑則記之紙耶？」〔註58〕這種看法，
似是朱子重經輕史，故當時相傳朱子有不教人看史的說法。實則朱子教人為學，先
經後史。讀經研尋義理，易使心細向內。看史論事利害，易使心粗向外。心在內則
可以應外，明得理自可以制事，為學先經後史，其理在此。〔註59〕南宋有陳亮、葉
適者，號為永嘉學派，以經制言事功，主博古而通今。他們曾經與朱子的論戰，號
稱是朱陸鵝湖之會外的另一場世紀論戰。朱子對陳亮云漢唐事功：

> 若以其能建立國家，傳世久遠，便謂其得天理之正，此正是以成敗論
> 是非。但取其穫禽之多，而不羞其詭遇之不出於正也。千五百年之間，正
> 坐如此，所以只是架漏牽補，過了時日。其間雖或不無小康，而堯、舜、
> 三王、周公、孔子之道，未嘗一日得行於天地之間也。〔註60〕

這段話可說明朱子「先經後史」之意，其目的是要學者先正心而後行事方能合宜，
然而盛行朱學的元明士人，氣魄不足，只光大理學，而少史上功夫，終致史學不振。
清儒錢大昕云：

> 自王安石以猖狂詭誕之學，要君竊位，自造《三經新義》，驅海內而
> 誦習之，甚至詆《春秋》為斷爛朝報。章、蔡用事，祖述荊舒，屏棄通鑑
> 為元祐學術，而十七史皆束之高閣矣。嗣是道學諸儒，講求心性，懼門弟
> 子之汎濫無歸也，則有訶讀史為玩物喪志者，又有謂讀史令人心粗者，此
> 特有為言之，而空疏淺薄者託以藉口。由是說經者日多，治史者日少。彼
> 之言曰：「經精而史粗，經正而史雜也。」予謂經以明倫，虛靈元妙之論，
> 似精實非精也。經以致用，迂闊刻深之談，似正實非正也。太史公尊孔子
> 為世家，謂載籍極博，必考信於六藝，班氏古今人表尊孔孟而降老莊，皆

〔註56〕《明儒學案》卷十〈姚江學案〉。
〔註57〕引自《宋元學案》卷五十一〈東萊學案〉之朱子門人問東萊之學。
〔註58〕《朱子語類》卷十一。
〔註59〕錢穆《朱子新學案》第五冊〈朱子之史學〉，頁110～112。（台北：三民書局，民國
　　　　60年9月初版）
〔註60〕《朱子文集》卷36〈答陳同甫〉。

卓然有功於聖學，故其文與六經並傳而不媿。若元明言經者，非勦襲稗販，

則師心妄作，即幸而廁名甲部，亦徒供後人覆瓿而已，奚足尚哉！〔註61〕

朱熹理學是元明時代的主流，明中葉以後，陸九淵、王陽明心學後來居上。陸九淵是朱熹的對手，重視經學，也很看重史學，因主立心，故倡言「心即理」之說。他認爲，「學者須是有志」，倘讀書「只理會文義，便是無志」〔註62〕，故「六經注我，我注六經」，「學苟知道，六經皆我注腳」〔註63〕。明中葉，王陽明光大陸子心學，主張經史並重。嘗有弟子問陽明：「先儒論六經，以《春秋》爲史，史專記事，恐與五經終或有稍異？」陽明回答：

以事言，謂之史；以道言，謂之經。事即道，道即事；《春秋》亦經，五經亦史。《易》是包犧氏之史，《書》是堯舜以下史，《禮》、《樂》是三代史，其事同，其道同，安有所謂異？〔註64〕

此言甚是。他又說：

五經亦只是史，史以明善惡，示訓誡。善可爲訓者，特存其跡以示法；惡可爲誡者，存其誡而削其事以杜奸。〔註65〕

陽明「五經皆史」的觀念，突破了千年經史觀念的藩籬，實中國思想之一大進步也。唯陽明弟子似不能深明其意，終究只求心學，而漸入空疏禪學，遂致束書不觀，終日只講「危微精一」。陸隴其於〈學術辨〉云：

王氏之學遍天下，幾以聖人復起。而古先聖賢下學上達之遺法，滅裂無餘，學術壞而風俗隨之，其弊也，至於蕩軼禮法，蔑視倫常，天下之人，恣睢橫肆，不復自安於規矩繩墨之內，而百病交作。至於啓、禎之際，風俗愈壞，禮義掃地，以至於不可收拾。其所從來，非一日矣。〔註66〕

理學興盛下的明代，不僅史學不如宋代，經學研究亦每況愈下。黃宗羲云：

明人講學，襲語錄之糟粕，不以六經爲根柢，束書而從事於遊談。〔註67〕

顧亭林更是痛斥理學之禪風，其云：

理學之名，自宋人始有之。古之所謂理學，經學也。非數十年不能通也。故曰「君子之於春秋，沒身而已矣。」 今之所謂理學，禪學也。不

〔註61〕錢大昕序趙翼《廿二史箚記》。
〔註62〕《象山全集》卷三十五。
〔註63〕《宋史》四百三十四卷〈儒林列傳〉。
〔註64〕《傳習錄》卷一。
〔註65〕《傳習錄》卷一。
〔註66〕陸隴其《三魚堂文集》。
〔註67〕《鮚埼亭集》卷十一〈梨州先生神道碑文〉。

取之五經，而但資之語錄，較諸帖括之文尤易也。〔註68〕

「昔之清談談老莊，今之清談談孔孟。」〔註69〕明末衰靡的學風，間接導引了亡國的慘禍。

除了理學的影響外，明代八股取士亦是史學不振的原因。

以八股文取士，讀史書的人較少，諸史中，除《史記》、《漢書》、《後漢書》、《三國志》、《新五代史》因習文的需要，讀的人較多外，其餘各史讀的人就少了。故讀前四史的人多，考及後世史書的就更少了。〔註70〕

雖然，有明史學亦非完全無足觀者。《四庫提要》云：「明人學無根柢，而好著書，尤好作私史。」〔註71〕故其筆記小說、稗官野史相當發達，此又不可不謂是明代史學之一大特色。而明中葉以後考據學的興起，對後來清代樸學風氣也有相當的影響。〔註72〕

明人史學風氣不盛，自然也影響了元史研究，又因《元史》爲官書，不敢隨意批評或改編，所以只能就可看到的史料作一些其他的嘗試。如商輅之《續宋元資治通鑑綱目》、朱右之《元史補遺》、張復浚之《元史弼違》、張九韶之《元史節要》、王光魯之《元史備忘錄》、許浩之《元史闡幽》、胡粹中之《元史續編》〔註73〕、薛應旂之《宋元資治通鑑》、馮從吾之《元儒考略》、王宗沐之《宋元資治通鑑》、陳邦瞻之《元史紀事本末》等。以上諸書，今日或已有亡佚者，而現存中，也只有胡書與陳書體例較具中式外，其餘皆僅略具參考價值。

〔註68〕《亭林文集》卷三〈與施愚山書〉。

〔註69〕顧亭林於《日知錄》卷九〈夫子之言性與天道〉云。

〔註70〕柴德賡〈王鳴盛和他的十七史商榷〉，收入氏著《史學叢考》，頁281。

〔註71〕《四庫全書總目提要》卷五十八〈史部傳記類二〉。

〔註72〕明代中葉以後考據學興起，有「前七子」、「後七子」之稱。前七子是李夢陽、何景明、徐禎卿、邊貢、王廷香、康海、王九思。後七子是李攀龍、王世貞、謝榛、宗臣、梁有譽、徐中行、吳國倫。

　　　林慶彰於〈實證精神的尋求——明清考據學的發展〉一文，云明代考據學的興起，是一般人對不讀經的反動，理學家之取證於經典，前後七子的復古，楊慎的特起，書籍的流傳等因素所互相促成的。（本文收於《中國文化新論》（學術篇），台北聯經公司，民國70年12月初版）

〔註73〕《四庫全書總目提要》卷四十七〈史部編年類〉云《元史續編》：「以明初所修《元史》，詳於世祖以前功戰之事，而略於成宗以下治平之跡，順帝時事，亦多闕漏，因作此以綜其要。起世祖至元十三年，終順帝至正二十八年，編年繫月，大書分註，有所論斷，亦隨事綴載。全仿《通鑑綱目》之例，然《綱目》訖五代，與此書不能相接，其曰續編，蓋又續陳桱書也。」

第三章　清初學風與元史學的初放異彩

第一節　政權轉變與士人抉擇

西元 1279 年，蒙古亡宋，漢人政權第一次完全淪喪。1368 年，朱元璋一統江山，創建大明帝國，中土政權才又重回漢人的手裏。

明室初期，戰戰兢兢，尚稱治世。中葉以後，皇室昏聵，朝廷傾軋，財政拮据，社會不安，外患頻仍，又使大明帝國轉向頹勢。末帝思宗繼位，頗思振作，首誅閹宦魏忠賢，大快人心，舉國寄以莫大的希望，可是他的剛愎自用，終是無法挽救晚明頹局。崇禎十七年（1644）三月，闖王李自成陷北京，思宗煤山自縊。殉前，御書於衣襟曰：

> 朕涼德藐躬，上干天疚，然皆諸臣誤朕。朕死無面目見祖宗，自去冠冕，以髮覆面。任賊分裂，無傷百姓一人。〔註1〕

明室二百七十六年政權，自此告終。

自成入京後，爭走財物，濫殺無辜，為人心所厭，卒啓清兵入關，定鼎中原。順治元年（1644）十月，世祖即位，詔告天下，大清帝國正式成立。從蒙古政權掙脫的漢人，不及三百年，再一次歷史重演，淪落另一異族的手中。

明亡下的士人，各奔前程，各自尋找自己的出路。有的人慷慨悲歌，誓死反清復明，抵抗到底。有的人隱姓埋名，終身不與新政權合作。有的人以天命所歸，垂淚加入新政權。有的人痛陳空疏衰靡學風，導致亡國，而奮學於經世治用。有的人以「國亡而史不可滅」，竭力繫明史之保存。有的人鑑往知來，窮索北魏、遼、金、元史，以探新政權之特質。

〔註 1〕《明史》卷二十四〈莊烈帝本紀〉。

第二節　種族衝突與經世實學

　　滿清入主中原後，以消解漢人種族意識為急務，他們深切了解，這是他們政權能否長久穩固的重要關鍵。因此，他們以遼、金、元三代為歷史鑑鏡，採行了「滿漢兼容」與「恩威並用」的政策，來統治廣大的漢地。一方面禮遇明室君臣，優禮文人，安撫民心，使漢人感其德；一方面下薙髮令，摧抑紳權，禁結盟社，大興文字獄，使漢人畏其威，由是，清室政權稍為穩定下來。睿親王多爾袞是這種高明政治的策劃者。而後來康熙皇帝的睿智統治，則使清政權更趨於穩固。

　　康熙皇帝在位凡六十一年，其勵精圖治與勤政愛民的作風，掃除了明中葉以降的諸多亂象。其人好學，崇儒重道，即使三藩作亂，天下洶洶，仍是經筵不休。待大勢稍定，乃詔舉博學鴻詞科，「修文史，纂圖籍，稽古右文，潤色鴻業，海內彬彬向風焉」〔註2〕。如此不僅使中國再度登上盛世，也奠定滿清二百六十八年的政權基礎，成為少數民族統治中原時間最長的朝代。

　　政治與社會最動盪的時代，往往也是學術文化轉型的黃金時代。清初士人治學，因亡國之恨，走向經世實學的道路。王國維云：

　　　　順康之世，天造草昧，學者多勝國遺老，離喪亂之後，志在經世，故多為致用之學。求之經史，得其本原，一掃明代苟且破碎之習，而實學以興〔註3〕。

當時，經學以顧亭林、閻若璩、胡渭三人為代表。閻攻偽經，胡辨圖書，亭林大倡「舍經學無理學」之說。若黃宗羲、萬斯同、全祖望者，治史學；顧祖禹、黃儀者，治輿地；王夫之治哲學；張履祥、陸隴其為程朱學派；顏元、李恕谷為反空疏的實踐主義家；梅文鼎則治天算曆數。一時大師雲起，各開一片天，而共同開創了清代新學風。

　　此時，也興起遼、金、元三史的研究，蓋因滿清統治中原之故也。未入關前，清室已極重視邊疆民族入主中原的歷史，以吸取相關的經驗。如太宗皇太極嘗於「天命九年（1635）五月己巳，命文館譯宋、遼、金、元四史」〔註4〕，以及世祖「順治元年（1644）三月甲寅，大學士希福等進刪譯遼、金、元史」〔註5〕。

　　明勝國遺老窮遼、金、元三史者，亦復如此。如清儒之父顧亭林（1613～1682）

〔註2〕《清史稿》卷一百二十五〈藝文志〉序。徐世昌於《清儒學案》序，亦甚贊聖祖學術的貢獻。

〔註3〕王國維〈沈乙庵先生七十壽序〉，收入於《觀堂集林》。

〔註4〕《清史稿》卷二〈太宗本紀〉。

〔註5〕《清史稿》卷四〈世祖本紀〉。

於《日知錄》有〈本朝〉一文，感傷身處新舊王朝的苦悶。其云：

> 古人謂所事之國爲本朝，魏文欽降吳，表言世受魏恩，不能扶翼本朝。抱愧俛仰，靡所自厝。又如吳亡之後，而蔡洪與刺史周俊書，言本朝舉賢良是也。《顏氏家訓》，先君先夫人皆未還建業舊山，旅葬江陵東郭。承聖末，啓求揚都，欲遷營厝，蒙詔賜銀百年，已于揚州小郊卜地燒磚，值本朝淪沒，流離至此。之推仕歷齊、周及隋，而猶稱梁爲本朝。蓋臣子之辭無可移易，而當時上下亦不以爲嫌者矣。《舊唐書》劉昫傳，昫爲石晉宰相，而其職官志稱唐曰皇朝、曰皇家、曰國家。經籍志稱唐曰我朝。宋胡三省（1230～1302）註《資治通鑑》，書成于元至元時，註中凡稱宋皆曰本朝，曰我宋。其釋地理皆用宋州縣民，惟一百九十七卷蓋牟城下註曰今大元遼陽府路，遼東城下註曰今大元遼陽府，……。以宋無此書地，不得已而之也。〔註6〕

研究遼、金、元三史，可以鑑往知來，可以抒發政治情懷，無怪乎清初上焉者倡之，下焉者究之。

第三節　清初元史學之發軔

滿清是繼蒙元之後，另一個完全征服中國的少數民族，元史的前車之鑑，自然成爲清儒政治情感上的寄託。且《元史》已不再有官修的忌諱，使清儒可直指漏劣。如顧亭林於《日知錄》中，摘錄《元史》數條錯誤爲例，責宋王諸公「務苟完」而「多倦覽」〔註7〕。朱彝尊（1629～1709）也疵其「文蕪體散」〔註8〕。

清初是元史學的草創期，屬於拓荒時代，一切尚待開發，學者各自披荊斬棘。這期間的作品，以孫承澤的《元朝典故編年考》、《元朝人物略》，邵遠平的《元史類編》，以及歷經黃宗羲、黃百家、全祖望三人成書的《宋元學案》最爲重要。

一、孫承澤及《元朝典故編年考》、《元朝人物略》

孫承澤，字耳伯，號北海，晚號退谷，山東益都人，生於明萬曆二十一年（1593），卒於清康熙十四年（1675），享壽八十三。

崇禎三年（1630），中鄉試舉人。崇禎四年（1631），及進士第。歷任陳留知縣、

〔註6〕顧亭林《日知錄》卷十七〈本朝〉（原抄本，文史哲出版社，民國68年4月）。
〔註7〕《日知錄》卷二十七〈元史〉。
〔註8〕朱彝尊《曝書亭集》卷三十二〈史館上總裁第三書〉。

戶科給事中、刑科都給事中等職。此時正值大明帝國存亡危機的關鍵時刻，承澤有心救其水火，無奈闖王李自成仍攻入北京，明朝一代基業就此而亡。承澤降附自成，被委以「四川防御史」，受職而未就任。其附自成之舉，時人鄙之。

滿清入關，自成兵敗退京遁走。承澤繼又降清，復官刑科都給事中，尋轉吏科都給事中，後升太常寺卿、大理寺卿、吏部左侍郎等職，尋以都察院右都御史加太子太保銜。承澤身爲明室朝臣，既附闖賊，又降滿清，顧亭林鄙之，列其名於所著《叛逆奸臣及賊受僞官考》書中。

順治七年（1650），睿親王多爾袞卒，世祖親政，凡附多爾袞者，皆以罪處。有陳名夏者，黨附多爾袞，又私議朝廷弊政，被處絞死。承澤以素附名夏被休致。後承澤上疏名夏事，世祖以有乖大體責令回奏，承澤驚恐，於順治十年（1653）三月，乞休告退。從此閉居原野，嘯聚山林，覽群書而專著述。乾隆時，以其叛明附賊降清，列爲「貳臣」，諭令入《貳臣傳》。〔註9〕

承澤好朱熹學，喜搜羅書畫，退居山林後，自稱「退谷逸叟」，一意著書。其著書之博，從經、史到書畫鑒賞，皆有成書。《四庫全書總目提要》著錄有二十三種，凡四百餘卷。尤以元明史最用心。其悴力於明史者，爲存故國之文物也。〔註10〕而專意於元史者，蓋身於異族之自喻也。所著之元史，有《元朝典故編年考》、《元朝人物略》二書。

《元朝典故編年考》，是記載元代典章制度的著作，原與《明朝典故編年考》合編，稱爲《元明典故編年考》。承澤於是書序云：

> 《文獻通考》爲經世有用之書，至宋末而止。後有續者弗備也。山居
> 秩料十余麓，擬續成之，以年力日衰而止。澤其簡要者爲編年一書，計百
> 卷，通考編類，欲稽其事。

可知其意在接續馬端臨的《文獻通考》，但因年老力衰乃擇要編之。

《元朝典故編年考》，凡十卷，取元代朝廷事實，分類編輯，正史以外，更探元人文集以附益之。《元史》冗複漏略，殊乏體裁，承澤所考，雖不能詳悉釐正，而削繁增簡，具有首尾，差易省覽。其書第九卷爲「元朝秘史」，第十卷「附載遼金遺事」。〔註11〕承澤於第九卷有小序，云：「元人有《祕史》十卷，《續秘史》二卷，前卷載

〔註9〕孫承澤的生平，主要參考《碑傳集》卷十〈孫承澤行狀〉，及閻崇年〈清代史壇大家孫承澤〉（《故宮博物院院刊》1983年第1期）。

〔註10〕孫承澤的明史著作，有《山書》、《明朝典故編年考》、《春明夢餘錄》、《天府廣記》等書。

〔註11〕《四庫全書總目提要》卷81〈元朝典故編年考十卷〉條。

沙漠始起之事，續卷載下燕京滅金之事。蓋其本國人所編紀者，書藏禁中不傳，偶從故家見之，錄續卷以補正史之所不載。」可見《元朝秘史》在當時已流傳在外，而爲承澤慧眼所識。

《元朝人物略》，以記元代人物誼行，感慨自己一生的遭遇。〔註12〕其序云：

> 古昔人物之盛，莫過於宋，時稱爲小三代。然自中葉而後，權奸擅柄，諸賢屏息，貶竄時聞，而人物之摧折亦莫過宋。有元崛起北方，世祖以命世之傑，求賢如渴，當時布列有位，如廉希憲、不忽木、安童、拜住諸人，光明駿偉，有學有識，雖宋之韓、范，何以加焉。即其職效一司者，如興學開屯、明曆治漕，諸事經劃井然，莫不遠邁漢、唐，作法後世。且朱子理學集諸子之成，厄於宋者，至其時而大行。自許平仲而後，人無異學，士敦實行，奉小學《近思錄》之書如金科玉律，而無敢一啄者。天下書院約一萬二千餘所，皆聘理儒以爲山長，朝廷特設提舉，以司其稟祿。百年之中，刑措不用，史稱人在春風化育中，豈非一代之盛軌哉！

承澤以宋王諸公因避嫌之故，使有元一代名臣功業不彰，遂有斯作之成。其云：

> 修史者爲元朝故臣，避嫌不敢悉錄，《輟耕錄》諸書，又皆載其瑣事，無關大政，故一時人物，缺焉不彰，尤足惋也。壬寅（1662）之中，讀書山中，每於元人文集誌傳中，載當時事蹟者，輒手錄之，成人物略一編，以廣見聞。

《元朝人物略》，分元史人物爲四類：「勳德」、「事功」、「諫諍」、「撫循」，藉記各家功業以探索一代興衰原由。他很有感慨的說道：

> 元之興也，以廉公諸人。至其末季，相位脫脫，公忠愛國，自命卓然，不在廉公之下，仗鉞討賊，事已就平，乃聽哈麻之讒而殺之，其亡也忽焉。使脫脫而在，雖有十部天魔，豈遂至亡？觀元之所以興、所以亡，與晚宋同其覆轍焉，則人物之關于世何如哉？

好一句「人物之關于世何如哉」，唯承澤也是明朝進士出身，不與朱明同進退，降賊又附清，又終無所成，是又何如哉？

二、邵遠平及《元史類編》

清代第一部有系統的改編《元史》，是邵遠平的《元史類編》。

邵遠平，字戒三，浙江仁和人。康熙三年（1664）進士，選庶吉士。後歷戶部

〔註12〕孫承澤《元朝人物略》的手稿本，台北文海出版社有影印本。

主事、戶部郎中、江西學政，光祿寺少卿等職。康熙十八年（1679），試博學鴻儒，授翰林院侍讀。後充廣東主考官、翰林院侍讀學士等職。於任詹事府少詹事時告歸。遠平詩宗唐人，風采文雅，有《戒庵詩存》一卷。史學之作，以《元史類編》一書最出名。〔註13〕

《元史類編》是遠平續高祖邵經邦《弘簡錄》之作，原名《續弘簡錄》。邵經邦（1491～1565），明朝正德十六年（1521）進士，後上疏忤帝，謫戍福建鎮海衛，直至臨終。經邦於戍所，閉戶專意讀書，《弘簡錄》即爲當時之作。〔註14〕是書志在紹繼鄭樵，經邦序云：

> 夫簡，載之職也，載莫該於史。史失，載之職也，愚其得已哉！有宋鄭夾漈先生感會同之義，總合班、馬、陳、范之書，晉、隋、南北之史，作爲《通志》，以正斷代之偏，救各書之失，其立例用心，可謂勤矣。……
>
> 愚紹《通志》之 後，起唐五代，迄宋遼金，其立例必先關乎治亂。

正史，包羅萬象，氣勢磅礴，一史已讀之不易，何況由古及今，故宋儒鄭樵，以「同天下之文」、「極古今之變」的會通思想，創作《通志》。〔註15〕然該書以唐、五代史爲本朝大臣所修，不敢議，而僅載至隋代。〔註16〕經邦有志續之，編爲《弘簡錄》，但也因同樣理由，《元史》爲本朝官修的情況下，只續寫至遼、金。〔註17〕後遠平繼承祖志，續編弘簡，後正式改名爲《元史類編》。遠平云：

> 鄭樵自序云：「《唐書》、《五代史》皆本朝大臣所修，微臣所不敢議。」
>
> 紀故傳迄隋。先弘齋公亦以《元史》爲明初敕修不敢輕議，故紀傳迄遼、金。
>
> 今不揆譾劣，以爲續成《元史類編》一書。〔註18〕

〔註13〕邵遠平生平，參考《清史列傳》卷七十與《國朝耆獻類徵初編》卷一百六十「詞臣」。

〔註14〕參見《明史》卷二百六〈邵經邦傳〉。台北廣文書局出版的《弘簡錄》之目錄亦附有徐乾學所撰的〈邵經邦傳〉。

〔註15〕引自鄭樵《通志》總序。

〔註16〕鄭樵於《通志》總序有云：「《唐書》、《五代史》皆本朝大臣所修，微臣不敢議。」

〔註17〕邵經邦在《弘簡錄》自序：「《元史》乃本朝敕修，愚生不敢議。」

〔註18〕參見邵遠平重刻《弘簡錄》之〈凡例〉。

遠平在〈進呈元史類編表〉亦云：「祖邵經邦係明嘉靖年進士，官刑部員外郎，疏劾首相張璁議禮干，進廷杖謫戍。一生苦心講學，著有歷史《弘簡錄》二百五十四卷，久經刊刻。臣職在史官，雖越草茅，不敢廢職，續成元史四十二卷。」

黃兆強於〈元史類編之研究—以本書〈凡例〉爲主軸之探討〉一文，考察了遠平類編的動機，彼云：「除卻報國一點頗值商榷外，其他因素，諸如《元史》本身錯漏百出、遠平欲得承先緒、務使自身及先祖留名身後，並藉考正史事之得失是非以達到鑑誡垂訓的功能等等，都構成遠平編撰《元史類編》的動機。」（《東吳歷史學報》

《元史類編》，是清代第一部的《元史》改造，其特色是紀傳「以類相次，撮合成篇」，極易覽讀。是書凡四十二卷，本紀十卷，列傳三十二卷。本紀仿《通志》分「世紀」、「天王」二類。列傳分十四類，為「宰輔」、「功臣」、「侍從」、「台諫」、「直諫」、「庶官」、「皇后」、「公主」、「系屬」、「儒學」、「文翰」、「旌德」、「雜行」，及附載外夷諸傳。本紀之前，附有〈朔漠圖考〉、〈海運圖考〉二圖，以明蒙古輿地與元代海運。是書無志、表，有論贊。《清史稿》之〈藝文志〉，列《元史類編》於別史類。邵遠平於〈凡例〉云其書特色：

> 自正文而外，間採群書，或補其闕略，或辨其異同，仿《大唐六典》、杜氏《通典》格，並用夾行小註，不敢臆鑿一語。
>
> 茲編不用志、表，凡天文、地理、歷律、制度，皆按年入紀，令人一覽而盡，故於本紀獨詳。
>
> 有既立傳而重見他傳者，悉加改正。至海運為元時創舉，而朱清、張瑄無傳，則海道不詳。今從諸書，摘補庶官之末，而先志以圖，並詳其歷年起運之數，以備考證。
>
> 后妃、公主，以類相次，撮合成篇。
>
> 立〈儒學傳〉，補舊史之不備者。
>
> 《元史》無〈藝文志〉遂使百年才士抱恨九京，今自一統志下及椑乘諸書，以至家藏抄本，無不羅致，特分經學、文學、藝學三科補其闕軼。地名、人名畫一，以便循覽。幸余少習國書，略知音義故也。
>
> 是編成於康熙癸酉（1693）之秋，進呈於己卯（1699）之春。〔註19〕

是書「以類相從」頗影響後世史作，魏源《元史新編》即是其一。不過，魏源也無法認同該書的一些編排，彼云：

> 邵遠平之《元史類編》，徒襲鄭樵《通志》之重儓，分〈天王〉、〈宰輔〉、〈侍從〉、〈庶官〉、〈忠節〉、〈文翰〉、〈雜行〉等類，甚以廓擴之忠
>
> 勳列入〈雜行〉，又有紀傳而無表志，因掫志入傳，又多采制冊入紀，多采書序入儒林，又多采《元典章》、吏牒之書以充卷帙，皆不登大雅，甚至本紀以世祖為始，而太祖、太宗、憲宗三朝平漠北西域、平金、平蜀之功，不載一字，更舊史不如之。〔註20〕

第三期，民國 86 年 3 月）

〔註19〕為《元史類編》作序者，有朱彝尊、席世臣二人。朱彝尊的〈元史類編序〉，收入《曝書亭集》卷三十五。席世臣的序，則入於《元史類編》。

〔註20〕《古微堂文集》卷三〈擬進呈元史新編序〉。

李慈銘（1829～1894）於《越縵堂讀書記》也提出評論：

> 咸豐庚申（1860）6 月初 7 記：其書雖筆力孱弱，然於舊史具有增削，斷制亦多審當，採證碑誌，俱鑿鑿可從，較之朱國禎《南宋書》、周濟《晉略》，固自遠勝，與陳鱣《續唐書》，皆精於事例，劣於文字者也。
>
> 同年 6 月初 10 記：類編採取他書，如《元典章》、《元文類》及各家文集說部，亦多矜慎。惟敘次冗漫，不知刊削，其間虛字往往可笑者。
>
> 同年 7 月初 9 記：復閱《元史類編》，其謬愈出，至敘次之沓冗，文辭之鄙淺，更不必言，四庫不收此書，有以也。

魏源及李慈銘的評論，固有其理，爲魏、李所生時代，元史學已有相當進展，以當朝顯學批判拓荒先賢，實有欠公平。蓋遠平蓽路藍縷之功，誠屬難能可貴也。

後有來華的法國傳教士宋君榮（P. Antoine Gaubil1689～1759），以遠平類編爲依據，譯寫《成吉思汗與蒙古史》（Historie de Gentchiscan et de toute la dynastie des Mongous, ses successeurs, conquerants de la Chine），於 1739 年刊行巴黎，頗影響西方蒙古學。

三、元儒學案的大創作

「中國有學術思想史，自黃宗羲（1610～1695）寫《明儒學案》、《元儒學案》、《宋儒學案》始。此史學上之大創作也。」〔註21〕《明儒學案》成於康熙十五年（1676），《宋儒學案》、《元儒學案》則梨洲未竟而卒。全祖望云：

> 晚年於《明儒學案》外，又輯《宋儒學案》、《元儒學案》，以志七百年儒苑門戶。於《明文案》外，又輯《續宋文鑑》、《元文鈔》，以補呂、蘇二家之闕，尚未成編而卒。〔註22〕

由其子黃百家（1643～？）及雍乾間的全祖望（1705～1755）續補，合編曰《宋元學案》。其中以全祖望（號謝山）居功最偉。謝山有「仲春仲丁之半浦陪祭梨洲先生」詩云：

> 黃竹門牆尺五天，瓣香此日尚依然；
> 千秋兀自綿薪火，三逕勞君盼渡船。
> 酌酒消寒欣永日，挑燈講學憶當年，
> 宋元儒案多宗旨，肯令遺書歎失傳。〔註23〕

〔註21〕杜維運《清代史學與史家》肆〈黃宗羲與清代浙東史學派之興起〉，頁 191。
〔註22〕全祖望《鮚埼亭集》卷十一〈梨洲先生神道碑文〉。
〔註23〕《鮚埼亭詩集》卷四。

謝山續纂此書，由乾隆十一年（1746）至乾隆十九年（1754），凡九年間，博采諸書為之補輯，書稿未嘗暫離，而成書一百卷，草創甫定而謝山卒。後道光年間有王梓材、馮雲濠者，作最後之校勘輯補，而為今日之定本也。

合編《宋元學案》，彰顯宋元學脈相承及理學之盛，實立意甚佳。學案中，以元儒為首者，有六卷，包括 卷九十〈魯齋學案〉、卷九十一〈靜修學案〉、卷九十二〈草廬學案〉、卷九十三〈靜明寶峰學案〉、卷九十四〈師山學案〉、卷九十五〈蕭同諸儒學案〉等，謝山序錄各卷云：

> 河北之學，傳自江漢先生，曰姚樞，曰竇默，曰郝經，而魯齋其大宗也，元時實賴之。述〈魯齋學案〉。

> 靜修先生亦出江漢之傳，又別為一派。蕺山先生嘗曰：「靜修頗近乎康節。」述〈靜修學案〉。

> 草廬出於雙峰，固朱學也，其後亦兼主陸學。蓋草廬又師程氏紹開，程氏嘗築道一書院，思和會兩家。然草廬之著書，則終近乎朱。述〈草廬學案〉。

> 徑畈歿而陸學衰。石塘胡氏雖由朱而入陸，未能振也。中興之者，江西有靜明，浙東有寶峰。述〈靜明寶峰學案〉。

> 繼草廬而和會朱陸之學者，鄭師山也。草廬多右陸，而師山則右朱，斯其所以不同。述〈師山學案〉。

> 有元立國，無可稱者，惟學術尚未替，上雖賤之，下自趨之，是則洛、閩之沾溉者宏也。如蕭勤齋、同樂庵輩，其亦許、劉之徒乎？述〈蕭同諸儒學案〉。

《元儒學案》，較全面地記述有元一代學風發展，可彌補《元史》儒林傳的簡略，梨洲、謝山，蓋亦有功於宋元史焉。

第四章　乾嘉學風與元史學的啓蒙運動

第一節　政治清平與漢學昌盛

「聖祖政尚寬仁，世宗以嚴明繼之」〔註1〕，至高宗時代，文治武功皆走向了鼎盛時期。高宗爲政，折中於父、祖剛柔之間，在位凡六十年。《清史稿》論曰：「高宗運際郅隆，屬精圖治，開疆拓宇，四征不庭，揆文奮武，於斯爲盛。」〔註2〕

清自開國以來，雖以「滿漢一體」爲口號，然自始即右滿而外漢，時時不忘強化清室政權。到了乾隆時代，漢人反滿的心理，業已消失殆盡，高宗的種族偏見與對漢人的壓制，卻較其父、祖更有過之。乾隆八年（1743），御史杭世駿〈時務策〉有云：

> 意見不可先設，畛域不可太分。滿洲賢才雖多，較之漢人，僅什之三四。天下巡撫，尚滿漢參半，總督則漢人無一焉，何內滿而外漢也？三江兩浙天下人才淵藪，邊隅之士，間出者無幾。今則果於用邊省之人，不計其才，不計其操履，不計其資俸，而十年不調者皆江浙之人，豈非有意見畛域？〔註3〕

世駿道出了高宗心事，遭到革職的命運。

高宗治國能力不及父、祖，而窮奢極欲有之。內侈宮室，外事四方，不僅勞民傷財，帝國也因此元氣大傷。晚年又寵信和珅，政治大壞。因經濟問題逐漸浮出檯面，社會也漸趨凋敝，終導致嘉慶時期的變亂出現。《清史稿》論曰：「惟耄期倦勤，

〔註1〕《清史稿》卷九〈世宗本紀〉論贊。
〔註2〕《清史稿》卷十五〈高宗本紀〉論贊。
〔註3〕見於《東華錄》乾隆八年。

蔽於權倖，上累日月之明，爲之歎息焉。」〔註4〕

優禮文人，獎勵學術是清室對漢人一貫的懷柔政策。太宗首命大學士希福等譯遼、金、元三史，逮至世祖時譯史告成。聖祖繼統，詔舉博學鴻儒，網羅俊逸，修《明史》、《佩文韻府》、《康熙字典》、《淵鑑類函》、《古今圖書集成》、《朱子全書》、《性理大全》等書，海內彬彬，靡然向風。世宗嗣位，再舉鴻詞，未行而崩。高宗初元，繼舉鴻博，采訪遺書。

自清室定鼎中原以後，長期的安定與繁榮，也開啟了乾嘉學術文化的昌明與人才的鼎盛。此時，承清初徵實學風，在官方與半官方機構的支持下〔註5〕，學術成果相當豐碩。特別是江南一帶，藏書林立，印刷發達，學術交流便利，最稱人文薈萃之區。所謂乾嘉學術之兩大學派，「浙西學派」與「浙東學派」，均鼎足於此。〔註6〕

《四庫全書》之修纂，最稱清代經緯聖業的學術大事。乾隆三十七年（1772），安徽學政朱筠，以明《永樂大典》內多古籍爲由，奏請開局纂輯，繕寫各自爲書，大學士于敏中力贊其議。明年，詔設四庫全書館，以永瑢、于敏中爲總裁，紀昀等爲總纂，與事者三百餘人，歷二十年，始繕寫告成。「至是天府之藏，卓越前代，特命紀昀等撰《四庫全書總目》，著錄三千四百五十八種，存目六千七百八十八種，都一萬兩百二十四種」，「令好古之士欲讀中秘書者，任其入覽。用是海內從風，人文炳蔚，學術昌盛，方駕漢、唐」。〔註7〕

通說《四庫全書》纂輯，蘊藏消除反滿思想，其實更重要的是反映斯時漢學的蓬勃發展。〔註8〕蓋當時流行樸學，學者爲競逐博學，必須如太史公「牛馬走」一樣的周諮博訪天下，而皇府秘室所藏的珍貴典籍（如《永樂大典》），又爲學者所垂涎不已。如此環境，自然催生了《四庫全書》的成立。從此以後，學者可一覽府內秘藏與民間獻本，使學術研究更趨發達，輯佚之風更盛，故有「乾嘉學風」一名。章學誠云：

〔註4〕《清史稿》卷十五〈高宗本紀〉論贊。

〔註5〕書院在明代多屬私人教育性質，至清代則漸由官方控制，其目的在防止反動思潮。詳見盛朗西《中國書院制度》（上海：中華書局，民23年）。

〔註6〕參考 Benjamin A.Elman,*From Philosophy to Philology：Intellectual and Social Aspects of Change in Late Imperial China.*此書專述清代考證學興起的歷史與社會背景。

〔註7〕《清史稿》卷一百二十〈藝文志〉。

〔註8〕郭伯恭於《四庫全書纂修考》一書亦如是云，曰《四庫全書》之編纂動機，政治作用固大，就表面言，當時所受之影響，尚有二端：一漢學之勃興，二儒藏說之提倡（即提倡儒學書籍合編，以與道藏、佛藏鼎足而三）。（台北商務印書館，民國七十三年五月臺三版）（頁2）

　　方四庫徵書，遺集秘冊，薈萃都下，學士侈於聞見之富，講求史學，
非馬端臨之所爲整齊排比，即王伯厚氏之所爲考逸搜遺。〔註9〕

清儒的元史學，自錢大昕、畢沅以後，也皆蒙四庫之惠。錢慶曾即於《竹汀居士年譜續編》記畢沅續通鑑得開館之助：

　　自溫公編輯通鑑後，宋、元兩朝雖有薛氏、王氏之續，而記載疏漏，
日月顛倒，又略於遼、金之事。近世徐氏重修，雖優於兩家，所引書籍，
猶病漏略。

　　自四庫館開，海內進獻之書與天府儲藏奇秘圖籍、《永樂大典》所載
事涉宋、元者，前人都未寓目，畢公悉鈔得之，以爲此書（續資治通鑑）
之助。〔註10〕

四庫的影響，由此可知了。換言之，若非四庫之助，清儒之元史研究將更加困難。

　　必須特別指出的是，清室對於清學有不容忽視的力量。雖然清室爲了壓制反滿思想屢興文字獄，但是其推動學術的貢獻亦是可見的事實。如果一味的指摘清室，否定他們，是不瞭解清學的嚴重民族偏見。

第二節　乾嘉學風與徵實史學

　　清初經世精神，學風轉趨實學，唯樸學門徑初闢而方法未精。隨著政治的長期穩定，經世思想漸次消融，而學風更趨於篤實，於是誕生了以考據學爲風氣的「乾嘉學風」。乾嘉大師錢大昕說出了他們共同的治學精神：

　　有文字而後有訓詁，有訓詁而後有義理。訓詁者，義理之所由出，非
別有義理，出乎訓詁之外者也。〔註11〕

乾嘉學風，經學獨盛，「稽古右文，超軼前代」〔註12〕，爲中國兩千年來的經學發展，做了極其驚人的成績。因治經有成而沿於他學，如史學、輿地、諸子、天算、金石等各方面，亦均是斐然可觀，具體實現了他們精神領袖顧亭林的治學主張：「讀九經自考文始，考文自知音始，以至於諸子百家之書，亦莫不然。」〔註13〕

　　因時代風尚，乾嘉史學的主要成就，亦是考據學方面的成績。史籍方面之斠讎、

〔註 9〕《章氏遺書》卷十八〈邵與桐別傳〉。
〔註10〕錢大昕於《潛研堂文集》卷十八〈續通志列傳總序〉一文中，云曾於皇室館閣中所看
　　　　到的許多的珍貴典籍。
〔註11〕《潛研堂文集》卷二十四〈經籍纂詁序〉。
〔註12〕皮錫瑞《經學歷史》十〈經學復盛時代〉。
〔註13〕《亭林文集》卷四〈答李子德書〉。

注釋、補輯等均極爲出色，其中以錢大昕《廿二史考異》、王鳴盛《十七史商榷》、趙翼《廿二史劄記》爲這方面的代表作。他們的成就，在於「徵實之精神」與「客觀的研究方法」。〔註14〕

乾嘉史家，原都起於治經，然後再將治經心得用於考史，由是而感受深刻。如錢大昕認爲治史難於治經，而史中又以治宋、元史最苦。其云：

> 讀經易，讀史難。讀史而談褒貶易，讀史而證同異難。證同異於漢、魏之史易，證同異於後代之史難。昔溫公《資治通鑑》成，惟王勝之假讀一過，他人閱兩三紙輒欠身思臥，況宋、元之史文字繁多，雖頒在學官，大率束之高閣。文多則檢閱難周，又鮮同志相與商榷者，則鑽研無自。即有撰述，世復不好，甚或笑其徒費日力。史學之不講久矣！〔註15〕

王鳴盛則認爲經、史學之異，在於治經者，但求訓詁通經，而不敢駁經；治史者，雖如馬、班之才，有失尚且正之。他在《十七史商榷》序云：

> 蓋學問之道，求於虛不如求於實，議論褒貶皆虛文耳。作史者之所記錄，讀史者之所考核，總期於能得其實焉而已矣。外此又何多求耶？予束髮好談史學，將壯輟史而治經，經既竣，乃重理史業，摩研排纘，二十餘年，始悟讀史之法，與讀經小異而大同。何以言之？經以明道，而求道者不必空執義理以求之也，但當正文字，辨音讀，釋訓詁，通傳注，則義理自見，而道在其中矣。……讀史者不必以議論求法戒，而但當考其典制之實；不必以褒貶爲與奪，而但當考其事蹟之實，亦猶是也，故曰同也。若夫異者則有矣，治經斷不敢駁經，而史則雖子長、孟堅，苟有所失，無妨箴而貶之，此其異也。

抑治經豈特不敢駁經而已，經文艱奧難通，若於古傳注憑己意擇取融貫，猶未免於僭越，但當墨守漢人家法，定從一師，而不敢佗徒。至於史，則於正文有失，尚加箴貶，何論裴駰、顏師古一輩乎！其當擇善而從，無庸偏徇，固不待言矣，故曰異也。要之二者雖有小異，而總歸於務求切實之意一也。

史學無經學的羈絆，「不墨守家法」與「務求切實」，是史學臻臻日上的原因。因此，馬、班之書，雖爲善史，有失且尚加箴貶、注補，至如《元史》疏漏之甚者，則何遑論焉？故有乾嘉諸老博明〔註16〕、錢大昕、趙翼、汪輝祖、畢沅奮於其間，

〔註14〕杜維運〈清乾嘉時代之歷史考據學〉，收入氏著《清代史學與史家》（頁273）。

〔註15〕本文見於錢大昕爲汪輝祖《元史本證》一書所寫的序言。

〔註16〕博明，蒙古人，邢博爾濟吉特氏，祖邵穆布總督兩江。博明少承家學舊聞，博學多識，精思彊記，於經史詩文，書畫藝術，馬步射，繙譯國書源流，以及蒙古唐古忒諸字

為元史學奠基。〔註17〕

　　除了學者考史之風外，清室對史學的重視亦是乾嘉史學蓬勃的動力。清代官方的史學活動，不亞於前代，諸如國史館的設立、《明史》的纂修、《四庫全書》的開館等，均有相當的貢獻。其中，以清室對於遼、金、元史的關注最稱特別。因崛起邊疆之故，開國之初，太宗詔譯遼、金、元三史，即表現了這方面的重視。至高宗初位，以三史之修不及前代，特別是「《元史》成于倉猝，舛誤尤多」〔註18〕，而有改譯三史之意。高宗云：

　　　　夫《春秋》一字之褒貶，示聖人大公至正之心。若遼、金、元三國之譯漢文，則出於秦越，視肥瘠者之手，性情各別，語言不通，而又有謬寓斥之意存焉，此豈《春秋》一字褒貶之為哉？……改譯其訛誤者，是則吾於遼、金、元三代實厚有造而慰焉。〔註19〕

於是下命儒臣正三史中之人、地、官、物譯音。〔註20〕乾隆四十六年（1781），撰成《遼金元三史國語解》一書，以索倫語正《遼史》十卷，以滿州語正《金史》十二卷，以蒙古語正《元史》二十四卷。四庫之書，凡人名、地名、官名、物名，涉於三史者，均據此援以改正。〔註21〕今日所見的「武英殿本二十四史」，其中遼、金、元三史之譯語，不同於原有版本，正是當時乾隆朝正語下的結果。〔註22〕此外，

　　　母，無不貫串嫺習。乾隆十二年（1747）舉鄉試，十七年（1752）中會試，出桐城張樹形之門。選庶常，授編修，直起居注，修《續文獻通考》，後又官術庶吉士等職。著有《西齋偶得》、《鳳城瑣錄》。

　　　　博明為學襟慎，嘗於《西齋偶得》敘云：「予自髫年侍先人，即獲聞緒論於辨證考訂之事每心志之，長得肆力於學，因知今之考證者，非衍舊說，即涉穿鑿附會。比歲亦有所論述，然於是二者，恆謹持之。」是書為博明考證心得，於遼金元史與西北輿地方面頗收錄之，有〈遼金國名〉、〈蒙古呼漢人〉、〈遼國姓〉、〈西夏〉、〈遼京〉、〈金京都〉、〈阿爾楚哈〉、〈插漢〉、〈物變〉、〈瓦剌〉、〈元朝氏姓〉、〈元朝子姓〉、〈朔漢部考〉、〈蒙古族姓〉、〈蒙古言持字之義〉諸文，其中還特別引用《元朝秘史》作考證。

〔註17〕柳詒徵認為乾嘉學者所獨到者，在考史之學。其《中國文化史》第三篇第十章〈考證學派〉云：「世尊乾嘉諸儒者，以其以漢儒之家法治經學也。然吾謂乾嘉諸儒所獨到者，實非經學而為考史之學。……諸儒治經，實皆考史。」

〔註18〕弘曆《御製文初集》卷十四〈史論問〉。

〔註19〕弘曆《御製文二集》卷十七〈改譯遼金元三史序〉。

〔註20〕何冠彪〈乾隆朝重修遼、金、元三史剖析〉有深入分析，見《蒙古學信息》1997年第一期。

〔註21〕《四庫全書總目提要》卷四十六史部正史類「欽定遼金元三史國語解」。

〔註22〕張元濟的《校史隨筆》，有宋元明古本正史與乾隆武英殿本正史的比較，甚具參考價值。以《元史》為例，有〈宋濂續修後記〉、〈殿本衍文〉、〈殿本錯簡〉、〈殿本闕文〉、〈殿本改譯剜刻原書〉、〈改譯口語為文言〉、〈重出之傳殿本未刪盡〉諸文。其〈殿

高宗亦敕譯《蒙古源流》〔註23〕一書。清室重視塞外歷史，由此可證。

因為清室對於遼、金、元三史的重視，乾嘉的樸學風氣，《四庫全書》的開館輯書，以及學者的披荊斬棘下，而開啓了乾嘉元史學的啓蒙運動。

第三節　錢大昕的元史世界

乾嘉時代的元史學，以博明、錢大昕、趙翼、汪輝祖、畢沅五人為代表，尤以錢大昕的成就最高、最被看重，足稱清儒元史學的啓蒙導師。

錢大昕，字曉徵，號辛楣，又號竹汀居士，江蘇嘉定人。生於清雍正六年（1728），卒於嘉慶九年（1804），享年七十七。

竹汀出生書香門第，十五歲中秀才。時任考官劉藻云：「吾視學一載，所得惟王生鳴盛、錢生大昕兩人耳。」鳴盛父亦賞識，以鳴盛妹許之。

乾隆十年（1745），授徒塢城顧氏，其家頗藏書，有《資治通鑑》及不全二十一史，晨夕披覽，始有論千古之志。次年，讀李延壽南北史鈔，撮故事為《南北史雋》一冊。乾隆十八年（1753），在中書任暇，與吳杉亭、褚鶴侶兩同年講習算術，得讀梅文鼎書，寢食幾廢。因讀歷代史志，從容步算，得古今推步之理。

乾隆十九年（1754）中進士，選翰林院庶吉士，參與《熱河志》的編修。二十二年（1757），開始收藏金石文字，用於考史。二十五年（1760），參與《續文獻通考》編修，並任日講起居注官。三十二年（1767），以體病及妻歿而歸鄉。三十五年（1770），始讀《說文解字》，研究聲音文字訓詁之原。次年，充《一統志》纂修官。四十二年（1777），以母年屆八旬，決定不復入都供職，時年五十歲。

乾隆四十三年（1778），講學南京鍾山書院，告諸生以「通經讀史」為先。四十七年（1782），成《廿二史考異》、《金石後錄》等書。五十年（1785），講學太倉婁東書院。五十四年（1789），講學於蘇州紫陽書院。此時，竹汀重定金石錄，所藏迄

本改譯剜刻原書〉云：「清乾隆四年（1739），武英殿版既已刊行。至四十六年（1781），高宗以原書譯名舛誤，復命館臣詳加釐定，取原用之人名、地名、官名、物名，一一改正。此於書後附一對表，自可了然。乃不此之圖，而就原書剜刻，有時所改之名，不能適如原用字數，於是取上下文而損益之，減裂支離，全失本相。余嘗得一部，坊肆以原改兩本配合者，新舊雜糅，幾於不可卒讀。乾隆之世，號稱太平，物力豐盛，何以不重刊新版，而為此苟且塞責之圖，殊不可解。」

〔註23〕《蒙古源流》，小徹辰薩囊洪台吉所撰，成書於 1662 年。本書以佛教傳播附會蒙古史的起源，並歷述元明兩朝蒙古史事，為十七世紀蒙古編年史的代表作品。清乾隆四十二年（1777）先譯為滿文，再轉譯為漢文，收入《四庫全書》。畢沅主編續通鑑曾利用之，後有清末元史學家沈曾植為之箋證。

元代而止。五十六年（1791），成《元史氏族表》、《元史藝文志》。

　　嘉慶元年（1796），手校《元史考異》付刊。次年，讀《洪武實錄》，因補校《宋遼金元四史朔閏考》。同時，又校閱畢沅的《續資治通鑑》。嘉慶四年（1799），編定讀書札記，名曰《十駕齋養新錄》。五年（1800），寫《元史藝文志》序，黃丕烈爲其出刊〔註24〕。嘉慶九年（1804），患寒熱，而講學著述不止。同年十月病卒。

　　竹汀於自己的題像自敘一生：

　　　　官登四品，不爲不達；歲開七秩，不爲不年；

　　　　插架圖籍，不爲不富；研思經史，不爲不勤；

　　　　因病得間，因拙得安；亦仕亦隱，天之幸民。

一、錢大昕的史學與元史研究的動機

　　錢大昕之學，博古通今，凡經學、小學、算數、史學、輿地、金石、官制、氏族、音韻諸專門之學，無不通達。阮元於《十駕齋養新錄》序云：

　　　　國初以來，諸儒或言道德、或言經術、或言史學、或言天學、或言地

　　　理、或言文字音韻、或言金石詩文，專精者固多，兼擅者尚少，惟嘉定錢

　　　辛楣先生能兼其成。〔註25〕

竹汀治學的中心思想，是「實事求是」。其云：

　　　　通儒之學，必自實事求是始。〔註26〕

　　　　唯有實是求是，護惜古人之苦心，可與海内共白。〔註27〕

〔註24〕錢大昕作元史研究頗得黃丕烈之助，其《元史藝文志》云：「《元史》不立〈藝文志〉，國朝晉江黃氏、上元倪氏，因承修明史，并搜訪宋元載籍，欲禰前代之闕。終格於限斷，不得附正史以行。吳門黃君菎圖家多藏書，每有善本，輒共賞析。見此志而善之，并爲糾其踳駁；證其同異，且將刊以問世。」

江標著《黃丕烈年譜》記載了不少黃丕烈與錢大昕論學交宜情事。如年譜記：「嘉慶六年辛酉（1801），三十九歲。三月，爲錢竹汀先生刊《元史藝文志》成。……五月五日庚辰，錢竹汀爲先生跋元本《祖庭廣記》。」

〔註25〕唐鑑《清學案小識》卷十四〈經學學案〉云錢氏：「研精經史，蔚爲著述，於經義之聚訟難決者，皆能剖析源流，文字、音韻、訓詁、天算、地理、氏族、金石，以及古人爵里、事實、年齒，瞭如指掌。古人賢姦是非，疑似難明者，典章制度，昔人不能明斷者，皆有確見。」

昭槤於《嘯亭雜錄》卷七〈錢辛楣之博〉亦云：「凡天文、地理、經、史、小學、算法，學無不精。所著《經史答問》數卷，暢發鄭、賈之奧。又習蒙古語，故考覈金、元諸史及外藩諸地名，非他儒所及。」

〔註26〕《潛研堂文集》卷二十五〈盧氏群書拾補序〉。

〔註27〕《廿二史考異》序。

> 史家紀事，唯在不虛美，不隱惡，據事直書，是非自見。若各出新意，
> 掉弄一兩字，以爲褒貶，是治絲而棼之也。〔註28〕

其學術之功，則爲考據。因態度謹嚴，考據專精，成績最多，被譽爲乾嘉學術第一人。〔註29〕

竹汀的史學成就是最被稱道的。他年輕時即好讀史，服公職後，尤專此業，故有《廿二史考異》之成名作。是書所考，以正史爲主，上自《史記》，終至《元史》，凡二十二家。其序云：

> 于弱冠時好讀乙部書，通籍以後，尤專斯業。自史漢迄金元，作者廿有二家，反覆校刊，雖寒暑疾疢，未嘗少輟，偶有所得，寫於別紙。丁亥歲（1767年），乞假歸里，稍編次之。

他以治經之法治史，謂經、史非二學也。其云：

> 經與史豈有二學哉？昔仲尼贊修六經，而《尚書》、《春秋》實爲史家之權輿。漢世劉向父子，校理秘文六略，而《世本》、《楚漢春秋》、《太史公書》、《漢著紀》列於春秋家，《高祖傳》、《孝文傳》列於儒家，初無經史之別。厥後蘭臺東觀，作者益繁，李充、荀勗等創立四部，而經史始分，然不聞陋史而榮經也。〔註30〕

惟經學只有六經，史學則浩如煙海，由是慨嘆治經易而治史難。彼云：

> 讀經易，讀史難。讀史而談褒貶易，讀史而證同異難。證同異於漢、魏之史易，證同異於後代之史難。……文多則檢閱難周，又鮮同志相與商榷者，則鑽研無自。即有撰述世復不好，甚或笑其徒費日力。史學之不講久矣！〔註31〕

又云：

> 夫史之難讀久矣！司馬溫公撰《資治通鑑》，惟王勝之借一讀，他人讀未盡十紙，已欠伸思睡矣。況二十二家之書，文字繁多，義例紛糾，……且夫史非一家之書，實千載之書，祛其疑，乃能堅其信；指其瑕，益以見其美。拾遺規過，匪爲齮齕前人，實以開導後學。〔註32〕

〔註28〕《十駕齋養新錄》卷十三〈唐書直筆新例〉。
〔註29〕江藩《漢學師承記》卷三〈錢大昕〉云：「東原毅然以第一人自居，然東原之學，以肆經爲宗，不讀漢以後書。若先生學究天人，博綜群籍，自開國以來，蔚然一代儒宗也。」
〔註30〕見於錢大昕爲趙翼《廿二史劄記》所寫的序。
〔註31〕見於錢大昕爲汪輝祖《元史本證》所寫的序。
〔註32〕《廿二史考異》序。

由此可知，其畢生心力，投注於史學爲最多。長久的治史經驗，使他認爲史家所當討論者，有「輿地」、「官制」、「氏族」三端。這也是他考史的重點。其云：

> 予好讀乙部書，涉獵卅年。竊謂史家所當討論者有三端，「輿地」、「官制」、「氏族」。顧州郡職官，史志尚有專篇，唯氏族略而不講。……予所謂氏族之當明者，但就一代有名之家，辨其支派昭穆，史不相混而已矣。〔註33〕

> 史家先通官制，次精輿地，次辨氏族，否則涉筆便誤。〔註34〕

竹汀治史，善於史料的擴充與輔助科學的利用，凡「雜史」、「善本」、「金石」、「避諱」、「義例」等皆意及之，故其持筆穩健，立論公允，而甚少錯誤，此爲後人所樂爲推崇者。〔註35〕

史學中，竹汀又以元史用力最深，曾以最大的決心與毅力，從事於《元史》的改造。他曾書弟大昭云「有刊定元史之舉」〔註36〕。而章學誠亦賀云：「聞大著《元史》，比已卒業，何時可以付刻？嘉惠後學，爭先快睹，引領望之！」〔註37〕唯斯時元史，尚賴「鑿空」，改造《元史》環境尚嫌不足，故終壯志未酬。〔註38〕其《元

〔註33〕《潛研堂文集》卷二十四〈二十四史同姓名錄序〉。

〔註34〕《廿二史考異》卷四十〈北史外戚傳〉。

〔註35〕參考杜維運《清代史學與史家》之〈清乾嘉時代之歷史考據學〉，頁290～297。

〔註36〕《潛研堂文集》卷三十三〈與晦之論爾雅書〉。

〔註37〕《章氏遺書》卷九〈爲畢制軍與錢辛楣宮詹論續鑑書〉。

〔註38〕改編《元史》是大昕生前之志，雖其願未成，卻留給了後人豐富的元史成果。其曾孫錢慶曾於《竹汀居士年譜續編》云：「公少讀諸史，見《元史》陋略謬盭，欲重纂一書。又以元人氏族最難考索，創爲一表。而後人所撰三史藝文，亦多未盡，更搜輯補綴之。其餘紀傳志表，多以脫稿，惜未編定。是年精力少差，先以氏族、藝文二稿繕成清本，又有元詩紀事若干卷，以稿屬從祖同人及陶鳧香兩先生編次成書。」
　　生前孜孜元史的竹汀，留有元史殘稿是無庸置疑的。據姚椿〈毛生甫墓志銘〉云：「〔毛嶽生（1791～1841）〕嘗病《元史》冗漏，見詹事所爲殘稿，因加補輯纂錄異冊數十種，未已。奔走道路，年又限之，卒未克底於成。」可見竹汀有殘稿之存，而毛氏將之補輯纂定，欲成新書。近人牟潤孫（1908～1989）曾見毛氏所修元史，其〈論清代史學沒落之原因〉云：
　　　　「寶山毛嶽生將錢氏修改的《元史》過錄在刻本《元史》上，是天津李氏藏書，我在抗戰前看到過。」
　　杜維運亦於〈清乾嘉時代之歷史考據學〉云：
　　　　「北平圖書館善本書目乙編著錄批校監本《元史》即係以朱筆照錢氏史稿鉤勒添補，丹黃殆遍，每卷後均有毛氏識語，述明照錢稿遺寫之時日。牟潤孫師在北平時曾讀其書，且嘗過錄數卷，爲維運詳言之。」
　　而近代亦傳竹汀有「元史稿一百卷」的說法，如：
　　（1）鄭叔問《國朝未刊遺書目》記錢大昕有《元史稿》一百卷。
　　（2）清光緒八年（1882）朱記榮輯《國朝未刊遺書志略》之史類：「《元史稿》

史藝文志》序云：

> 大昕向在館閣，留心舊典，以洪武所葺《元史》冗雜漏略，潦草尤
> 甚。擬仿范蔚宗、歐陽永叔之例，別為編次，更定目錄，或刪或補，次
> 第屬草，未及就緒。歸田以後，此事遂廢，唯《世系表》、《藝文志》二

> 一百卷，嘉定錢大昕。」

（3）范希曾（1900～1930）著《南獻遺徵箋》云：「《錢氏藝文志略》云：『《元
史稿》百卷，在金陵汪氏處。』案：志略作於道光，其時百卷猶在，嗣
後則不知落於何許。或云稿今猶存，藏山東某氏家。竹汀撰《元史氏族表》
二卷，《補元史藝文志》四卷，皆以刊，乃《元史稿》之一部抽出單行者。

（4）日本島田翰，著《訪餘錄》，謂其1905～1906年間到江南一帶訪書，曾見
到錢大昕《元史稿》手稿殘本二十八冊。全書百卷，缺前二十五卷。

可是，查考竹汀自傳及其生平好友所寫的竹汀傳記，均無成「元史稿一百卷」
的說法。如《國朝耆獻類徵初編》卷百二十八所搜集有關「錢大昕」的傳記，包括
錢氏生前之友王昶、阮元均無成「元史稿一百卷」的字樣出現。段玉裁《潛研堂文
集》序中謂錢大昕「生平于元史用功最深，惜全書手稿未定。」江藩《漢學師承記》
云錢大昕有「重修元史，後恐有違功令，改為《元詩紀事》。」劉錦藻主編的《清朝
續文獻通考》，亦無提竹汀《元史搞》一百卷。

島田翰於1905至1906年訪中國，正是中國元史學最瘋狂的時代，倘真有此書，
不啻晴天霹靂，為何不曾聽聞時人談見過？與島田翰同時代的內藤湖南，即抱持著
懷疑的態度。他說：

> 「錢大昕搜集各方面的史料，是因為他有改作《元史》的思考。但是，言
> 他有《元史稿》的說法是不確的。而島田翰氏云曾見過《元史稿》的說法，
> 也是不定的。」（氏著《支那史學史》，頁401）

生平稍後於竹汀的魏源，編纂《元史新編》時，對竹汀的「元史研究」特為重
視，並完全採用竹汀《元史藝文志》、《元史氏族表》於其著中。可是，確不見魏源
提竹汀「元史稿一百卷」的字樣，考其所言如下：

> 「近世錢詹事大昕、毛貢士嶽生、大興編修徐先生松皆從事元史，詹事僅
> 刊〈藝文〉、〈氏族〉二志，毛氏僅成〈后妃〉、〈公主〉二傳，……徐先生之
> 於輿地，專門絕學，所為〈元史西北地理附注〉及〈諸王世系表〉，亦未卒業。」
> （《海國圖志》之卷三〈元代疆域圖敘〉）
> 「仁和邵氏《元史類編》、嘉定毛氏《元史稿》。」（《元史新編》凡例）
> 「近臣錢大昕重修元史之本，亦僅成〈氏族志〉、〈經籍志〉，餘並無稿。」
> （《古微堂外集》卷三〈擬進呈元史新編序〉）

魏源（1794～1857）親逢嘉、道、咸三時代，又重視竹汀「元史研究」的成果，
倘使有「元史稿」者，即非一百卷本，亦必傾力探詢，為何道出「僅成〈氏族志〉、
〈經籍志〉，餘並無稿」？更不聞其有竹汀「元史稿一百卷」的說法？

不過，魏源給了我們一條線索，即「嘉定毛氏《元史稿》」，此即與他同時代的
毛嶽生。在毛嶽生的《休復居集》中，練廷璜亦序毛氏「欲撰元史百卷」一語（本
序寫於道光二十四年（1844））。由此推知，「元史稿一百卷」是毛氏就竹汀遺稿而加
以補輯整理的。換言之，「錢大昕元史稿一百卷」應正名為「毛嶽生元史稿一百卷」
方是。如果島田翰與牟潤孫所言可信，則應是毛氏本。

稿，尚留篋中。

爲汪輝祖《元史本證》作序，亦云：

> 僕少時有志於此，晨夕攜一編隨手紀錄，於《元史》得《考異》十五
> 卷，自媿搜索未備。今老病健忘，舊學都廢。

元史研究十倍心力於他史，以當時的環境，沒有成功是想當然耳的事。雖然，竹汀卻成功的扮演了元史拓荒者的角色，彷彿「張騫通西域」一樣，功不可沒。他留下了豐富的元史著作，如《元史考異》、《元史氏族表》、《元史藝文志》、《元史拾遺》、《宋遼金元四史朔閏考》、《元詩紀事》（失傳）、《元史稿》（失傳）等籍，嘉惠後學。

爲何竹汀熱衷元史如此？揆其動機，約有三因，即「實事求是」、「千古留名」及「鑑元知清」。

「實事求是」，是竹汀治學的中心思想，疏陋之甚如《元史》者，是他最有興趣的考據對象。他感嘆「古今史成之速，未有如《元史》；而文之陋劣，亦無如《元史》者」，因此領悟了新寫元史的必要性。他心中自然明白，這是一件學術盛事，是他「千古留名」的大好機會。在好名心的驅動下，激發了「克難意識」與「豪傑精神」，而成就了時人所不能企及的偉業。〔註39〕

「鑑元知清」是竹汀元史研究的另一個重要動機。雖說乾隆時代，種族問題已漸消融，可是滿漢問題始終是存在的。竹汀是一個溫和的知識份子，他不敢公然反抗，唯藉著「元史」以消解「清愁」。柴德賡於〈王西莊與錢竹汀〉有云：

> 竹汀所處的時代，滿漢之間的民族矛盾，已經不是主要矛盾，但是有
> 些界限，依然存在，以文字得禍的人，仍不在少數。清初學者，一講到元
> 明，總是諷刺和貶斥，究竟元朝怎麼樣，他們並不理會。竹汀不敢涉及明
> 史，更不敢講清史，但是，他很清楚，研究元史，和研究清史的意義是一
> 樣的。了解元朝，就容易了解清朝。他爲了研究元代的氏族和元的先世，
> 讀《元秘史》；爲了研元朝的典章制度，讀《元典章》，這種書，一般講史
> 學的人是不讀的，他卻深入鑽研。照竹汀自己的話說，也算「能爲於舉世
> 不爲之日者，其人必豪傑之士」了。〔註40〕

柴氏所言甚是。不僅是竹汀如此，「鑑元知清」思想，向來可說是清儒治元史的一貫特質，此正是元史學在清代學術有其特殊地位的原因。

在這三個動機下，竹汀好學深思，沿波討源，創造了輝煌的元史事業。

〔註39〕引自黃兆強〈錢大昕元史研究動機探微及學人對錢氏述評之研究〉，《東吳歷史學報》
　　　　第二期，民國85年3月。
〔註40〕本文收入氏著《史學叢考》，頁264。

二、錢大昕的元史事業

　　讀史縱橫貫穿功，眼光如月破群蒙；

　　和林舊事編成後，更與何人質異同。

此爲錢大昕〈過許州追悼亡友周刺史〉詩，下有「予近改修《元史》」小注。〔註41〕在乾嘉經學的獨盛下，也是經學出身的竹汀，甘於冷僻的元史研究，可說是一位孤獨的先知。當他收到汪輝祖的《元史本證》，而「喜天壤間尙有同好」〔註42〕之情，是很可以想像的。

　　長期的元史沉潛，蒙元史早已爛熟於他的胸中，加上略通蒙文和善於掌握史料的本事，使他的元史學根基深厚。〔註43〕其一生的元史事業，可分爲三類：「元史考異」、「蒙元史料發掘」以及「元史專題研究」。

1、元史考異

　　竹汀是《元史》全面訂誤的第一人，《元史考異》爲其代表作。是書凡十五卷，對《元史》作了極深度的考證，與汪輝祖的《元史本證》，同爲治《元史》必備的參考書。茲摘錄一些他對《元史》的批判：

> 元史本紀，敘事多重覆。（卷八十七「世祖紀」）……脫漏，史官難辭其咎矣。（卷八十七「仁宗紀」）此實錄之誣詞，史臣不能刊正也。（卷八十七「明宗紀」）明初修史諸臣，昧於地理，妄疑生州爲郡，固有此失。（卷八十八「地理志一」）修史者不通官制，故涉筆便誤。（卷八十七「地理志一」）史家於前代掌故，全未究心，而妄操筆削，毋怪乎紕繆百出也。」（卷八十九「地理志三」）

> 志之續者，惟〈五行〉、〈河渠〉、〈祭祀〉、〈百官〉、〈食貨〉；表之續者，惟〈三公〉、〈宰相〉，餘俱缺之。前後史官既非一手，體例又不盡一，附〈樂章〉于〈祭祀〉，附〈選舉〉于〈百官〉，皆因經進之奮，不知釐正。〈地理志〉惟增入二條，禮、樂、兵、刑諸篇，全無增益。列傳如魯、昌、趙、高昌諸王，及釋老、外國諸篇，皆闕順帝一朝之事。因陋就簡，不詳不備，宋景濂、王子充二公可謂素餐而失職矣。」（卷九十之「祭祀志六」）

〔註41〕《潛研堂文集》卷六。

〔註42〕見錢大昕所寫的《元史本證》序。

〔註43〕昭槤《嘯亭雜錄》卷七〈錢辛楣之博〉云：「又習蒙古語，故考覈金、元諸史及外藩諸地名。非它儒所及。成王言其在上書房時，質莊王嘗穫元代蒙古碑版，體制異今書，人皆不識倩，章嘉國師譯漢文，命吾題跋，先生過而見之曰：『章嘉故博學，然其譯漢文某字句有錯誤者。吾有收藏元時庫庫所譯漢文，可取而證之。』歸寓取原文出，章嘉所誤處畢見。聞其歸後曾著元史續編，採擇甚精當，惜未見所著。」

宋王兩公不獨無史才，并無史識矣！（卷九十六「馬札兒台傳」）

　　列傳自第五卷特薛禪以下，至第三十二卷皆蒙古、色目人；自第三十三卷耶律楚材以下，至第七十五卷，皆漢人、南人也。耶律、石抹系出契丹，粘合、奧屯系出金源，當時目爲漢人，故在漢人、南人之列。高智耀、李恆、李楨本西夏人，國語謂之唐兀氏；馬祖常本出雍古部，皆色目也。太平，漢人而賜姓蒙古氏，故皆在蒙古色目之列。趙世延，乃按竺邇之孫，系出雍古；楊朵兒只，西夏人，皆當入色目，而誤與漢人同列，此則史臣之失檢也。（卷九十七「耶律楚材」）

　　史家述當時之言，小有刪易，固所不免，然汰其繁辭，要勿失其本旨，若乃句讀之而不通，而妄加點竄，欲以備金匱石室之藏，與三史並列，毋乃不知量之甚乎！（卷九十九「姚燧傳」）

　　預修《元史》，宋景濂又爲總裁官，而史文舛誤如此，蓋官書不出於一人之手，而意在速成。（卷九十九「汪澤民傳」）

　　史家不諳文義，遂至謬妄乃爾。（卷一百「忠義傳一」）

其指摘如此，可以想見其對《元史》用力之勤。除考異之外，竹汀復有《元史拾遺》之著。

　　《十駕齋養新錄》亦收錄不少竹汀蒙元史考的心得。主要集中於卷九，凡五十一條目。其他各卷亦有之，如卷十一〈元州縣名相同〉，卷十三〈薛氏宋元通鑑〉、〈孔氏祖庭廣記〉、〈東平王世家〉、〈聖武親征錄〉、〈平宋錄〉、〈秘書監志〉、〈復齋郭公言行錄及敏行錄〉，卷十四〈輟耕錄〉、〈元藝文志〉，卷十五〈元常德路鑄造祭器題字〉等。

2、蒙元史料的發掘

　　是竹汀元史學的另一大貢獻。所發掘的蒙元重要史料，有《元朝秘史》、《聖武親征錄》、《長春眞人西遊記》、《元典章》、《秘書監志》、《元統元年進士錄》，以及元代的金石碑文等，居功甚偉，爲元史學開起了新境界。

　　於《元朝秘史》云：

　　　　元太祖，創業之主也，而史述其跡最疏舛，唯《秘史》敘次頗得其實，而其文俚鄙，未經詞人譯潤，故知之者尠，良可惜也。……論次太祖、太宗兩朝事跡者，其必與此書折其衷與。〔註44〕

　　於《聖武親征錄》云：

─────────

〔註44〕《潛研堂文集》卷二十八〈跋元秘史〉。

《聖武親征錄》一卷，紀太祖太宗事，不著撰人姓名。其書載烈祖神元皇帝謚，考《元史》，烈祖太祖謚，皆在世祖至元三年，則至元以後人所撰，故於睿宗有太上皇之稱。然紀太宗事而加太上皇於其弟，所謂名不正而言不順者矣。

所紀多開國時事，而於平金取夏頗略。《元史》察罕傳，仁宗命譯《脫必赤顏》名曰《聖武開天紀》，其書今不傳，未識與此錄有異同否？雖不如秘史之完善，而元初事跡，亦可藉以考證。〔註45〕

於《長春眞人西遊記》云：

於西域道里風俗，多可資考證者，而世鮮其本，予始從道藏鈔得之。

〔註46〕

於《元典章》云：

此書題云「大元聖政國朝典章」，凡六十卷。……第初至都門，聞一故家有此書，往假讀之，秘不肯示。後十年，吾友長洲吳企晉，以家藏鈔本見贈，紙墨精好，如獲百朋，追憶往事，不勝獨孤東屏之歎！

此外，《元秘書志》、《元統元年進士題名錄》與元代金石碑文等，亦皆曾深入研究過。〔註47〕

3、元史專題研究

《元史》的考訂與蒙元史料的發掘，只是竹汀的一個準備工作，其最終目的則是新寫《元史》。目的雖未達成，亦留下了一些珍貴的精品，如《元史藝文志》、《元史氏族表》、《宋遼金元四史朔閏考》等。

關於《元史藝文志》，竹汀自述元代的藝文發展及其撰寫之因：

元起朔漠，未遑文事。太宗八年，始用耶律楚材言，立經籍所於平陽，編集經史。世祖至元四年（1267），徒置京師，改名宏文院。九年置秘書監，掌歷代圖籍，并陰陽禁書，及大兵南伐，命焦友直括宋秘書省禁書圖籍。伯顏入長安，遣郎中孟祺籍宋秘書省國子監國史院學士院圖書，由海道舟運至大都。秘書所藏，彬彬可觀矣。……世祖用許衡言，遣使取杭州在官書籍板，及江西諸郡書版，立興文署以掌之。諸路儒生著述，輒有本

〔註45〕《十駕齋養新錄》卷十三〈聖武親征錄〉。
〔註46〕《潛研堂文集》卷二十九〈跋長春眞人西遊記〉。
〔註47〕有關錢大昕對《元秘書志》、《元統元年進士題名錄》與元代金石碑文的研究介紹，分別見於《十駕齋養新錄》卷十三〈秘書志〉、《潛研堂文集》卷二十八〈元統元年進士題名錄〉，以及《潛研堂金石跋尾》。

路官呈進，下翰林看詳。可傳者命各行省，檄所在儒學及書院，以係官錢刊行。鄱陽馬氏文獻通考，且出於羽流之呈進，亦一時嘉話也。至正儒臣，撰秘書監志，僅記先後送庫若干部，若干冊，而不列書名。明初修史，又不列藝文之科，遂使石渠東觀所儲，漫無稽考。茲但取當時文士撰述，錄其都目，以補前史之闕，而遼金作者亦附見焉。

又於後序云：

> 元史不立藝文志，國朝晉江黃氏、上元倪氏，因承修《明史》，并搜訪宋元載籍，欲裨前代之闕。終格於限斷，不得附正史以行。大昕向在館閣，留心舊典，以洪武所茸《元史》冗雜漏落，潦草尤甚。擬仿范蔚宗、歐陽永叔之例，別為編次，更定目錄。或刪或補，次第屬草，未及就緒。歸田以後，此事遂廢。唯《世系表》、《藝文志》兩稿，尚留篋中。吳門黃君蕘圃家多藏書，每有善本，輒共賞析。見此志而善之，并為糾其踳駁，證其同異，且將刊以問世。昔劉子政父子親校秘文，故能成別錄七略之作；今之錄斯錄者，果盡出目睹乎。前人之失當者，我得而改之；後之笑我者，方日出而未有已也。從吾所好，老而不倦；彈射之集，亦無懵焉。（嘉慶庚申（1800）十二月）

他廣泛地搜輯史料，並加以考證，以成此著。其《十駕齋養新錄》卷十四〈元藝文志〉云：

> 予補撰《元藝文志》，所見元明諸家文集、志乘、小說，無慮數百種，而於焦氏《經籍志》、黃氏《千頃堂書目》、倪氏《補金元藝文》、陸氏《續經籍考》、朱氏《經義考》採獲頗多，其中亦多訛不可據者。〔註48〕

《元史氏族表》是其另一貢獻。竹汀自序：

> 稽氏族於元金之際難矣！金制繫氏族名；元則名與氏不相屬。公私稱謂，有名無氏，故考稽尤難。吳師道言今之蒙古色目，雖族屬有分，而姓氏不並立。

〔註48〕何佑森〈元史藝文志補注〉考錢志之失有六：
  （1）經部抄撮朱氏經義考，有時忽略某些著者的字號、時代和地名。
  （2）倪氏《遼金元藝文志》其中舛誤有之，錢氏據之而不察。
  （3）忽略了宋末元初與元末明初大儒們的著作。
  （4）有時同一人的著作也搜集的不完備。
  （5）錢志和其他目錄書，彼此間有全然不相吻合者。
  （6）未用鍾嗣成《錄鬼簿》中所收錄的元曲作品。
  （本文刊於香港《新亞學報》1957年2卷2期與1958年3卷2期）

但以名行貴賤混淆，前後複雜，國家未有定制。在當時固病其稱名之淆，易代而後，并族屬且失之矣。有似異而實同者，克列之即怯列，許兀愼之即旭甲散，尤斛之即珊竹葛，遏祿之即合魯是也。有似同而實異者，回鶻之與回回也。陶九成所載蒙古七十二種，色目三十一種，其見於史者，僅十之三四。

而譯字無正音，紀或互異。今仿唐表宰相世系之例，取其譜系可考者，列爲表，疑者闕之。耶律、石抹粘尤合、孛尤魯之倫，出自遼金，當時所謂漢人也，故不及焉。

其弟子黃鐘亦於表後跋云：

> 《元史氏族志》三卷，我師錢竹汀先生所作也。……先生嘗欲別爲編次，以成一代信史。稿已數易，而尚未卒業。其《藝文志》及此表，皆舊史所未備，先生特創補之。則以元之蒙古色目人，命名多涸，非以氏族晰之，讀者茫乎莫辨。幾如瞽者之無相，往往廢書而歎矣。故此表尤爲是史不可少之子目。

> 生先屬稿，始於乾隆癸酉（1753）七月，成於庚子（1780）五月，幾及三十年，其用力可謂勤已。……先生廣搜博采，正史雜史之外，兼及碑刻文集、題名錄等書。考其得失，審其異同，一一表而出之，而後昭然如白黑矣。（嘉慶十一年（1806））

尚有《宋遼金元四史朔閏考》，竹汀生前未能完成，由錢侗續成。《清史稿》云：

> 大昕撰《宋遼金元四史朔閏考》，未竟而卒，侗證以群書、金石文字，增輯一千三百餘條。日夕檢閱推算，幾忘寢食，卒因是感疾而歿。[註49]

孤獨的先行者錢大昕，以「眼光如月破群蒙」，悄悄地打開了近代元史學的革命之窗。晚清學風的元史運動，近代世界的蒙古學，均係受其流風遺韻下而成長茁壯的。他的成就，不僅榮登中國大史家之列，亦光耀了世界史學。

第四節　元史研究之建設

一、善於元史歸納法的詩人趙翼

趙翼，字耘松，號甌北，江蘇陽湖人。生於雍正五年（1727），卒於於嘉慶十九年（1814），享壽八十八。

[註49] 見於《清史稿》卷四百八十一〈儒林傳二〉。

　　甌北爲乾隆二十六年（1761）進士，三十八年（1773）致仕歸隱，時年僅四十七歲。從此以讀書、著述、講學自娛。他是乾嘉時代著名的詩人與史學家。其詩與袁枚、蔣士銓齊名，同時代的人，慕其風而詠其詩者，遍於大江南北。他也以詩人自居，朝夕吟詠，至於垂暮之年而不已。在史學上，他的聲名遠爲詩名所掩，沒有人從其專治史學，其恢闊的史學識見與卓越的治史方法，甚少得到讚譽。其史學著作，以《陔餘叢考》、《廿二史劄記》爲代表，尤以劄記最享盛名。是書與錢大昕的《廿二史考異》、王鳴盛的《十七史商榷》並稱，而當時史學界最重錢書，王書次之，劄記陪末座。道咸以後，甌北史學地位，逐漸提高，其最被稱譽者，爲能善用歸納史學，屬辭比較歷史，以觀歷代盛衰治亂之原，而不局促於狹義的考證。〔註50〕故竹汀序此書云：「儒者有體有用之學」。

　　西方學者尤愛甌北史學。浦立本（E.G.Pulleyblank）在《中日史學家》（Historians of China and Japan）云：「十八世紀迄於十九世紀，……史學家最馳名的史學家爲王鳴盛、錢大昕與趙翼。前兩人局促於狹義的考證，糾史籍原文之誤，或以新資料補其不足。趙翼雖其學不及二人淵博，然或許是三人中最令人感興趣者。因爲他在向著克服中國史學的傳統缺陷而進步。……他能觸及眞正使近代史學家感興趣的問題，近代史學家讀其作品，確實能得到益處。」〔註51〕又云：「趙翼能超越孤立的繁瑣事實之上以觀察，自其中歸納出社會史與制度史發展趨勢的通則，此類通則，爲近代史學家所試圖建立者。」〔註52〕質言之，甌北的史學，係將基礎奠立於證據上面，歸納了眾多的證據，再看問題的癥結所在，而得出結論，而提出新見解。特別是《廿二史劄記》，將這種方法發揮到淋漓盡致的境地。〔註53〕

　　甌北的元史學，先是出於《陔餘叢考》卷十四〈元史〉的一篇考證短文。由這篇短文爲起點，後來更進一步的發揮於《廿二史劄記》。《廿二史劄記》的元史研究，

〔註50〕參引杜維運《趙翼傳》之序言。其序云：「乾嘉以後，甌北在史學上的地位，逐漸提高。道咸之間，張維屛稱美劄記『考証精審，持論明通』。光緒三年（1877），丁寶楨序《甌北全集》，謂甌北於清代諸通儒中，獨長於史學。光緒二十四年（1898），張之洞《勸學篇》，考史之書，約之以讀劄記。到民國時代，梁啓超繼續爲劄記發揚，認爲甌北能屬辭比事，用歸納法比較研究，以觀盛衰治亂之原，不局促狹義的考證。迄於今日，中國史學界皆知推重劄記，所謂『古人讀盡全部正史而又能作歸納比較的深入研究者，以此書爲第一』一類的論調，叢出不窮。」

〔註51〕W.G.Beasley & E.G.Pulleyblank, ed.,*Historians of China and Japan*,Oxford University Press,1961.pp.159～160.引自杜維運《趙翼傳》序中所譯。

〔註52〕W.G.Beasley & E.G.Pulleyblank, ed.,*Historians of China and Japan*,Oxford University Press,1961.p.7. 引自杜維運《趙翼傳》序中所譯。

〔註53〕參引杜維運《趙翼傳》，其云：「甌北治史用新方法撰寫叢考，近受王鳴盛的啓示，遠承顧炎武的影響。」

主要集中於卷廿九與卷三十，計五十四個元史研究專題。再加上零星見於他卷者，廿七〈元築燕京〉及卷廿八〈金元俱有漢人南人之名〉，一共五十六個元史專題。

卷廿九與卷三十的五十三個元史專題中，前十一個專題是關於《元史》一書的批判，分別是〈元史〉、〈金元二史不符處〉、〈宋元二史不符處〉、〈金史當參觀元史〉、〈元史自相歧互處〉、〈元史列傳詳記日月〉、〈元史迴護處〉、〈元史附傳有得失〉、〈元史補見夏金宋殉節諸臣〉、〈元人譯詔雅俗不同〉、〈元史人名不畫一〉。其後四十三專題是為甌北縱橫元史的研究。

善用歷史歸納法的甌北，於元史學時有畫龍點睛之功。如〈元諸帝多大臣擁立〉、〈元諸帝多不習漢文〉、〈元制百官皆蒙古人為之長〉、〈色目人隨便居住〉、〈元漢人多作蒙古名〉、〈元季風雅相尚〉、〈元末殉難者多進士〉、〈金元二代立皇太子皆不吉〉與〈賈魯治河〉等文，頗能啟示後學門徑。然其治學，究不如錢大昕的博雅詳贍，因之獨斷失誤處不少。如〈元史〉一文，對元代史學發展的敘述是很有問題的。

因身逢異族王朝，「鑑元知清」的思想，也自然流露於甌北的史筆中。〈元制百官皆蒙古人為之長〉、〈元諸帝多大臣擁立〉與〈金元二代立皇太子皆不吉〉為當中較著名者。其〈元制百官皆蒙古人為之長〉云：

> 元世祖定制，總政務者曰中書省，秉兵柄者曰樞密院，司黜陟者曰御史台；其次在內者，有寺、有監、有衛、有府；在外者，有行省、行台、宣衛司使、廉訪使；其牧民者，曰路、曰府、曰州、曰縣。官有常職，位有常員，其長皆以蒙古人為之，而漢人、南人貳焉。元史百官志序。故一代之制，未有漢人、南人為正官者。……此有元一代，中外百官，偏重國姓之制也。

清室亦是如此。朝中經常滿人為正，漢人為副，禁滿漢通婚，許多城市有滿城、漢城之分，又有八旗軍駐防各地以防漢人判變，在在顯示清室的種族意識與對漢人的不平等待遇。甌北究心元史，當然深有所感。

清室自太祖努爾哈赤起，一直到世宗雍正帝止，因繼任帝位人選所起的宮廷鬥爭，更是清代著名的政治事件。其間太祖、聖祖皆設有皇太子，可是皇太子的無能與諸子的結黨營私，最終皆使皇太子走向黯然下台的命運。此或為甌北起筆〈元諸帝多大臣擁立〉與〈金元二代立皇太子皆不吉〉的動機。其〈元諸帝多大臣擁立〉云：

> 昔唐代宦官權重，故穆宗以後，立君多由宦寺；元則大臣權重，故立君多由權臣。《元史》宦官傳序謂太祖選貴臣子弟給事左右，故宦官不能竊權，此固一代良法，而豈知大臣權力過甚，又足為亂階，其禍較

宦官更烈哉。

於〈金元二代立皇太子皆不吉〉云：

> 統計金源所立皇太子，竟無一享國者。……有元一代所立皇太子，亦
> 無一享國者，皆事之不可解者也。

「鑑往知來」與「所有歷史皆是當代史」的歷史思想，似乎在甌北的元史學中得到
若干的印證。

二、以元史之矛刺元史之盾的吏治家汪輝祖

趙翼以詩享譽，同時代的汪輝祖，則以吏治聞名，二人原本各有千秋，而於清
代元史學皆享盛名。

汪輝祖，字煥曾，號龍莊，晚號歸廬，浙江蕭山人。生於清雍正八年（1730），
卒於嘉慶十二年（1807），享年七十八。

輝祖少習法家言，佐州縣幕，治獄平情，持正不阿，時有稱譽。乾隆三十三年
（1768）中舉，四十年（1775）及進士第，歷任湖南寧遠、道州等官。為官廉平中
正，以吏治稱譽當世，故《清史稿》列於〈循吏傳〉。所著吏治之書，如《學治臆說》、
《佐治藥言》皆閱歷有得之言，為言吏者所宗。〔註54〕

輝祖公餘喜讀史，嘗言讀史頗有助於他剖疑決獄。其云：

> 經言其理，史記其事。儒生之學，先在窮經，既入官，則以制事為重。
> 凡意計不到之處，剖大疑，決大獄，史無不備，不必刻舟求劍，自可觸類
> 引伸。公事餘暇，當涉獵諸史，以廣識議慎。〔註55〕

因此，治史便成為輝祖的樂趣。阮元便云「尤邃於史，留意姓名之學」〔註56〕。

輝祖極重史學之實用，故悴力於史學工具書，《史姓韻編》〔註57〕與《二十四
史同姓名錄》、《九史同姓名略》即為其精心之作。此等著作，為乾嘉時學所輕，對
後學卻極為實用。輝祖於此，蓋深具史識也。其元史學，亦屬工具書型，有《元史

〔註54〕有關汪輝祖的生平，本文主要參考汪輝祖的《病榻夢痕錄》、《夢痕錄餘》，以及黃兆
　　　強〈另黃兆強新撰《汪輝祖（1731～1807）年譜》（《東吳歷史學報》第四期，民國
　　　87年3月）。

〔註55〕《學治臆說》卷下〈暇宜讀史〉。

〔註56〕阮元的〈汪輝祖傳〉，收入於《國朝耆獻類徵初編》卷二百四十二〈守令〉。

〔註57〕《史姓韻編》一書為汪輝祖合廿四史之人物，標姓彙錄，依韻分編的史學傳紀傳紀索
　　　引。其中難者，莫過於五胡十六國及遼、金、元時代之異族姓氏的檢索，輝祖在此
　　　書自序中言客曾於此問難之。或許輝祖自己也感於「遼金元三史標名而不著姓」及
　　　「遼金元音義多誤」，所以後來續有《元史本證》、《元史正字》、《遼金元三史同名錄》
　　　之作。

正字》〔註58〕、《元史本證》、《遼金元三史同名錄》等著。〔註59〕陳讓於〈汪輝祖年譜〉云：

> 嘗聞之，清朝考證家之所以能合乎科學方法者，其從入之途有二：一
> 為數學，一為法學。從數學入者，其方法精密，夫人知之矣；從法學者，
> 其方法之精密，亦與數學等，蕭山汪輝祖先生之史學，即從法學入者也。
> 〔註60〕

陳氏所言甚是。

輝祖治史，首先用力於歷代的氏姓研究。蓋中國史學向以紀傳體為特色，氏姓之於中國史學的重要性，不言可知。故錢大昕云：「史家所當討論者有三端：『輿地』、『官制』、『氏族』。」而讚賞其「以其義例有裨於史，而喜其實獲我心也」。〔註61〕

二十四史氏姓中，以遼、金、元三史異姓最難，讀史者每搖頭苦之。輝祖編《史姓韻編》、《二十四史同姓名錄》、《九史同姓名略》即有所悟，遂復編修《遼金元三史同名錄》，既又覺《元史》疏陋太甚，故再撰《元史本證》、《元史正字》二書，〔註62〕而造就了他在清代元史學的地位。以上成果，輝祖子繼培與繼壕皆有襄助之。

《遼金元三史同名錄》，錄《遼史》同名五卷，《金史》同名十卷，《元史》同名二十卷，另將《五代史》、《宋史》、《明史》的人名中，與三史相關者，編為附錄二卷，總計三十有七卷。輝祖敘云：

> 錄同姓名，辨其似也，至遼、金、元三史，則不能復以姓統名。蓋遼、
> 金諸部，各有本姓，史文或繫，或不繫；元之蒙古、色目，例不繫姓，故
> 惟以名之同者錄之，此變例也。余錄廿四史同姓名，漢姓差被，繼卒業，
> 取三史中以國語命名者，重為編輯。遼、金則以名為綱，而以異姓者分列

〔註58〕汪輝祖有《病榻夢痕錄》之續，名為《夢痕錄餘》，於嘉慶八年癸亥（1803）七十四歲記云：「屢讀《元史》，嘗取明南北監本以校新刻本，頗有異同，撰《元史正字》。草稿未定，閏月精神稍強，因排比先後，釐為八卷。」

〔註59〕汪輝祖一生著述極多，據王宗炎撰〈汪龍莊行狀〉，其著作有三十餘種，四百多卷。

〔註60〕陳讓〈汪輝祖年譜〉，《輔仁學誌》第一卷第二期，民國18年。本譜所記，以輝祖生平學術為主，可補輝祖自傳中這方面的簡易。

〔註61〕錢大昕於《二十四史同姓名錄》序云：「《二十四史同姓名錄》者，蕭山汪君煥曾所殿茸，蓋取諸史中同姓者，類其名而列之，或專傳，或附傳，悉附注其下，略述事實，以被稽考。凡著錄者，四萬六千餘人，於是正史之人物，瞭然如指諸掌，其名同而族異者，俱可溯其原，而不雜廁。」（本序收入於《潛研堂文集》卷24）

〔註62〕王宗炎《汪龍莊行狀》云：「遼、金、元三史人名之取國語者，不盡繫姓，別為《三史同名錄》四十卷。《元史》之成，最為草略，紀、傳、志、表參錄歧誤，援彼證此，為《元史本證》五十卷。《元史》脫誤難讀，以官本校明南、北監本，為《元史正字》八卷。」

之。元則以蒙古、色目及遼、金部族爲主，而以漢姓者附存之。〔註63〕
《元史本證》，是輝祖元史學的經典作。此書之撰，始於嘉慶三年（1798），成於嘉
慶七年（1802）。本書是以《元史》之矛刺《元史》之盾的方式釐正《元史》，充分
發揮他剖疑決獄的辦案精神。竹汀爲此書作序，譽其勝過吳縝的《新唐書糾繆》。竹
汀云：

> 讀經易，讀史難。讀史而談褒貶易，讀史而證同異難。證同異於漢、
> 魏之史易，證同異於後代之史難。昔溫公《資治通鑑》成，惟王勝之假讀
> 一過，他人閱兩三紙輒欠身思臥，況宋、元之史文字繁多，雖頒在學官，
> 大率束之高閣。文多則檢閱難周，又鮮同志相與商榷者，則鑽研無自。即
> 有撰述世復不好，甚或笑其徒費日力。史學之不講久矣！僕少時有志於
> 此，晨夕攜一編隨手紀錄，於《元史》得《考異》十五卷，自媿搜索未備。
> 今老病健忘，舊學都廢。頃汪君龍莊以所著《元史本證》若干卷寄示，竊
> 喜天壤間尚有同好。而龍莊好學深思，沿波討源，用力之勤，勝於予數倍
> 也。本證之名仿於陳季立《詩古音》，然吳廷珍已開其例矣。歐宋負一代
> 盛名，自謂事增文省，既精且博，廷珍特取紀、傳、表、志之文彼此互勘，
> 而罅漏已不能掩。若明初史臣，既無歐宋之才，而迫於時日，潦草塞責；
> 兼以國語繙譯，尤非南士所解。或一人而分二傳，或兩人而合一篇，前後
> 倒置，黑白混淆，謬妄相研，更僕難數。而四百年來，未有著書以規其過
> 者，詎非藝林之闕事歟。廷珍求人史局弗得，年少負氣，有意吹求，其所
> 指摘往往不中要害。龍莊則平心靜氣，無適無莫，所立《證誤》、《證遺》、
> 《證名》三類，皆自攄新得，實事求是，不欲馳騁筆墨，蹈前人輕薄褊躁
> 之弊。此所以有大醇而無小疵也。

> 考史之家，每好搜錄傳記小說，矜衒奧博，然群言殽亂，可信者十不
> 二三。就令采擇允當，而文士護前，或轉謂正史之有據。茲專以本史參證，
> 不更旁引，則以子之矛刺子之盾，雖好爲議論者，亦無所置其喙。懸諸國
> 門以待後學，不特讀元史者奉爲指南，即二十三史皆可推類以求之。視區
> 區評論書法，任意褒貶，自詭於春秋之義者，所得果孰多哉！

輝祖自敘：

> 予錄《三史同名》，閱《元史》數周，病其事跡舛闕，音讀歧異。思
> 欲略爲釐正，而學識淺博，衰病侵尋，不能博考群書，旁搜逸事，爲之糾

〔註63〕章學誠曾爲作序，見於《章氏遺書》卷八〈三史同姓名錄序〉。

謬拾遺。因於課讀之餘，勘以原書，疏諸別紙，自丙辰（1796）創筆，迄於庚申（1800）。

　　流覽無閒，刺取浸多，遂彙爲一編，區以三類：一曰〈證誤〉，一事異詞，同文疊見，較言得失，定所適從，其志書爲刊寫脫壞者，弗錄焉；二曰〈證遺〉，散見玆多，宜書轉略，拾其要義，補於當篇，其條目非史文故有者，弗錄焉；如《藝文志》、《國語解》。三曰〈證名〉，譯無定言，聲多數變，輯以便覽，藉可類求，其漢語之彼此詭舛者，弗錄焉。凡斯數端，或舉先以明後，或引後以定前，無證見則弗與指摘，非本有則不及推詳，爰取陳第《毛詩古音考》之例，名之曰《本證》。曩者《三史同名錄》草稿初成，子繼培復爲增補，因將〈證名〉一門并令校錄，有及〈證誤〉、〈證遺〉亦錄之。時賢定《元史》者，錢宮詹《考異》最稱精博，戊午（1798）暮秋，始得披讀。凡以本書互證，爲鄙見所未及者，悉采案詞分隸各卷，不辭誚于竊取，幸免恥于攘善。

《元史本證》，凡五十卷，爲〈證誤〉二十三卷、〈證遺〉十三卷、〈證名〉十四卷。其間也參引了錢大昕的《元史考異》，而相得益彰。

　　〈證誤〉篇，以《元史》之矛刺《元史》之盾，糾《元史》之疑誤者。如《元史本證》卷十七〈證誤十七〉：

　　　　〈后妃傳〉：「太祖光獻翼聖皇后世祖至元二年（1265），追諡光獻翼聖皇后。」案〈后妃表〉「至元二年加諡光獻，至大二年（1309）加諡光獻翼聖」，此誤合爲一。至元二年亦當作三年，證詳表。《考異》云：「傳但書至元追諡，而不及至大之加諡，其所載諡冊，乃至大加諡之冊，而誤以爲至元之冊。」案至元上諡在三年十月，至大加諡則在二年十二月，此云十二月，則爲至大之諡號冊審矣。〔註64〕

〈證遺〉篇，主要以《元史》補《元史》的方式，互補紀、志、表、傳遺漏，輝祖於本篇序云：

　　　　本史之例，五行、地理、百官、諸王、宰相紀皆瑣悉書之，然事當詳於志、表，不必復舉所遺也。

輝祖於〈證遺篇〉各條中，重要者皆作小序，由此以觀《元史》之陋及其所補者。現摘錄其下：

　　　　天文志：天文、五行皆有志，而紀之所書或倍之，詳略失當矣。要非

若地理、百官之足資考證也。惟日食爲天變之大，俱案紀補之。

地理志建置沿革，因地設官，紀詳而志佚者，錄之；地名不見於志者，附錄各省之末；荒遠弗登，遵本史例也。

百官志一志序云：「因事而置，事已則罷，與夫異教雜流世襲之屬，名類實繁，亦姑舉其大概。」然則官之見於紀而志不載者，不得概謂之遺也。故自中統訖至順，如鐵冶、銀場、淘金、榷茶諸名，何啻三百！大抵置罷不常，若總教、廣教、白雲、印經之類異端，不足算矣。今就志之有名者補其佚，事；無名而有所隸者，附之；或所隸不詳而職事相近者，亦依類錄焉。

百官志八：此卷專志順帝一朝，序云：「掌故之文缺軼不完，今據有司所送上者緝而載之，以附前志。」然紀所書何多陋耶？今皆案年補之。

食貨志：本志歲賜一門爲元時創制，其佚而見於紀者，不容不補。稅糧、賑恤之事，則繁而不勝收矣。兵、刑諸志，案紀亦尚多脫陋，惟取其要者，稍稍錄之，蓋隨時更易，不必皆爲定制也。

后妃表：后妃立傳而又有表，贅矣，又或遺之，益疏矣，採紀、傳所見者補於篇。

宗室表：紀、傳親王、宗王夥矣，然不詳自出，弗敢舉也，擇其可繫屬者補於篇。

諸王表：諸王例必賜印，弗能詳也。表所遺者曰名、曰封年、曰地，皆案紀、表、列傳補之，追封者弗與焉。

公主表：元宗王女概稱公主，其見於紀、傳而表不列者，蓋無封國也，今案紀補二人焉。

三公表：三公具見於紀，表佚者補之，列傳所載或不可盡信，亦附錄焉。

宰相年表：元初宰相行省與中書無別，表於行省或書或不書，非例也。至元以後入中書者，具見於紀、傳，而表或不書，今皆案年補之。

列傳：傳之遺有四，曰事，曰官，曰諡，曰子孫，本傳不詳而見於紀、表及他傳者，補之。

〈證名〉篇，是考證《元史》之人名、地名、官名、氏族名等，爲輝祖最見功力處，其中又以蒙古、色目之譯名考證最精彩。關於人名的作法：

人名譯無定字，今彙而錄之：凡見於〈后妃〉、〈宗室〉、〈諸王〉、〈公主〉、〈三公〉、〈宰相〉及有專傳者，皆以表、傳爲主；有傳人子孫，亦以

傳爲主；餘皆以先見者爲主，以事定人，以聲求字，疑者闕焉。

於「一人兩名」的作法：

元時漢人、南人多有國語之名，而蒙古、色目人其命名或亦取諸漢語，自非博覽末由通曉也。閒有史文互見名異而事同者，姑舉所知以備考訂。若夫本傳已詳，弗復錄焉。

於地名的作法：

地名之難知甚於人，非有確證不敢以聲近定之。郡縣漢語名者，雖有異文皆弗錄，蓋傳寫乖錯，並不以聲近互書也。

於官名的作法：

國語之官，字亦無定，然紀、傳中人名火兒赤、火你赤往往互書，而名官則別爲二，見〈兵志二〉。是盡以亦難聲求之矣。故錄其可知，而闕所疑焉。

於氏族名的作法：

傳言某氏而紀稱某部某軍，乃部而族者，故併錄之；止稱某部而未見稱氏，或部而不族也，皆附錄於後。

近代史家陳垣極推崇輝祖的《元史本證》，認爲以子之矛攻子之盾，找出它自身的歧互處，「作者當無以自解」〔註65〕。蓋輝祖亦有功於元史也。

三、有志續宋元通鑑的總督畢沅

自溫公通鑑燦爛史學後，有志續其神采者不少，至乾隆畢沅，以集眾家之長而成就功業。

畢沅，字纕蘅，一字秋帆，自號靈巖山人，江蘇鎮洋人。生於雍正八年（1730），卒於嘉慶二年（1797），享年六十八。

沅乾隆二十五年（1760）會試中式，名在第二，及廷對，纚纚數千言，議論剴切，帝擢爲第一。後歷任翰林院修撰、陝西布政使、河南巡撫、湖廣總督等官。他不善於朝政，也不長於治軍，一生功名終無所立。《清史稿》云：「沅以文學起，愛才下士，職事修舉；然不長於治軍，又易爲屬吏所蔽，功名遂不終。」〔註66〕因生前附權臣和珅，嘉慶帝繼政後，以其勦白蓮教失察貽誤、濫用軍需爲名，奪世職，籍其家。

〔註65〕見於牟潤孫〈勵耘書屋問學回憶——陳援庵先師誕生百周年紀念感言〉，《明報月刊》15卷11期，1980年11月。

〔註66〕《清史稿》卷三百三十二。

　　沅雖一生功名不立，養士與博學卻響有盛名。乾嘉著名學者，如汪中、段玉裁、章學誠、邵晉涵、孫星衍、洪亮吉等，皆是其幕府文士。〔註67〕他又博覽而好著書，雖官至極品，書未嘗離手，其中以史學最有心得，嘗云：「官事之暇，嗜博觀史籍。」〔註68〕著有《山海經》、《晉書地理志》等地理考注之作，亦著有《關中金石記》、《中州金石記》等金石證史之作。〔註69〕錢大昕云其學：

　　　　性好著書，雖官至極品，鉛槧未嘗去手。謂經義當宗漢儒，故有《傳經表》之作。謂文字當宗許氏，故有《經典文字辨正書》及《音同異義辨》之作。謂編年之史，莫善於涑水，續之有薛（應旂）、王（宗沐）、徐（乾學）三家，徐雖優於薛、王，而所見書籍猶未備；且不無詳南略北之病，乃博稽群書，考證正史，手自裁定，始宋迄元，爲《續資治通鑑》二百二十卷，別爲《考異》，附於本條之下，凡四易稿而成。謂史學當究流別，故有《史籍考》之作。謂史學必通地理，故於《山海經》、《晉書地理志》皆有校注；又有《關中勝蹟圖記》、《西安府志》之作。謂金石可證經史，宦跡所至，搜羅尤博，有《關中》、《中州》、《山左金石記》。詩文下筆立成，不拘一格，要自運性靈不違大雅之旨，有《靈巖山人詩集》四十卷，《文集》八卷。〔註70〕

畢沅的學術事業，以《續資治通鑑》最重要。自溫公後，有志於此者，有宋金履祥的《資治通鑑前編》，元陳桱的《通鑑續編》，明胡粹中的《元史續編》，薛應旂的《宋元資治通鑑》、王宗沐的《宋元資治通鑑》，以及清初徐乾學的《資治通鑑後編》等著。這些著作，各有缺失，言續通鑑者頗不相稱。如金著在接通鑑的上古時代；陳、

〔註67〕王繼於〈畢秋帆述評〉一文後面注釋第27，考證秋帆其下幕府文士如下：章學誠、洪亮吉、孫星衍、凌廷堪、嚴長明、方正澍、史善長、邵晉涵、錢坫、黃震、黃景仁、錢泳、高杞、馬國千、陳燮、毛大瀛、董耕雲、王宸、劉錫嘏、段玉裁、王復、張塤、宋葆醇、俞肇修、張景江、吳照、孫雲桂、趙秉淵、丁階、楊揆、崔龍見、莊復旦、莊炘、孫春泉、趙魏、徐郎齋、汪中、吳泰來、王嵩高、陸模孫、嚴觀、楊芳燦、桂馥等。（《蘭州大學學報》社會科學版，1983年第二期）

〔註68〕見於《晉書地理志》自序，本書收入畢沅的《經訓堂叢書》。

〔註69〕畢沅得幕府章學誠之助，想仿朱彝尊《經義考》之例編寫《史籍考》。畢沅歿後，由章學誠接續此業，完成綱目釋例。道光二十六年（1846），河南總督潘錫恩得此稿，請學者重加刪定。可惜的是，咸豐六年（1856），潘家藏書失火，此稿遂付之一炬。今僅能從章學誠的《章氏遺書》所載《史籍考》之「釋例」與「總目」中，窺其大蓋。（引自陳清泉等著《中國史學家評傳》之〈畢沅〉，頁1035）

〔註70〕錢大昕所撰的畢沅墓誌銘收於《國朝耆獻類徵初編》卷百八十五。亦收於《潛研堂文集》卷四十二。

王之書，年月參差，事跡脫落；薛著，雖稍見詳備，亦有疏謬殊甚者。〔註71〕只有徐書，得萬斯同、閻若璩、胡渭之助，較爲可觀。然乾學未睹《永樂大典》所藏之熊克《中興小紀》、李心傳《建炎以來繫年要錄》諸書，僅以李燾《續資治通鑑》殘本爲稿，援據不算賅博，而宋嘉定以後，元自至順以前，尤爲簡略。〔註72〕由是，燃起了畢沅重修之志。錢慶曾於《竹汀居士年譜續編》云：

> 自溫公編輯通鑑後，宋、元兩朝雖有薛氏、王氏之續，而記載疏漏，
> 日月顛倒，又略於遼、金之事。近世徐氏重修，雖優於兩家，所引書籍，
> 猶病漏略。自四庫館開，海內進獻之書與天府儲藏奇秘圖籍、《永樂大典》
> 所載事涉宋、元者，前人都未寓目，畢公悉鈔得之，以爲此書（《續資治
> 通鑑》）之助。〔註73〕

四庫開館，爲畢沅續通鑑創造了有利的修史環境，復又得邵晉涵、嚴長明、孫星衍、洪亮吉、錢坫（錢大昕族子）之助，分纂成書。經營了三十餘年，始成定稿，最後再由邵晉涵核定體例後付刻，並請錢大昕爲之校刊。〔註74〕惜刻未及半而秋帆卒。後由馮集梧購得全稿，悉數刊印，二百二十卷的《續資治通鑑》始正式問世。集梧序云：

> 茲書以宋、遼、金、元四朝正史爲經，而參以《續資治通鑑長編》、《契
> 丹國志》等書，以及各家說部、文集，約百數十種，仿《通鑑考異》之例，
> 著有《考異》，并依胡氏三省分注各正文下，事必詳明，語歸體要。

畢沅《續通鑑》，原名《宋元通鑑》，意在接溫公書，唯其體例與文采皆不如，但卻比先前欲續溫公書者佳，故張之洞於《書目答問》云：「宋、元、明人通鑑甚多，有此皆可廢。」足見其功力。

〔註71〕《四庫全書總目題要》卷四十七〈史部編年類〉的「資治通鑑後編條」。

〔註72〕章學誠於〈爲畢制軍與錢辛楣宮詹論讀通鑑書〉亦評此諸書，其云：「夫著書義例，雖曰家法相承，要作者運裁，亦有一時風氣。即如宋、元編年諸家，陳、王、薛氏雖曰未善，然亦各有所主。陳氏草創於始，亦不可爲無功；薛氏值講學興盛之時，故其書不以孤陋爲嫌，而惟詳於學派；徐氏當實學競出之際，故其書不以義例爲要，而惟主於多聞。」

〔註73〕引於《竹汀居士年譜續編》所載之嘉慶二年（1797），此年錢大昕七十歲，曾爲畢沅校刊《續資治通鑑》，故族孫慶曾於年譜中詳其原尾。

〔註74〕章學誠於〈邵與桐別傳〉云今本續通鑑已非邵晉涵的審訂本，其云：「故總督湖廣尚書畢沅公，嘗以二十年功，屬某客續宋元通鑑，大率就徐氏本稍爲損益，無大殊益。公未愜心，屬君更正，君出緒餘爲之覆審，其書即大改觀。……公旋薨於軍，其家所刻續鑑，乃賓客初定之本。君之所寄，公薨後家旋籍沒，不可訪矣。」關於此點，羅澍偉於〈畢沅傳〉例舉數例反駁之，證明今本續通鑑非晉涵之審定本的理由不夠充分。（見陳清泉等編《中國史學家評傳》，頁 1034～1035）

有關蒙元史的記載，載於《續通鑑》卷一百五十六至卷末二百二十卷，凡六十五卷。因史學的正統思想，宋亡以前的蒙元史，均以宋年號屬之。正式以元代年號者，爲宋德祐二年（西元 1276 年）三月宋亡，再以「元朝至元十三年四月」相續。由「宋朝三月年號」續以「元朝四月年號」，一年兩號，有違史例，易起迷惑，爲後人疵之。〔註 75〕

綜觀《續通鑑》的元史學，有四項特色：

一、得四庫開館之助，參稽元明珍貴史料。如《經世大典》、《蒙古源流》、《庚申外史》、《輟耕錄》、《明太祖實錄》、《元史紀事本末》（谷應泰著）、及一些元明文集（如蘇天爵的《元文類》）等。

二、準《遼金元三史國語解》，重寫人、官、地名譯語。如成吉思汗，以新譯「卻特特穆津」名之，下附「舊作奇渥溫鐵木眞」小字。援正譯音，可謂立意甚佳，唯已約定成俗，要讀者重新適應，恐不勝其擾。

三、以金石碑刻證史。秋帆的《關中金石記》與竹汀的《潛研堂跋尾》，均善用於《續通鑑》中。

四、仿《通鑑》，附考異，知史材之去取由來。

〔註 75〕金毓黻於《中國史學史》云：「畢鑑襲取徐氏後編之處幾於一處不易，於遼金元人名、地名、官名悉從清代譯改，又於宋恭帝德祐二年（西元 1275 年）被擄北上之後即繫以元年，削端宗、帝昺之號而不書，又從通鑑輯覽之例，以德祐二年三月屬之宋，四月以後屬之元，一年之中，而有兩號，雖云懾於時君之威，未敢以此獲譴，究違涑水以來相承之法，此又鄙見未感苟同者也。」（頁 223）

第五章 道咸學風與元史學
成熟時代的來臨

第一節 政治中衰與士風覺醒

　　乾隆晚期，政治、軍事、社會與經濟各方面皆出現了問題，已呈現暗潮洶湧之勢。到了嘉慶時代，官吏腐化嚴重，軍隊紀律廢弛，以及因人口急遽增加所引發的社會經濟問題，激起民怨，引發了苗亂、白蓮教之亂，與攻入帝都紫京城的天理教之亂。雖是仁宗「鋤奸登善，削平遁寇，捕治海盜，力握要樞，崇儉勤事，闢地移民」〔註1〕，頗思圖治，然腐化已深，積重難返，帝國的沒落，已是不爭的事實了。故《清史稿》論曰：「吁咈之風，未遽睹焉，是可慨已。」〔註2〕。

　　道光皇帝（1821～1850）即位，亦尚銳意圖治，「鹽務」、「漕運」、「河工」三大內政，皆銳意改革，然憂起外患，首先是回疆張格爾之變，接著是西方帝國主義之侵，終有假西方神權而幾喪滿清的太平天國革命（1850～1864）。

　　近代西方的興起，是世界歷史的大事。特別是十九世紀，為西方帝國主義最盛行的時代，此時美洲已落入西方之手，亞非諸國也逐漸蠶食其中，走向衰世的清代中國，自然也成為他們魚肉的對象。道光二十年（1840）的中英鴉片戰爭，揭開了這幕波濤洶湧、波瀾壯闊的大西潮時代序幕。《清史稿》云道光西潮：

　　　　遠人貿易，搆釁興戎。其視前代戎狄之患，蓋不侔矣。當事大臣先之
　　以操切，繼之以畏葸，遂遺宵旰之憂。所謂有君而無臣，能將順而不能匡

〔註1〕《清史稿》卷十五〈仁宗本紀〉之論贊。
〔註2〕《清史稿》卷十五〈仁宗本紀〉之論贊。

救。國步之瀕，肇端於此。嗚呼，悕矣！〔註3〕

西人於鴉戰食髓知味後，窺知大清帝國的無能，便逐步進逼，蠶食鯨吞中國。咸豐時代，英法聯軍，逼迫清廷簽訂了「天津條約」（1858）與「北京條約」（1860），使中國的傷害更深一層。北方俄國，乘機漁利，以威脅利誘的手段，詐騙清室簽下了空前喪權辱國的「璦琿條約」（1858），同時，也加入了英法的「天津條約」、「北京條約」之列。至此以後，喪權辱國的條約接踵而至，幾至國亡，這是中國三千年來未有之變局。《清史稿》云咸豐時局：

> 文宗遭陽九之運，躬明夷之會。外強要盟，內孽競作，奄忽一紀，遂
> 無一日之安。〔註4〕

政治中衰如此，士風衰靡亦如此。

清代的士紳，以科舉與捐貲為進官正途。在道咸時代，官場務鑽營而攬虛名，貪瀆奢靡，時有所聞，即如學者問學，也多瑣碎而不切實際，士風之墮落，一如明中葉以後。當時學者沈垚云：

> 今人動詆前明人為不通，而當世所推為通士者，率皆冒於貨賄，昧於
> 榮辱，古今得失之故，懵然罔覺，是尚可謂通乎？……（垚）居都下六年，
> 求一不愛財之人而未之遇。……今人成人之惡見，有才者嫉忌摧折之，惟
> 恐其不敗。而有才者亦不善自處，或不能潔己，或好為大言，有以招尤取
> 謗忌才者，從而中傷之。〔註5〕

又云：

> 今世通經之士，有施之一縣而窒者矣，有居家而家不理者矣，甚至恃
> 博雅而傲物，借經術以營利。……今人治經，但求名高於天下，故術愈精
> 而人愈無用矣。〔註6〕

復云：

> 大抵近日所謂士，約有數端：或略虜語錄，便自命為第一流人，而經
> 史概未寓目，此欺人之一術也。或略虜近時考證家言，東鈔西撮，自謂淹
> 雅，而竟無一章一句之貫通，此又欺人之一術也。最下者，文理不通，虛
> 字不順，而秦權漢瓦，晉甓唐碑，撮拾瑣屑，自謂考據金石，心極貪鄙，

〔註3〕《清史稿》卷十五〈宣宗本紀〉之論贊。
〔註4〕《清史稿》卷十五〈文宗本紀〉之論贊。
〔註5〕沈垚《落帆樓文遺稿》卷一〈與張淵甫〉。
〔註6〕沈垚《落帆樓文遺稿》卷一〈答許海樵書〉。

　　行如竊盜，斯又欺人之一術也。〔註7〕
沈垚懷才不遇，語氣難免過激，然雖不中亦不遠矣。

　　雖然士風積弊如此，但能受時局刺激而覺醒者，亦頗有其人。他們或者胸懷天下，而直指沉疴，規劃新議，以挽清室頹弊；或者竊喜清室危機，暗中策動，反滿呼聲再起；或者譯介西方史地，醒悟朝野之新契機；或者輕乾嘉之破碎，仿清初經世之再繼；或者薄漢學，揚宋學，由「漢宋之爭」走向「漢宋合一」；或者反乾嘉重許慎、鄭玄經學，張公羊之微言大義；或者關懷西北邊疆史地，窮究北魏、遼、金、元史，倡邊防實用之意。這群少數的先行者，便成為了晚清經世學風的主要代言人。

第二節　經世學風再起與西北史地學新興

一、經世學風再起

　　較之乾嘉諸子的好為「粉飾太平」，道咸諸子在時代的洶洶下，作風要峭直深刻多了。後人遂將道咸諸子的時代宣言，稱為清代經世學風的再起。

　　關於道咸經世學風再起的原因，梁啟超在《清代學術概論》有一段中肯的描述，其云：

> 清初「經世致用」之一學派所以中絕者，固由學風正趨於歸納的研究法，厭其空泛，抑亦因避觸時忌，聊以自藏。嘉道以還，積威日弛，人心已漸獲解放，而當文恬武嬉之既極，稍有識者，咸知大亂之將至，追尋根原，歸咎於學非所用，則最尊嚴之學閥，自不得不首當其衝。其二，清學之發祥地及根據地，本在江浙，經咸同之亂，受惑最烈，文獻蕩然；後起者轉徙流離，更無餘裕以自振其業。而一時英拔之士，奮志事功，更不復以學問為重。凡學術之賡續發展非比較的承平時代則不能。咸同間之百學中落，固其宜矣。其三，「鴉片戰役」以後，志士扼腕切齒，引為大辱奇恥，思所以自濯拔，經世致用觀念之復活，炎炎不可抑。又海禁既開，所謂「西學」者逐漸輸入，始則工藝，次則政制，學者若生於漆室之中不知室外更何所有，忽穴一牖外窺，則粲然者皆昔所未睹也。於是對外求索之慾日熾，對內厭棄之情日烈。〔註8〕

道咸學術的靈魂人物魏源，曾應江蘇布政使賀長齡之聘，編輯《皇朝經世文編》，

〔註7〕沈垚《落帆樓文集》卷八〈與孫愈愚〉。
〔註8〕梁啟超《清代學術概論》之第二十小節。

專事搜集清代經世文章。他於此編序言「事必本乎心,法必本夫人,今必本夫古,物必本夫我」的思想,主張「當務」與「實用」的經世理念,正式宣告了道咸經世學風時代的來臨。在此等學風下,使道咸學術有了一番新的氣象:

1、漢學不再獨尊

因乾嘉學風及科舉考試之故,經學依然是道咸時代的主流,唯漸漸地擺脫了乾嘉「漢學至尊」的思想。他們有的人揚宋學,有的人主張「漢宋合一」,也有的人轉研公羊今文思想。

「漢宋之爭」是此時的學術大事。清初無漢宋之爭,顧亭林、黃黎州、朱彝尊諸家精研經學,只反明末空疏心學,不聞攻擊宋儒者。好與朱熹為難,獨蕭山毛奇齡(1623～1716?)一人而已。乾隆時代,以漢儒許慎、鄭玄之學為天下倡,學者欲致身通顯者,非研漢學不足以見重於世,於是清初「漢宋並行」,一變而為專門名家之學。〔註9〕風潮所興,漢宋之爭乃起。其所爭,在於研究古代典籍是否就可代表追求真理。漢學者認為真理已具於古書中,只要瞭解古經真義,即可獲致真理,不必另求心性義理,所以由文字訓詁入手,潛心研究古代經史即可。宋學者則以為治古籍固然重要,但並非完全真理所在,必須精研義理,闡發其微,以求得真理之判斷。〔註10〕

在乾嘉濃厚的樸風下,有江藩(1761～1831)著《漢學師承記》,述清初至乾嘉諸老的漢學成就,並以躬逢其時為榮。當時,也有學者不以為然,如對元史稍有研究的詩人袁枚(1716～1798)〔註11〕,曾執筆〈宋儒論〉,反對當時「重漢輕宋」的思想,力言宋儒甚有功於儒學聖道,講學可以不尊宋儒,卻不可因尊漢儒而毀宋儒。〔註12〕孤然獨立於乾嘉風氣外的史學思想家章學誠(1738～1801),更是不滿當時的風氣,其云:

> 漢學宋學之交譏,訓詁辭章之互詆,德行學問之紛爭,是皆知其然而不知所以然也。〔註13〕

〔註9〕參考張興鑑〈贈何願船序〉,收於《皇朝經世文續編》卷二原學篇。

〔註10〕參考張君勱〈中國學術史上漢宋兩派之長短得失〉,《再生》第4卷三月號。

〔註11〕袁枚,字子才,號簡齋,清乾嘉著名的文學家。在其筆記《隨園隨筆》中,收入的「元史研究」有《元史》重複、《元史》成太速、《心史》載文天祥事與宋、元史不符〉、〈建元兩世同一號〉、〈元輕杖人〉諸文。袁枚喜研古今官制異同,錢大昕曾就元代官制書信與他,見於《潛研堂文集》卷二十四〈三答袁簡齋書〉。

〔註12〕袁枚於《小倉山房文集》卷二十〈宋儒論〉云:「雖然,講學在宋儒可,在今不可;尊宋儒可,尊宋儒而薄漢、唐之儒則不可;不尊宋儒可,毀宋儒則不可。」

〔註13〕章學誠《文史通義》內篇卷三〈天喻〉。

遂大倡「六經皆史」〔註14〕，以「史學所以經世，固非空言著述」，直言史纂、史考皆非史學云云。〔註15〕這種不平之鳴，到了方東樹（1772～1851）《漢學商兌》一出，燎起了熊熊之火。東樹以「方以智」之筆，對漢學家的反宋言論，逐一駁斥，文中不時嘲笑怒罵，使這場漢宋大戰更加劇烈。戰爭久了，人心厭戰，自然有人代表出來倡導和平，主張兩國休兵，漢宋調合。這位「向戍先生」，就是鼎鼎大名的阮元。

　　阮元由乾嘉漢學出身，是乾嘉碩果僅存的大老，也是嘉道間的學術龍頭。在他晚年時，有感於嘉道政治中衰以及漢學破碎弊病，轉而主張「漢宋合一」。他在《國史儒林傳》序云上古周公、孔子時代，本是漢宋合一的「師儒」制度，師以德行教民，儒以六藝教民，而兩漢時代名教得儒經之功，宋明時代講學則得師道之益，兩時代學術皆得周孔之道，不可偏護而互詆之。〔註16〕阮元的改變，象徵著嘉道學風漸漸的擺脫了乾嘉漢學獨尊的思想。

　　「漢宋之爭」外，公羊今文經學的興起，也是道咸時代的學術大事。其學起於常州，有「常州公羊學派」之稱。學者以莊存與（1719～1788）為首，劉逢錄（1776～1829）、宋翔鳳（1779～1860）繼之，稍後之龔自珍、魏源與邵懿辰（1810～1861）皆宗此門。至同光時期的廖平（1852～1932）與康有為（1858～1927）大成之，成為一時顯學。〔註17〕

　　公羊今文經學派，以專講「微言大義」聞名，並關心時事及力倡改革，對乾嘉

〔註14〕章學誠《文史通義》內篇卷一〈易教〉。

〔註15〕章學誠《文史通義》內篇卷五〈浙東學術〉。

〔註16〕阮元《揅經室集》第一集卷二〈國史儒林傳序〉。

〔註17〕孫春在於《清末公羊思想》（台北：商務印書館，民國74年，初版）一書，作有常州公羊今文經學派的系譜，錄之於下：

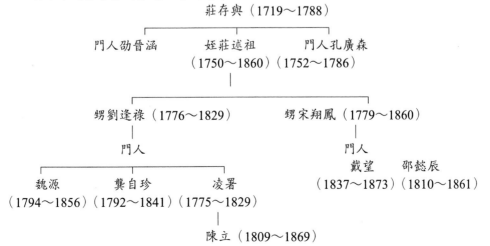

「只敢問古，不敢道今」的象牙塔學風，誠然是一大革命。深受此派影響的梁啓超云：

> 欲知思潮之暗地推移，最要注意的是新興之常州學派，常州派有兩個源頭，一是經學，二是文學，後來漸合爲一，他們的經學是公羊家經說。——用特別眼光去研究孔子的春秋，由莊方耕存與、劉申受逢祿開派。他們的文學是陽湖派古文。——從桐城派而加以解放，由張皐聞惠言、李申耆兆洛開派。兩派合一來產生新精神，就是想在乾嘉間考證學的基礎之上建設順、康間『經世致用』之學，代表這種精神的人，是龔定庵自珍、魏默深源這兩個人的著述，給後來光緒初期思想界很大的影響。這種新精神爲什麼會發生呢？頭一件，考證古典的工作，大部份被前輩學者做完了，後起的人想開闢新田地，只好走別的路。第二件，當時政治現象，令人感覺不安，一面政府箝制的威權也陵替了，所以思想漸解放，對於政治及社會的批評也漸漸起來了。〔註18〕

政治箝制的陵替，漢學獨尊思想的鬆動，使道咸諸子漸離乾嘉學風，而走向了新的時代。

2、史學意識昂揚

經學第一，史學第二，子學第三，集部第四，是漢代以後逐漸形成的學術思想。特別是乾嘉經學獨盛下，其他的一切學問，皆只能算是斯時樸風下的副產品，成就難望經學項背，無怪乎有人感嘆清代史學的衰落。〔註19〕時至道咸，經世學風再起，

〔註18〕梁啓超，《中國近三百年學術史》，頁29。

〔註19〕關於清代史學盛衰的問題，很受到爭論。謂清儒史學不如宋者，如余嘉錫者，云：「宋人史學勝清儒」（見於周祖謨、余淑宜〈余嘉錫先生傳略〉，本文收入《余嘉錫文史論集》）而陳寅恪更是其中最著名者，他在〈陳垣明季佛教滇黔考序〉云：「元明及清，治史者之學識更不逮宋。」於〈陳垣元西域人華化考序〉更詳述其因：「有清一代經學號稱極盛，而史學則遠不逮宋人。論者輒謂愛新覺羅氏以外族入主中國，屢起文字之獄，株連慘酷，學者有所避，因而不敢致力於史，是固然矣。然清室所忌諱者，不過東北一隅之地，晚明初清數十年之記載耳。其他歷代數十歲之史事，即有所忌諱者，亦非甚違礙者。何以三百年間，史學之不振如是？是必別有其故，未可以爲悉由當世人主摧毀壓抑之所致也。」

牟潤孫認爲寅老所言，是清代「著史之學」不如宋人，而且淪爲學者官成退休修銷愁送日之具。他在〈論清代史學衰落的原因〉，更進一步分析史學沒落的原因，其云：「導致清代史學的衰落，雖起於康熙之禁止人寫明史，而到了雍正、乾隆則演變爲皇帝既不許人記當代史，又將前代史的工作全部由官家拿過來。官家設館修實錄、修國史之外，還修方略、修通志、通典、通考，並由皇帝命人修改編年史，由皇帝自己家上御批，成爲史論最高權威標準。在此情勢下，固不敢著書以記當代之史，又哪裡還有前代史的自由，如何能產生有價值的史書？」（本文受入氏著《海遺

史學意識昂揚，究史之風轉盛。當時學風的代表人物，龔自珍與魏源，皆有史作，並大加提倡讀史風氣。如龔自珍云：

> 周之世官大者史，史之外無有語言焉，史之外無有文字焉，史之外無人倫品目焉。史存而周存，史亡而周亡。〔註20〕

所以，他提倡「尊史」，其云：

> 史之尊，非其職語言司謗譽之謂，尊其心也。心如何而尊？能入。何謂入？天下山川形勢，人心風氣，土所宜，姓所繫，國之祖宗之令，下逮吏胥之所守，其於言禮、言兵、言獄、言政、言掌故、言文章、言人賢否，皆如其言家事，可謂能入矣。又如何而尊？曰能出。何謂出？天下山川形勢，人心風氣，土所宜，姓所繫，國之祖宗之令，下逮吏胥之所守，皆有聯事焉，皆非其所專官，其於言禮、言兵、言獄、言政、言掌故、言文章、言人賢否，辟優人在堂下，號咷舞歌，哀樂萬千，堂上觀者，蕭然踞坐，盼睞而指點焉，可謂能出矣。……毋襲毋喘，務尊其心。心尊，則其言亦尊矣；心尊，則其官亦尊矣；心尊，則其人亦尊矣。尊之之所歸宿則如何？曰：乃有所大出入焉。出乎史，入乎道，欲先知道者，必先為史，此非我所聞，乃劉向、班固之所聞。〔註21〕

在史學意識的昂揚下，不滿乾嘉樸學考據之聲遂起。沈垚云：

> 近世賢者所為，若高郵王氏之於經，嘉定錢氏之於史，實事求是，疏通證明，可以質古人，可以詒來者，不可不謂為賢者矣。惟是唐人有史學、有史才，《舊唐書》原稿，德宗以前諸傳敘事皆可觀。錢氏有史學而無史才，故以之釋史則得之，以之著史則瑣屑破碎，不合史法，此今人不及古人也。〔註22〕

乾嘉樸學的流風與道咸經世思潮的雙重影響下，道咸史學也走向了類似經學「漢宋合一」的學術道路，一方面重視「實事求是」的治學方法，一方面也強調「經世致用」的必要性。新興的西北輿地與北魏、遼、金、元史的研究，正是這樣的風氣

雜著》，香港中文大學 1991 年出版。）
　　另一方面，持異議者亦頗有其人，如杜維運於〈清代史學之地位〉一文，以史學之四端——記注、撰述、考據、衡評述清代史學之成就，云「中國史學，至此邁入一新境界，此史學之演進也。又豈衰弱之有哉？又豈遠不逮宋代史學哉？」（本文原刊於《史學評論》第六期，民國 72 年 9 月。後收入氏著《清代史學與史家》。）
〔註20〕龔自珍〈古史鉤沉論二〉，收入《龔定盦全集》。
〔註21〕《龔定盦全集》卷五〈尊史〉。
〔註22〕沈垚《落帆樓文遺稿》卷一〈答許海樵書〉。

下誕生的。劉成禺云：

> （道光）當時諸賢，承乾嘉學者訓詁、考訂、校勘之後，毅然別開生
> 面，有志於遼、金、元史及西北輿地之學。〔註23〕

這門新興史學與公羊今文經學，後來衍爲同光時代的兩大顯學。

3、學風發展多元

乾嘉經學獨盛，道咸則趨於活潑多元，或講國朝典故，或究經濟之學，或研金石碑文，或專天文歷算，或窮邊疆史地，或萃力疇學，或沉潛佛老，或醉心諸子〔註24〕，綻放了衰世中的學術之光。

4、西學譯介初昌

此又道咸風氣之一變也。或有譯述西方史地者，或介紹西方政制軍事，以期擴大國人之新視野，而可以「師夷長技以制夷」。魏源《海國圖志》與徐繼畬《瀛環志略》，是這方面的先驅。唯西學風氣未開，所謂「中西之辨」、「中西比較」，其時尚淺，直至同光時代，始有「西潮」、「西學」可言。

由於上述新的學術氣象，使道咸時代處於近代學術的轉捩點上，一方面上承乾嘉遺風，一方面下開啓同光西學思想，是所謂傳統學術轉型西學的重要關鍵年代。〔註25〕

〔註23〕劉成禺《世載堂雜憶》，頁37。

〔註24〕張之洞於《勸學篇》內篇〈宗經〉有云：「道光以來，學人喜以緯書、佛書講經學；光緒以來，學人尤喜治周秦諸子」一語。

〔註25〕楚金著〈道光學術〉，謂其時學術概有四大變：

（1）彼時漢學家之末流，以成門面裝飾，淺俗者藉漢注數章，許書一冊，即可附庸漢幟，而於治學之本源，立身之經緯，概至不講，以故漢學家之庸陋顢頇，甚至貪濁綱悖，反不如不知學問之輩！蓋漢學既成濫調，迴思向所唾棄之宋儒，實有不可磨滅者在，故融合漢宋，是爲道光風氣之一變。

（2）嘉慶以後，政事如河如鹽如漕，以及吏治財賦兵事，無不積弊叢生，民間疾苦既艱於上達，公卿大僚尸位伴食，更不知措意。於是文學之士，自隴畝而登廟堂，慨然欲討論朝章國故，古今利病，因之見諸施行，故掌故經濟之學，是爲道光風氣之又一變。

（3）道光中張格爾變亂（新疆回變）於前，海夷憑陵於後，識者始知六合之外不能存而不論，始自西北蒙回諸部，迨於大地五洲萬里，溯原代魏金元，證以當時官朝文案，旁及明以來西儒所傳譯，別開一境，故邊疆輿地之學，是爲道光風氣之又一變。

（4）天算之學雖亦漢學家所崇尚，然博取歐西之說，溝合證明之，推而至於制器尚象，則自道光以後始啓其端。疇人之作，於斯爲盛，故西學之昌，是爲道光風氣之又一變。（本文原刊於《中和月刊》第二卷，後收入《中國近三百年學術思想論集》，香港存萃學社輯，民國六十年出版）。

二、西北史地學新興

> 秦時明月漢時關，萬里長徵人未還；
>
> 但有龍城非將在，不教胡馬渡陰山。

這是唐代詩人王昌齡著名的「出塞」詩，傳神的道出了西北疆域是中國自古以來的主要外患所在。歷代史記，所載邊事，也多以西北為重心，特別是鐵蹄過中原的東晉南北朝時代及遼、金、元三代，最受人重視。唯傳統「中原天下」的正統思想，邊疆史學一向被視為中國史學的邊陲而少重之。魏源云：

> 儒者著書，惟知九州以内，至於塞外諸藩，則若疑若昧，荒外諸服，
>
> 則若有若無，至聲教不通之國，則道聽臆談，尤易鑿空，徒知侈張中華，
>
> 未睹瀛寰之大。〔註26〕

滿清入關，明勝國遺老悲痛不已，一度潛心邊疆史地，思為經世之用，然隨著經學的鼎盛，遂使此學漸沒。當時，全祖望有云：「西北諸陲，近日史學所希也。」〔註27〕另錢大昕聞汪輝祖亦究元史，竊喜天壤間尚有同好。

嘉道之際，政治中衰，經世之風再起。因西北形勢的動蕩，俄國的虎視眈眈，以及樸學的流風遺韻，使西北史地學應時而興。洪亮吉、松筠、祁韻士、徐松、李兆洛、程同文是此學之先趨，龔自珍、魏源、毛嶽生、沈垚、張穆、俞正燮、何秋濤是此學之光大。他們以經世治用與實事求是相結合，文獻考據與實地考察相結合，西北輿地與遼金元史研究相結合，為西北史地學開創了新風貌，推動了近代邊疆研究的風潮〔註28〕。

近代西北史地學以蒙元史地為研究重心。梁啓超於《中國近三百年學術史》云：

> 大抵道咸以降，西北史地學與元史學相並發展，如驂之靳，一時風會
>
> 所趨，士大夫樂談，如乾嘉之競言訓詁音韻焉，而名著亦往往間出。其大
>
> 部分工作在研究蒙古，而新疆及東三省則其附庸也。〔註29〕

金毓黻於《中國史學史》亦云：

> 清代自嘉道以後，學人多究心西北地理，初僅以新疆伊犁為範圍，繼
>
> 則擴及蒙古全部，後移其重心於元史，不僅亞洲西部北部在所究心，即歐
>
> 洲東部亦在研究範圍之内。〔註30〕

〔註26〕魏源《聖武記》卷12〈武事餘記〉掌故考政篇。

〔註27〕《鮚埼亭集》外編卷七〈葉徵士桐君哀詞〉。

〔註28〕郭雙林〈論嘉道年間的西北地學〉，《河南大學學報》（社會科學版）1993年1月。

〔註29〕梁啓超《中國近三百年學術史》（頁354）。

〔註30〕見金毓黻《中國史學史》第九章〈清代史家之成就〉之徐松，頁319。

學人究心西北，後移重心於元史，是必然的趨勢。蓋蒙元史的世界歷史地位，清室的滿蒙關係，乾嘉諸子元史研究的啟蒙，以及蒙元史料的陸續發掘，使元史學有豐富的揮灑空間，且易有成就，故道咸以後諸子群樂而趨之，終而蔚為同光的熱潮。

溯及道咸蒙元史與西北地理之興起，必推嘉道間松筠、祁韻士、徐松、李兆洛諸子為典範。以下分別敘之。

（一）松　筠

嘉道之際，西北史地學的興起，與伊犁將軍松筠、編修祁韻士有很大的關係。在此門學術中，他們二位扮演了引水開渠的大禹之功。

松筠，字湘浦，蒙古正藍旗人。生於乾隆十九年（1754），卒於道光十五年（1835），享壽八十二。

松筠為繙譯生員時，考授理藩院筆帖式，充軍機章京，能任事，為高宗所知。乾隆四十八年（1783），超擢內閣學士，兼副都統。五十年（1785），命往庫倫治俄羅斯貿易事，歷八年，俄人為其悅服。後任內務府大臣、軍機大臣、吉林將軍、戶部尚書等職。嘉慶七年（1802），擢伊犁將軍，於伊犁河引水開渠，力任其事。後轉調他職，十八年（1813），復出為伊犁將軍。十九年（1814），巡視回疆。

道光元年（1821），召授兵部尚書。後回疆用兵，松筠密疏有所論列，詔令陳善後方略，多被採納。道光十二年（1832），命赴歸化城勘達爾漢、茂明安、土默特三部爭地，據乾隆朝圖記判定，三部皆悅服。還，授理藩院侍郎，調工部，進正藍旗蒙古都統。十五年（1835），卒，贈太子太保，醫尚書例賜恤，諡文清，祀伊犁名宦祠。

松筠廉直坦易，脫略文法，不隨時俯仰，屢起屢蹶。晚年益多挫折，剛果不克如前，實心為國，未嘗改也。服膺宋儒，亦喜談禪。尤施惠貧民，名滿海內，要以治邊功最多。〔註31〕

松筠有治世之才，唯與穆彰阿不和而多歷外任，故以邊功為多。常年的邊務，激發了他對邊疆史地學的重視。他在第一次出任伊犁將軍時，苦於當地無專門地志，不便治理，遂命戍臣汪廷楷編輯。書未成，汪氏刑滿東歸。後祁韻士又謫戍於此。韻士於關外西北史地頗有研究，松筠命其續編汪氏書，成《伊犁總統事略》。其書凡十二卷，記述回疆形勢與伊犁概況，意繁旨博，用周政舉。

第二次任伊犁將軍時，復命服刑的徐松修訂《伊犁總統事略》。徐松善於西北，

〔註31〕松筠生平，引自《清史稿》卷三百四十二〈松筠傳〉。另沈垚《落帆樓遺稿》亦撰有松筠傳。

使此書體例更趨完備，內容更加詳實。書成後，松筠奏進，宣宗善之，作序並賜名《新疆識略》，詔令武英殿刊行，成為研究十九世紀新疆的重要史料。祁韻士、徐松二人，由此更醉心西北史地。特別是徐松，回京師後，與人常論西北史地，師友間皆受其影響，使此學漸成京朝大夫之風會。

　　松筠主持《新疆識略》外，亦有《綏服紀略》、《西藏巡邊記》等著。其近代邊疆史地學的地位，一如他任伊犁將軍的偉業，扮演了引河開渠之功。

（二）祁韻士

　　祁韻士，字鶴皋，山西壽陽人。生於乾隆十六年（1851），卒於嘉慶二十年（1815），享年六十五。

　　韻士為乾隆四十三年（1778）進士，官編修，擢中允，大考改戶部主事。嘉慶初，以郎中堅督寶泉局。局部窺銅案發，戍伊犁。時伊犁將軍松筠，命其編《伊犁總統事略》。未幾，赦還。卒於保定書院。

　　韻士幼喜治史，於疆域山川形勝、古人爵里名氏，靡不記覽。弱冠，館靜樂李氏，李藏書十餘楹，多善本，韻士寢饋其中五年，益賅洽。

　　韻士既入翰林，充國史館纂修，奉撰創立《蒙古王公表傳》。時內扎薩克四十九旗，外扎薩克、喀爾喀等二百餘旗，以至西藏及回部糾紛雜亂，皆無文獻可徵據。他悉分庫貯紅本，尋其端緒，每於灰塵坌積中忽有所得，如獲異聞。各按部落立傳，要以見諸實錄、紅本者為準，又取《皇輿全圖》以定地界方向。其王公支派源流，則核以理藩院所存世譜，八年而後成書，編之四庫。又別撰《藩部要略》，以年月編次。概表傳仿史記，而要略仿通鑑。友人李兆洛謂如讀邃皇之書，睹鴻濛開闢之規模，其云：

> 鶴皋大前輩之在翰林也，歷年最久，嘗被命為《蒙古回部諸王公列傳》，皆內檢黃冊，外譯舌人，僅能通曉，久而後成，蓋先生於蒙古、回部之事盡勞勳矣。既進呈為「欽定蒙古王公列傳」，編之四庫。先生之為是書也，先以年月日編次，條其歸附之先後，叛服之始終，封爵之次第，以為綱領。而後分標各藩之事跡而為之傳，名曰藩部要略。是傳仿史記，而要略仿通鑑也。……先生此書，於皇朝數百年來所以綏養藩服者，無不綜具其緣起，悉載列聖恩德之所由，隆明威之所以畏，恍然造化之亭毒，皇極之相協，如讀邃皇之書，睹鴻濛開闢之規模焉。〔註32〕

《藩部要略》後由毛嶽生編次，張穆覆審而出刊。

〔註32〕李兆洛〈外藩蒙古要略序〉，收於氏著《養一齋文集》。

韻士尚著有《西域釋地》、《西陲要略》、《萬里行程記》等書。他在《西陲要略》序中有一段感言：

> 近年士大夫於役西陲，率攜瑣談、聞見錄等書爲枕中秘。惜所載不免附會失實，有好奇志怪之癖，山川沿革，按之歷代史乘，皆無考據。又於開闢新疆之始末，僅就傳聞耳食爲之演敍，訛舛尤多。夫記載地理之書，体裁近史，貴乎簡要。倘不足以信今而證古，是無益之書，可以不作。

這段話，說明了邊疆史地學已逐漸受到重視，唯學術上仍一片荒蕪而急待開拓。〔註33〕

（三）徐　松

徐松是嘉道年間元史與西北興學的播種者。

徐松，字星伯，順天大興人。生於乾隆四十六年（1781），卒於道光二十八年（1848），享年六十八。

徐松爲嘉慶十年（1805）進士，授翰林編修。十四年（1809）任全唐文館提調兼總纂時，從《永樂大典》中輯出《宋會要》有五百卷之多，貢獻史學甚大。

嘉慶十七年（1812），簡湖南學政，作事戍伊犁。時伊犁將軍松筠，命其修訂《伊犁總統事略》，定名《新疆識略》。二十五年（1820），赦還，回京師。時回疆發生張格爾之亂，西北邊務引人注目，曾戍其地的星伯，周圍師友聚集，常相與討論西北史地，知名者，有祁寯藻（祁韻士之子）、程恩澤〔註34〕、李兆洛、姚瑩〔註35〕、俞正燮〔註36〕、魏源、龔自珍、沈垚、張穆、程同文〔註37〕等。張穆云：

〔註33〕祁韻士生平，參考《清史稿》卷四百八十五〈文苑傳二〉與《鶴皋自編年譜》。

〔註34〕程恩澤（1785～1837），字春海，安徽歙縣人。嘉慶十六年（1811）進士。時乾嘉宿儒多徂謝，惟大學士阮元爲士林尊仰，恩澤名位亞於元，爲足繼之。所著書多未成，僅《國策地名考》、《詩文集》十卷傳於世。

〔註35〕姚瑩（1785～1853），字石甫，號東溟，安徽桐城人。嘉慶十三年進士（1808）。鴉戰期間，任台灣兵備道，力籌戰守，擊退來犯英軍。瑩師事從祖鼐，不好經生章句，務通大義，見諸施行。文章章善持論，指陳時事利害，慷慨深切。尤留心邊地，著有《東槎紀略》、《康輶紀行》等著。

〔註36〕俞正燮（1775～1840），字理初，安徽黟縣人。道光元年（1821）舉人。性強記，經目不忘，經、史、輿地、星相、醫方、釋道，無不窮究。著有《癸巳類稿》、《癸巳存稿》。

〔註37〕程同文，字春廬，號密齋，桐鄉人。嘉慶四年（1899）進士。其學長於地理，凡中外輿圖，古今沿革，言之詳審。遼、金、元三史，建置異同，名稱清雜，他人所不易明者，疏證確鑿，若指螺紋。纂修會典，成近百卷，自謂平生精力盡於是書。其元史學，有〈邱長春西遊記跋〉一文，收入徐世昌主編《清儒學案》卷一百四十一〈星伯學案〉之附傳。

先生自塞外歸，文名益盛。其時海內通人游都下者，莫不相見恨晚。
每與泰興陳潮、烏程沈垚、平定張穆輩，羣羊炊餅，置酒大嚼，劇談西北
邊外地理以爲笑樂，若忘當日身在患難中者。〔註38〕

松博極群書，居京師爲詞臣，博綜文獻，爲時流所推。龔自珍贈詩，有「笴河
寂寂覃溪死，此席今時定屬公」一語〔註39〕。除《新疆事略》外，尚著有《西域水
道記》、《新斠注地理志集釋》、《漢書西域傳補注》、《唐兩京城坊考》、《唐登科記考》、
《新疆賦》等著，可見其在輿地學方面的興趣。〔註40〕他的用意有三：（1）從漢唐
的經營，到清代的征定，足見安邊定遠之不易，其所著書，乃使國人重視歷史之光
榮，及邊塞之重要性。（2）詳天山南北之山川形勝，聚落城邑，測其道里，明其顯
要，察其風土，俾增進國人對西域的知識，以有助於新疆的開發，達到邊地安堵之
目的。（3）新疆與俄羅斯邊境毗連，犬牙交錯，而俄國國釋漸強，已露覬覦之意。
〔註41〕

酷愛西北史地的徐松，以西域親歷驗究元史而頗有心得，如於《長春眞人西遊
記》跋云：「適從龔定庵假讀此記，西域余所素經識，其相合者如此！」他有心重撰
《元史》，而勤搜於蒙元史料。友張穆云：「《元聖武親征錄》，予始見於徐星伯太守
處。」〔註42〕沈垚亦云：「垚初見徐星伯先生，即問耶律大石河中府及元和林所在，
先生出《長春眞人西遊記》見示，記後有先生跋，詳證金山西南山川道里，得目驗
者。」〔註43〕可知其然了。他先致力於《元史西北地理附注》與《元史諸王世系表》
的撰寫，惜文未竟而卒，改編《元史》之志，遂也無疾而終。〔註44〕友魏源云：

　　徐先生之於輿地，專門絕學，所爲《元史西北地理附注》及《諸王世
系表》，亦未卒業。〔註45〕

〔註38〕見於張穆爲沈垚《落帆樓文稿》所寫的序。
〔註39〕《清史列傳》卷七十三文苑傳四之〈徐松傳〉。
〔註40〕金毓黻《中國史學史》第九章〈清代史家之成就〉云：「徐氏之長在輯逸闡幽，詳人
　　　之所略，爲人之所不能爲，清代學者，自惠棟、盧文弨、顧廣圻諸氏外，殊罕見其
　　　匹也。」（頁318）
〔註41〕引自王聿均〈徐松的經世思想〉，本文收於《近世中國經世思想研討會論文集》（台北：
　　　中央研究院近代史研究所出版，民國73年4月）。
〔註42〕見於張穆爲何秋濤《校正元親征錄》所寫的序。
〔註43〕語見沈垚《西遊記金山以東釋》。
　　　徐松作有《長春眞人西遊記跋》一文，收入繆荃孫編的《徐星伯先生小集》（民國9
　　　年江陰繆氏刊本）。
〔註44〕繆荃孫另搜有徐松遺稿，編成《徐星伯先生小集》。
〔註45〕魏源《海國圖志》卷三〈元代西北疆域圖〉敍。魏光燾於《元史新編》亦敍云：「嘉
　　　定錢氏、大興徐氏皆有志重修，並未卒業。」

由是，魏源繼其遺志，實踐了這個夢想。

（四）李兆洛

李兆洛是當時另一位著名的西北史地拓荒者。

李兆洛，字申耆，江蘇武進人。生於乾隆三十六年（1771），卒於道光二十一年（1841）卒，享年七十一。

兆洛為嘉慶十年（1805）進士，與徐松同年，而為相知好友。時安徽鳳臺縣，俗獷悍多盜，地接蒙城、阜陽，遠者至百八十里，官或終任不一至。申耆官其縣，辨其里落繁耗、底畝廣袤饒瘠，次第經理之。籌堤防範水災，擇老勸民孝謹，於僻遠設義學，為求良師，使鳳臺漸成敦厚之鄉。其捕盜，尤為人所喜稱。嘗騎率健勇出不意得其魁，因察而撫用之。申耆嘗云：「鳳、穎、泗民氣可用，揀集五千人，方行天下有餘矣。然唯其豪能使之，官帥至千里外，必客兵勢勝足相鈐制乃可。」在縣七年，以父憂而去，遂不出。後主講江陰書院幾二十年，以實學課士，其治經學、音韻、訓詁、訂輿圖，考天官曆術及習古文辭者輩出。

兆洛短身碩腹，豹顱剛目，望之若不可近，而接人和易，未嘗疾言遽色。資恤故舊窮乏無不至。其論學不分漢、宋，以心得為主，而歸於實用。魏源稱他「近代通儒」，其云：

> 自乾隆中葉後，海內士大夫興漢學，而大江南北尤盛。蘇州惠氏、江氏，常州臧氏、孫氏，嘉定錢氏，金壇段氏，高郵王氏，徽州戴氏、程氏，爭治詁訓音聲，瓜分剖析。視國初崑山、常熟二顧及四明黃南雷、萬季野、全謝山諸公，即皆擯為史學而非經學，或謂宋學非漢學。錮天下聰明智慧使盡出於無用之途。武進李申耆先生，於其鄉讀治通鑑、通典、通考之學，疏通致遠，不趨聲企，年三十而學大成，兼有同輩所長，而先生自視嗛然如弗及。……其論學無漢宋，惟以心得為主，而惡夫以餖飣為漢，空腐為宋也。故以通鑑、通考二書為學之門戶。〔註46〕

魏源又云：

> 乾隆間經師有武進莊方耕侍郎，其學能通於經之大誼，西漢董伏諸老先生之微淼，而不落東漢以下。至嘉道間而李先生出，學無不窺，而不以一藝自名。
>
> 醰然，粹然，莫測其際也。並世兩通儒皆出武進，盛矣哉！〔註47〕

〔註46〕《古微堂外集》卷四〈武進李中耆先生傳〉。
〔註47〕《古微堂外集》卷四〈武進李中耆先生傳〉。

兆洛論學不分漢宋，論文亦欲合駢散為一。他病當世治古文者知宗唐、宋不知宗兩漢，因輯《駢體文鈔》。藏書逾五萬卷，皆手加丹鉛，尤嗜輿地學。所輯有《大清一統輿地全圖》、《鳳臺縣至》、《地理韻編》等。

第三節　元史學成熟時代的來臨

　　乾嘉諸子的元史建設，與嘉道間松筠、祁韻士、徐松、李兆洛諸子西北史地的開拓，使元史學漸成道咸的熱門學術。龔自珍、魏源、毛嶽生、沈垚、張穆與何秋濤是這方面的代表人物，他們的成就，劃下了元史學成熟時代的來臨。

　　本節先敘龔自珍、毛嶽生、沈垚、張穆、何秋濤五人之元史學。魏源於此學最傑出，另闢一節敘之。

一、龔自珍

　　龔自珍，字璱人，號定盦，浙江仁和人。生於乾隆五十七年（1792），卒於道光二十一年（1841），時年五十。

　　自珍為乾嘉大儒段玉裁外孫，又娶玉裁孫女段美貞，關係至深。十二歲時，玉裁授以許慎說文部目，後又勵學勉之。他才氣橫越，其舉動不依恆格，時近俶詭，而說經必原本字訓，由始教也。友魏源云：「自珍其文以六書小學為入門，以周秦諸子吉金樂石為崖郭，以朝章國故世情民隱為質幹。晚好西方之書，自謂造深微云。」〔註48〕初由舉人援例為中書，道光時成進士，歸本班。洊擢中人府主事，改禮部。謁告歸，遂不出。卒於丹陽學院。自珍才情洋溢，文字驚榮，出入諸子百家，自成學派。唯其薄俗，個性鮮明，而仕途不順。《清史稿》云其「所至必驚眾，名聲籍籍，顧仕宦不達。」〔註49〕

　　自珍所處的時代，是清朝由盛而衰的轉變時代，感受特別強烈，嘗上書云：

　　　　少讀歷代史書及國朝掌故，自古及今，法無不改，勢無不積，事例無

　　不變遷，風氣無不移易，所恃者，人材必不絕於世而已。〔註50〕

其所謂的人材，是指有經世精神者。魏源為《龔定庵全集》書序，云其一生「經通公羊春秋，史長西北輿地」〔註51〕，正是自珍一生經世思想的最佳寫照。

〔註48〕引自〈定盦文錄敘〉，收入於《魏源集》（台北：鼎文書局，民國67年11月）（頁239）。
〔註49〕《清史稿》卷四百八十六〈文苑傳三〉。
〔註50〕《定盦文集補編》卷二〈上大學士書〉。
〔註51〕魏源〈定盦文錄敘〉。

自珍在三十歲時，極有心寫一部《蒙古圖志》，以爲經世思想的具體表現。其動機源於職官內閣國史館中書時，他上書總裁論西北塞外部落源流、山川形勢，訂《一統志》之疏漏，凡五千言。〔註52〕後又校理理藩院一門及青海、西藏的各類圖籍，大開眼界，爲其天地東西南北之學始。〔註53〕尤以西北兩塞外部落的世系風俗、山川形勢，最致其心力，由是有撰寫一部《蒙古圖志》的想法。

他預定《蒙古圖志》體例，爲圖二十有八，爲表十有八，爲志十有二，凡三十篇。可惜志終未成。今僅能從文集所留存的《蒙古圖志》諸序，見其梗概。他在〈擬進上蒙古圖志表文〉中，自述其撰寫動機：

> 我朝之有天下，聲教號令，由回部以達於蔥嶺、嶺外屬國之愛烏汗、那木干以迄於西海，由蒙古喀爾喀四部，以達於北方屬國之鄂羅斯以迄於北海，回部爲西海內衛，喀爾喀爲北海內衛。今蔥嶺以內，古城郭之國，既有成書，而蒙古獨靈丹呼圖圖減爲牧廠，其餘五十一旗，及喀爾喀四大部，縱橫萬餘里，臣妾二百年，其間所設施設，英文鉅武，與其高山異川，細大之事，未有志。遂敢伸管削簡，觸理其跡，闉鞈其文，作爲《蒙古圖志》，爲圖二十有八，爲表十有八，爲志十有二，凡三十篇。〔註54〕

其志十二，爲〈天章志〉、〈禮志〉、〈樂志〉、〈晷度志〉、〈旗分志〉、〈會盟志〉、〈象教志〉、〈譯經志〉、〈水地志〉、〈臺卡志〉、〈職貢志〉、〈馬政志〉是也。

其表十八，爲〈字類表〉、〈聲類表〉、〈臨蒞表〉、〈沿革表〉、〈氏族表〉、〈在旗氏族表〉、〈世系表〉、〈封爵表〉、〈釐降表〉、〈旗職表〉、〈寄爵表〉、〈喀爾喀總表〉、〈塞因諾顏總表〉、〈新遷之杜爾伯特表〉、〈四衛拉特總表〉、〈烏梁海表〉、〈巴爾虎表〉、〈青海蒙古表〉是也。並附述徐松之〈哈薩克〉、〈布魯特〉二表。

自珍於上述各篇，皆闡其著述旨意，可以看出他對蒙古史地的精博與用心，倘能成書，必爲西北興學闢一新氣象矣。〔註55〕

二、毛嶽生

毛嶽生，字生甫，江蘇寶山人。生於乾隆五十七年（1791），卒於道光二十一年

〔註52〕龔自珍《己亥雜詩》第四十九首自注「在國史館日，上書總裁，論西北塞部落原流山川形勢，訂統一志之疏漏，初五千言，或曰非所職也，乃上兩千言。」

〔註53〕龔自珍《己亥雜詩》第五十五首自注「程大理同文修會典，其理藩院一門及青海、西藏各圖屬予校理，是爲天地東西南北之學之始。大理沒，予撰《蒙古圖志》竟不成。」

〔註54〕見《定盦文集》卷中。

〔註55〕龔自珍關於西北輿地文字，尚有〈西域置行省議〉、〈與人論清海書〉、〈北路安插議〉、〈上國史館總裁提調總纂〉等文，皆收入全集中。

（1841），得年五十一。

　　嶽生先世居寶山，既而遷諸嘉定，其父遂從同里錢大昕受訓詁小學。嶽生少孤，既長，流離閩中十餘年，以資兩世之養。自力於學，未弱冠，賦〈白雁詩〉，得名。亦從姚鼐學股文，以鉤棘字句為工。有《休復居集》。

　　嶽生喜研史學，尤長於蒙古一代事。常病《元史》冗漏，見錢竹汀所為殘稿，因加補輯纂錄異冊數十種，正紀傳表志之疏訛繁舛，欲成元書百卷。他曾書信李兆洛云：「元史益得統紀，已寫出〈后妃〉、〈公主〉二傳，其所由舛錯刪增，又成考辨數卷，諸表皆定，唯須自書。」〔註56〕然為謀生奉養，常奔走於道路，年又限之，卒未克底於成。〔註57〕今人相傳「竹汀遺有元史稿一百卷」，實則竹汀師友間並無此說。若真有此，為嶽生就其殘稿之補掇整理，非竹汀之所遺也。換言之，應正名「毛嶽生遺有元史稿一百卷」方是。〔註58〕

　　嶽生雖元書未竟，而有〈后妃列傳〉與〈公主列傳〉刊行。在〈后妃列傳〉中，他以「昔者先王慮女寵之無節，名分之易奸，于是定位號，修德業，所以正情欲，懲陵替，風化天下也。然而後世王者，競隆色選，緣飾嬪御之，文抑庭增廣，或盈千百，而所謂德業位號者，徒為後宮矜媚篡奪之階，何哉？及余觀于元世更不能無惑焉。」而舊史「后妃諸傳頗舛陋，又別為一表，益繁無當」，於是刪列傳前後，並稍稍增損其文，以成新傳，而得窺其一代後宮之教化也。

　　又以「婚姻之道，其治之本乎。自帝姬以至庶女，爵秩儀服大懸絕矣，而納采、問名、親迎、盟饋諸禮，雖文質隆殺之不同，所以抑驕亢，修孝敬，慎德隆容，以成子姓，無貴賤一也。」而意及元室公主，亦因舊史之闕漏而增補之，成〈公主列傳〉。

　　二傳外，嶽生亦留有元書遺稿，或為後人所見之一百卷《元史稿》殘本。

三、沈　垚

　　沈垚，字敦三，號子惇，浙江烏程人。生於嘉慶三年（1798），卒於道光二十年（1840），時年四十三。

　　垚性沉默，少受學於施國祁〔註59〕，國祁熟於金、元史事，故垚喜研究金元輿

〔註56〕《休復居集》卷三〈答李申耆先生書〉。

〔註57〕練廷璜於《休復居集》序有云：「生甫於諸史，尤長於蒙古一代事。以宋濂等《元史》多疏漏，欲撰元書百卷事實，具而屬文未成。成者，祇〈后妃〉、〈公主〉二傳。」本文寫於道光二十四年（1844）。

〔註58〕本文於此有考，見第四章第三節錢大昕的元史世界之註。

〔註59〕《清史稿》卷二百七十三〈文苑三〉云：「施國祁，字非熊。與鳳苞皆廩膳生。國祁病《金石》蕪雜，積二十餘年，成《金史詳校》。以其帙繁，乃列舉條目為《金源箚

地、掌故之學。道光甲午（1834），舉優貢。一生足不越關塞，而好指畫絕域山川，治經史子集罔不溯流探源，而尤精輿地之學。地理以水道為提綱，書之所載，千支萬脈，棼如亂絲，讀者每苦昏眩而不能遽解，唯垚一覽了然，執筆為圖，往往與古圖暗合。初為何淩漢、陳用光所賞拔。入京師，館於徐松。曾著《新疆私議》，徐松一見歎曰：「某謫戍新疆，凡諸水道皆所目擊，然猶歷十年之久始知曲折。沈君閉戶家居，獨從故紙中搜得之，非具絕大識力，曷克有此！」其地學之精，有此可知。

垚試南闈者六，試北闈者四，惟庚子（1840）一薦卷，終不授身。雖不遇，而所憂常在天下，嘗謂：「乾隆以來，士務訓詁，意欲矯明人空疏之病，然明人講學尚知愛民。今人博覽，專為謀利。」又曰：「士不好名而好利，廉恥道喪，害必中於國家！」著論千餘言，與世常格格不入。在京師六年，未嘗妄交一人。因知己寥落，恆鬱挹無聊，遂遘疾，卒於京師。友張穆編其遺著，為《落帆樓文遺稿》。

垚喜研經世之學，甚反對為學考於非考之地。他認為「乾隆中葉後，士人習氣考證於不必考之地，上下務為相蒙，學術衰而人心壞」〔註60〕，致時儒「恃博雅為傲物，借經術以營利」〔註61〕。因此，他極其沉痛的指出：「讀書二字，今殆將絕矣。夫小學特治經之門戶，非即所以為學，金石特證史之一端，非即所以治史。精此二藝，本非古之所謂通儒，況但拾其唾余以瓦礫炫耀耶！」〔註62〕遂將矛頭指向乾嘉大儒錢大昕，謂「錢氏有史學而無史才，故以之釋史則得，以之著史則瑣屑破碎，不合史法。」〔註63〕垚有此言，非是反對樸學，而是更強調經世的理想。他曾說：「錢竹汀、王懷祖之學，雖與宋儒異趣，而使宋儒再生於今，則必兼取錢、王之說。」〔註64〕來表現他「實事求是」與「經世治用」合一的思想。沈垚的呼聲，是道咸風氣的時代宣言。

垚嗜輿地學，認為是「實事求是」與「經世治用」的具體表現。時西北正逢多事之秋，先是回疆騰格爾之亂，後有沙俄的虎視眈眈，使他特別留意於此，嘗云：

> 夫回部者，安西、關內之藩籬也，四城者又回部之藩籬也。藩籬固則心安，腹心實則藩籬固。……遠終不可守乎，非也，不盡其守之之道，故不可得而守。不守遠必守近，而守近之費不減於遠，或更甚焉！則何如盡

記》。又作《元遺山集箋》、《金源雜事詩》。國祁工詩文，善填詞。家貧，為人主計市肆中。有一樓，顏曰『吉貝居』，著書其中，燬於火，著述多燼。」
〔註60〕沈垚《落帆樓文集》卷八〈與孫愈愚〉。
〔註61〕沈垚《落帆樓文遺稿》卷一〈答許海樵書〉。
〔註62〕沈垚《落帆樓文集》卷八〈與孫愈愚〉。
〔註63〕沈垚《落帆樓文遺稿》卷一〈答許海樵書〉。
〔註64〕沈垚《落帆樓文遺稿》卷一〈答許海樵書〉。

守之之術以守遠，不棄可耕之地於外夷之爲得也。

與徐松、張穆諸子的友誼，亦由此而建立。張穆云：

> 子惇以道光十五年（1835）入京師館徐星伯先生家，先生數爲言其地學之精。越一年，乃相遇於道州何子貞同年所，即承以《長春西遊記金山以東釋》見示，並讀其《落帆樓文稿》，此所刻前二卷是也，由是往來遂密。〔註65〕

張穆又云：

> 子惇留京師，爲桐城姚伯卬憲總校國史地理志，寓內城間，旬出相訪，則星伯先生爲烹羊炊餅，召余（張穆）共食，劇談西北邊外地里以爲笑樂。余嘗戲謂子惇生魚米之鄉而慕羶嗜麥，南人足不越關塞而好指畫絕域山川，篤精漢學而喜說宋遼金元史，可謂三反，子惇聞而軒渠以爲無以易也。〔註66〕

由此可見，沈垚對於宋、遼、金、元史與西北輿地的濃厚興趣。

沈垚一生著述以輿地學最多，也最精。在元史學方面，有《遼金元碑考證》、《畿輔金石錄》、《元史西北地理蠡測》、《新疆私議》、《西遊記金山以東釋》、《元河南志注校》、《西域小記》等。其中以《西遊記金山以東釋》最出名。此書是《長春眞人西遊記》地理考釋之作。《長春眞人西遊記》，爲錢大昕、段玉裁所發現，有錢氏二跋與段氏題識。後歸於同鄉程同文所有。龔自珍、徐松嘗從同文鈔之，松與同文均有跋於此，松並以之考覈新疆。子惇又從松處得之，參酌金人張德輝《塞北紀行》諸書，對金元之際的全眞教士丘處機，由河北至金山以東之行，作了精審的考證，而成《西遊記金山以東釋》一書。〔註67〕時名儒程恩澤，亦擬爲《西遊記》疏通其說，及見子惇此書，歎云：「地學如此，遐荒萬里在目前矣！」遂擱筆。後之元史學家丁謙與王國維，都是在他的基礎下，作更進一步的發揮。

喜好宋、元史的沈垚，頗稱許宋元諸儒的講學安民之功。其〈史論風俗篇〉云：

> 夫天下之治亂繫乎風俗。天下不能皆君子，亦不能皆小人。風俗美，

〔註65〕引自《石州年譜》道光十六年（1836）時，此時張穆三十二歲，沈垚三十九歲。
　　　沈垚亦嘗語人：「垚於知名知士，不敢妄相頭契，必求其有性情者，乃與訂交。故兩載留京，僅得平定張碩洲一人。」可見其對張穆亦甚推重。（引自《落帆樓文稿》之「與王梓材書」）

〔註66〕《石州年譜》道光十六年記。

〔註67〕引自李慈銘《越縵堂讀書記》之〈元朝秘史　李志常長春眞人西遊記　清張穆校〉，此文爲李氏同治辛未（1871）7月28日所記。（北京中華書局出版，1963年1版，頁345）

則小人勉慕乎仁義；風俗惡，則君子亦宛轉於世尚之中而無以自異。是故治天下者，以整風俗爲先務。……自宋王安石引用小人，至金天興之季，中原幾無遺而禍始息。於是江漢先生趙復、魯齋先生許衡，奮起於大亂之後，拯救於焚溺之餘，遂盡革金季惡俗，以開元明之治。二人或仕或不仕，而關繫運則一也。

明太祖，嚴刑峻法，誅戮朝士如草芥，而天下不叛者，宋元諸儒講學之功也。

成祖靖難之慘，正士皆盡，乃不數年而士氣復振，宋元諸儒講學之功也。講道論德之風，久而成俗，民無異志，士無異習，故雖法慘於上，而俗猶存於下。自宣德至正德，奄寺佞倖，屢汙朝政，而風俗不衰。嗚呼，宋元諸儒漸漬數百年，乃克有此，斯豈易覯也。自大禮義起，張璁、桂萼諸小人，乘時竊政，於是新進少年皆奔走阿附，希圖富貴，而風俗大壞。風俗一壞，則圖富之不肖日多一日，趨附之術日工一日，無忌憚之心日肆一日。於是嚴嵩出，則附嚴嵩；齊、楚、浙三黨出，則附凶黨。逆閹魏忠賢出，則附逆奄。溫體仁出，則附體仁。而明亡矣。〔註68〕

其論宋元，蓋自嘆其世：

垚覽觀史冊，于古今利病，亦略識其梗概。今日風氣，備有元成時之阿諛，大中時之輕薄，明昌、貞祐時之苟且。海宇清宴，而風俗如此，實有書契以來所未見。嗚呼！此非細故也。叔魚之賄，孟孫之偷，原伯魯之不說學，蘇張之不信，古人有一於此，即不可終日，今乃合成一時之風俗，一世之人心。嗚呼！斯豈細故也。〔註69〕

後人論道咸經世學風，皆知龔自珍、魏源，而少知沈垚、張穆，蓋晚清今文經學甚盛，龔、魏爲其先鋒也。其實，沈、張之學，非在龔、魏之下，思想亦其伯仲之間，唯學較專於西北史地而已。下述張穆。

四、張　穆

張穆，字石州，號月齋，山西平定人。嘉慶十年（1805）出生，卒於道光二十九年（1849），時年四十五。

穆出生仕宦之家，曾祖爲國學生，父、祖皆登進士第。道光十二年（1832），入

〔註68〕沈垚《落帆樓文遺稿》卷一〈史論風俗篇〉。
〔註69〕沈垚《落帆樓文集》卷八〈與張淵甫書〉。

京師，舉優貢，並考取正白旗漢教習。道光十三年（1833），名儒程恩澤見之，驚曰：「東京崔、蔡之匹也！」文字之交遍海內，詩酒之會冠京師，時人皆以亭林、竹汀視之。此中，與祁寯藻、苗夔〔註70〕、俞正燮、徐松、程恩澤、龔自珍、魏源、沈垚、何紹基〔註71〕、何秋濤最相契合。

　　張穆之學，不專一家，以得精詣為要。其治學精神，為「實事求是」與「經世致用」兼顧，固以兵制、農政、水利、海運、錢法最為究心。然秉性剛負，氣鋒穎逼，恨俗之虛矯，或厲聲，或微諷，而渾然不憂乎。道光十九年（1839），應順天鄉試，張穆攜瓶酒入，監搜者呵曰：「去酒！」石州輒飲盡而揮棄其餘瀝。監者怒，命悉索之，破筆硯，毀衣被，無所得。石州捫腹曰：「是中便便經笥，若輩豈能搜耶！」監者益忿，乃摭筆囊中片紙，有字一行，讕曰：「此懷挾也。」送刑部讞，白其枉然，竟坐擯斥，不復得應試。從此僑居宣武城南，閉戶著書，益肆力於古。〔註72〕道光二十九年十一月，病逝京師。夫以張穆之才，百未一試，用微眚斥，終身不振，年不及下壽，子又夭，其遇極古今之窮，誠可哀也。後來埋首書說，別創天地，失之東隅，收之桑榆，亦可謂天之幸焉。

　　張穆治學勤奮，洞百家之學，尤長於輿地、訓詁、天算。於異域山川，瞭若指掌，有問難說經者，應答如流。阮元見其撰述，歎為天下奇作。一生著述與刊印極多，貢獻至鉅。〔註73〕就元史與西北輿學而言，著述者，有《蒙古游牧記》、《元裔表》、《外藩碑目》；校補者，有《元遺山先生集》、《長春眞人西游記》、《元朝秘史》、《聖武親征錄》、《蒙古源流》〔註74〕、《藩部要略》（祁韻士著）、《西域釋地》（祁韻士著）、《西陲要略》（祁韻士著）等。

　　《蒙古遊牧記》，是張穆西北史地學的代表作。是書凡十六卷，專述蒙古史地與社會經濟的發展，希冀「藉由古代蒙古之歷史，以考察現代蒙古之成因」〔註75〕。穆自序：

> 本朝新闢之土，東則吉林卜魁，西則有金川衛藏，南則有台灣澎湖，莫不各有纂述，以明封畛而彰盛烈，獨內外蒙古隸版圖且二百餘載而未有

〔註70〕苗夔（1783～1857），字仙麓，肅寧人。道光十一年優貢生，專攻說文與詩經。

〔註71〕何紹基（1799～1873），字子貞，湖南道州人。道光十六年（1836）進士。通經史，精曆算，著《東洲詩文集》。

〔註72〕見於祁寯藻為《筤齋文集》所寫的序言。

〔註73〕據張繼文（張穆族姪）所編《石州年譜》（太原：山西人民出版社，1986年1版，頁50～51）其著述約17種，經其手校訂刊行者（包括待梓）約27種之多。

〔註74〕張穆《筤齋文集》有〈書蒙古源流後〉一文，述其該書性質。

〔註75〕李思純《元史學》（頁66）。

專書。欽定一統志、會典雖亦兼及藩部，而卷帙重大，流傳匪易，學古之士，尚多懵其方隅，疲於考索，此穆《蒙古游牧記》所爲作也。……今之所述，因其部落而分紀之，首敘封爵功勳，尊寵命也；繼成山川城堡，志形勝也；終研會盟貢道，貴朝宗也。詳於四至八到以及前代建置，所以綴古通今，稽史籍，明邊防，成一家之言也。致力十年，稿草屢易，凡國家豐功偉烈，見於方略諸書，罔不敬錄而闡揚之。其近年興建，則又詢諸典屬，訪諸樞垣，以蘄精詳而備討論，閱者手此一編，亦足以仰窺聖神功化之萬一矣。〔註76〕

他參考了當時許多珍貴的蒙元史料，以「實事求是」兼「經世致用」的精神，精審內外蒙古、新疆、青海諸蒙古部落。祁寯藻序云：

> 海內博學異才之士，嘗不乏矣，然其著述卓然不朽者，厥有二端，陳古義之書，則貴乎實事求是，論今事之書，則貴乎經世致用，二者不可得兼，而張子石州《蒙古游牧記》獨能兼之。

「致力十年，稿草屢易」，於石州生前已大備。石州歿，友何秋濤續補成書，始正式刊行。是書爲研究清代蒙古的重要著作，深受海內外之極大重視，從十九世紀末葉起，即陸續譯有俄、日文而廣爲流傳。〔註77〕時至今日，仍是研究蒙古史必備的參考書。

蒙元史料的輯補刊印，張穆的元史學的另一貢獻。其中以《元朝秘史》、《聖武親征錄》與《元遺山先生全集》最爲重要。

《元朝秘史》，是世界蒙古學的一門重鎮。是書譯於明初，爲教習蒙文之用，並不特別珍視。清代中葉以前，也只有孫承澤、錢大昕、阮元等少數學者閱讀研究，流傳不廣。道光二十一年（1841），張穆因阮元、祁寯藻之故，出入國史功臣館，從《永樂大典》十二先元字韻中，寫出十五卷本的《元朝秘史》。張穆於〈元朝秘史譯文鈔本題詞〉有云：

> 《永樂大典》十二先元字韻中載《元朝秘史》一部八冊十五卷，不詳

〔註76〕〈蒙古游牧記自序〉收於《月齋文集》卷三。
祁寯藻在《蒙古游牧記》序文中也爲張穆述此書特色，其云：「蒙古輿地與中國邊塞相接，其部族強弱，關係中國盛衰，非若海外荒遠之區，可以存而不論也。塞外漠南之地，唐以前不入版圖，史弗能紀，至遼、金、元皆嘗郡縣其地，乃三史地志虛存其名，而山川形勢都會阨塞關焉無考，是則欲知古事，不外斯編矣，……，承學之士，得此書而研究之，於中樞典屬政務，思過半矣。」
〔註77〕《蒙古游牧記》，有1895年的俄譯本。日譯本，有須佐嘉橘於1917年的初譯本與1939年的增定本。

撰人名氏，其卷次亦大典約爲區分，本書蓋都一袟也，每段前列蒙古語附以譯文，此所鈔者，其譯文也，外間更無傳本。……穆於辛丑（1841 年）之秋，幸緣藏吏獲觀寶籍，爰假寓功臣館，迻寫數種以出，祕史亦其一守云。〔註 78〕

張穆又從仁和韓氏所得《元朝祕史》鈔本，乃取爲詳細校對。道光二十八年（1848）六月十三日校畢，刻入其主編的《連筠簃叢書》。從此，《元朝祕史》得以流傳，成爲東方學的一門專門學問。張穆於此，功不可沒。

《聖武親征錄》是研究蒙古開國的另一珍貴史料，石州於徐松處首見之，相傳爲錢大昕所藏的輾轉鈔本。後又得翁正三的家藏本，遂就徐本與翁本互校一過。〔註 79〕此書「久無讀者」，當石州將自己的校刊本給友人欣賞時，友人多無興趣，唯何秋濤「獨爲其難，取而詳校之」。後來秋濤著成《校正元親征錄》一書，於咸豐三年（1853）刻行。

校勘重刻《元遺山先生全集》，是張穆元史學另一大貢獻。元好問（1190～1257），號遺山，爲金末元初著名的文史學家，文集中頗能反映金末元初的社會實象。他晚年力作於此，凡五年功夫，始告竣成。〔註 80〕

由於張穆的開拓，使元史學與西北史地研究漸趨興盛。其元史功業，可媲美於乾嘉錢大昕。

五、何秋濤

何秋濤，字願船，福建光澤人。生於道光四年（1824），卒於同治元年（1862），時年三十九。

秋濤爲道光二十四年（1844）進士，授刑部主事。不標異門戶，多交遊道咸名士〔註 81〕。博覽群籍而歸於實用，專精漢學而究心經世。有《朔方備乘》與《校正元親征錄》之作。

〔註 78〕《月齋文集》卷三〈元朝祕史譯文鈔本題詞〉。

〔註 79〕《月齋文集》卷三〈校正聖武親征錄序〉。

〔註 80〕據《月齋文集》卷三〈重刻元遺山先生集序〉，張穆校刻此集以明代宏治年間的李叔淵本爲底本，參考《金史》、《元史》與金元時代各家文集，以及《元文類》、《金石例》、《金文雅》、《山西通志》諸書等校補增訂，極其用心。

〔註 81〕據黃彭年撰〈形部員外郎何君墓表〉，道咸時代與何秋濤有交誼的學者，宋學有倭仁、曾國藩、何文貞、吳廷棟、邵懿辰、丁彥儔，漢學有何紹基、張穆、苗夔、陳慶鏞，言古文詞有梅曾亮、朱琦、馮志沂。（本文收於繆荃孫纂錄《續碑傳集》卷二十）

　　秋濤「兒時能舉天下府廳州縣名，數其四境所致至」〔註82〕。及長，親遇鴉片戰爭與俄國的狼子野心，已感受甚深。加上魏源《海國圖志》一書的影響，而更增其專注於經世之務。他認為俄國地居北徼，與我朝邊卡相近，最應注意。然時未有專書，遂采官私載籍，為《北徼匯編》六卷。後復增衍圖說，起漢、晉，迄於清道光，擴為八十卷，於咸豐八年（1858）進呈，文宗善之，賜名《朔方備乘》。咸豐十年（1860），英法陷北京，書遭焚毀。吏部侍郎黃宗漢，據秋濤所藏副本繕寫重進，豈知又遭火焚。不久秋濤病逝。光緒年間，秋濤子取其殘稿，經黃彭年與畿輔志局諸人為之補綴排類，遂還舊觀。〔註83〕此即今日之通行本。

　　《朔方備乘》，是享譽中國近代的史學名著，凡八十一卷，為凡例目錄一卷，聖訓與欽定書十二卷，本書六十八卷。所取材者，「一曰本欽定之書以正傳訛，二曰據歷代正史以正古蹟，三曰匯中外輿圖以定山川，四曰搜稗官外紀以資考核」〔註84〕，述中國西北之歷史、地理、軍事，以及中俄關係之發展。秋濤於〈凡例〉中，云是書之備用有八：「一曰宣聖德以服遠人；二曰述武功以著韜略；三曰明曲折以士威信；四曰志險要以昭邊禁；五曰列中國鎮戍以固封圉；六曰詳遐荒地理以備出奇；七曰征前事以具法戒；八曰集夷務以燭情偽。」換句話說，描述西北戰略地位，提供歷代經營之道，以為世所用，是秋濤撰述的主要動機。

　　《朔方備乘》中，關於元史的方面，有〈遼金元北徼諸國傳〉、〈元代北徼諸王傳〉、〈歷代北徼用兵將帥傳〉、〈考訂元代北方疆域考〉四篇。此四文，蘊涵著中俄關係史的研究。秋濤於〈遼金元北徼諸國傳敘〉云：

　　　　遼金二史於外國僅載高麗、西夏二傳，餘皆闕之。其時東南西三方之國，有通使於宋者，尚可以《宋史》參考，至北陸，惟與遼金相接二史，俄空，殊屬疏漏。今考遼之北陸，接壤於轄戛斯、乃蠻，金之北陸，有克烈部，皆今俄羅斯境，臣秋濤詳考群書，補輯成傳。至奇渥溫氏，西北拓境極廣，今俄羅斯東西二土，咸入版圖，乃《元史》亦概從闕略，殊不可解，臣秋濤亦為補苴，以便觀覽。〔註85〕

又於〈凡例〉云：

　　　　俄羅斯全境，在元代悉列藩封嗣，後海都諸王尾大不調，《元史》無專傳以記事，遂令讀史者無所考證，諸家或以錫伯利部元時未入版圖，誤

〔註82〕黃彭年撰〈刑部員外郎何君墓表〉。
〔註83〕摘自李鴻章〈朔方備乘敘〉。
〔註84〕何秋濤《朔方備乘》凡例。
〔註85〕《朔方備乘》卷第三十三〈遼金元北徼諸國傳敘〉。

之甚矣。茲纂〈元代北徼諸王傳〉一卷，用補《元史》之闕。

尤其是中世紀的蒙元帝國，曾占有俄國數百年，何秋濤認爲極具歷史意義，特撰〈歷代北徼用兵將帥傳〉一文，「考其地利戎機」〔註86〕，資以借鏡。

〈考訂元代北方疆域考〉，是秋濤元史學的另一傑作。由於《元史》開國簡略，西北闕如，使蒙元疆域的廣袤問題，成爲近代元史研究的一大公案。魏源於《海國圖志》一書，曾對元代疆域作了一圖四考，即〈西北疆域沿革圖〉、〈元代征西域考〉上下篇、〈元代西北疆域考〉上下篇，且言遇元史「輒苦迷津」〔註87〕。秋濤據魏源的元代疆域考，重新審議，成〈考訂元代北方疆域考〉一文。其云：

> 自古禹跡所及，九州之地，東南至於海，西北限流沙，其西北二海，未隸版圖，說者多茫昧之詞。其能西至於西海，北至於北海，咸建藩封、設官吏者，惟有元一代，故元代疆域之廣，爲亙古所未有，其北方疆域，實包舉今俄羅斯國全境，亦爲從來方志所未詳。歐羅巴人航海東來，侈陳五大洲之恢廓，然於莫哥斯未亞及韃而靼之地，究不能詳其顛末，他可知矣。（魏）源殫力研求，以地域水道疏通證明，遂使往跡瞭如指掌，洵有功於元史者也。惜其中尚有考訂未覈之處，蓋千慮之一失，今備錄而補證之。

以當時的元史環境，詳考元代疆域，是一件不容易的事。魏源與何秋濤的拓荒勇氣，是很值得喝采的。

校正《聖武親征錄》，是秋濤元史學的另一重要貢獻。

《聖武親征錄》，述成吉思汗及子窩闊台的開國史事，與《元朝秘史》同被視爲研究蒙古開國史的重要史料。二書年代記載大致相同，惟內容有詳略異同的差別。然至清代中葉，親征錄比秘史更被輕忽。張穆云：

> 其書久無讀者，收藏家付之鈔胥，聽其訛謬，如行荊棘中，時時牽衣絓肘，又如捫蘚讀斷碑，上下文義相綴屬者可一二數。以屬友人觀之，不終簡輒棄去不顧。〔註88〕

張穆曾於該書下過功夫，後屬友人觀之，多無興趣，唯秋濤「獨爲其難，取而詳校之」。他以《元朝秘史》、《元史》及元諸子文集互校之，極費心力，「一字一句有疑，十日思之不置。每隔旬餘，輒以校本見示，加箋證數十條。越數旬又如之。其始就原本題記，行閒眉上，字如蠅頭，蓋十得其五六，繼復黏綴稿草，鉛黃錯雜，乃十

〔註86〕何秋濤《朔方備乘》凡例。
〔註87〕魏源〈擬進呈元史新編表〉。
〔註88〕〈校正聖武親征錄序〉收於《月齋文集》卷三，又收於何秋濤《校正元親征錄》一書中。

得七八。近則補正益多，手自迻謄。」〔註89〕校後，始悟《聖武親征錄》難讀之因有四：一翻譯之初先誤，二傳寫之際易訛，三年月之牴牾多端，四輿地之荒渺過甚。而宋濂、王褘沿襲其謬，為《元史》錯漏的由來。其云：

> 宋王諸公，別白未能，汗青太迫，於祕史則熟識無睹，於茲帙則依樣畫葫蘆，累牘連篇，沿訛襲謬，貽誤後學。〔註90〕

費極大心力所完成的《校正元親征錄》，於咸豐三年（1853）刊行。後有同光李文田、沈曾植者，續為此書補注。〔註91〕是書歷五百年後，由秋濤再度點燃生命，不僅於同光元史潮有推波助瀾之功，其亦因此列聖於清儒元史學的廟堂。

第四節　魏源與《元史新編》

最能開晚清學風者，為邵陽魏源也。他「倡經世以謀富強，講掌故以明國是，崇今文以談變法，究輿地以籌邊防」〔註92〕，是道咸經世精神的代表，也是同光西學改革的先鋒。其晚年力作《元史新編》，是清儒「實事求是」與「經世治用」學風的反映，也是大清帝國由盛而衰的寫照。

魏源，字默深，湖南邵陽人。生於乾隆五十九年（1794），卒於咸豐七年（1857），享年六十四。

魏源不若龔自珍出身優渥，一生為學，全靠自身的努力與師友的提拔。他七歲入塾，十一歲家道中衰。嘉慶十八年（1813），拔貢。次年，問宋儒之學於姚學㙩，學公羊於劉逢祿，古文辭則與董桂敷、龔自珍諸子切磋焉。嘉慶二十四年（1819），與京師名士錢儀吉等十餘人公祭漢儒鄭康成，並開始留心時務。道光二年（1822），

〔註89〕引自張穆〈校正聖武親征錄序〉。
　　　　何秋濤《校正元親征錄》自序：「張穆曰：『余讀一過，知其中謬誤甚多，幾不可句讀，子能是正之否？』余受而牘之，淮別盧虎之文塞於目，侏禽蔓衍之詞窒於口。取《元史》紀傳表志，及諸子文集互證之，則方隅之顛倒，名氏之踳舛，年月日之參錯，觸處皆是。屢校而屢置之，旋復取讀，如剔蘚碣，如磨劍鏽，久之而稍得其端倪，又久之而洞見其癥結。」
〔註90〕何秋濤《校正元親征錄》自序。
〔註91〕李文田、沈增植校注何秋濤《校正元聖武親征錄》，有清光緒二十年（1894）桐廬袁氏刊本。
　　　　後來王國維亦注《聖武親征錄校注》，收入其《蒙古史料四種》一書，刊於1926年。王國維於《聖武親征錄校注》序中，歷述清末民初「元史研究」諸家對此書的貢獻，並於序中強調有明弘治年間說郛本《聖武親征錄》者，較何秋濤本為佳。王國維即以說郛本為基礎，作校注。
〔註92〕齊思和〈魏源與晚清學風〉，《燕京學報》39期。

爲直隸總督楊芳延館，教其子弟。教讀之暇，輒喜訪求古今兵家遺跡，考察山川形勢及關隘險要，日後喜談兵事及留意西北地理即自此始。徐松與楊芳有舊，是年曾自龔自珍處假得元代全真教道士李志常所著之《長春真人西遊記》一書，與大理程同文考訂之。魏源復加以附註，收入《海國圖志》。

　　道光三年（1823），與姚瑩、龔自珍等遊，更悉心於時務。五年（1825），爲江蘇布政使賀長齡延攬，主編《皇朝經世文編》，次年告成。六年（1826），作《籌漕篇》上篇。七年（1827），作《籌漕篇》下篇。九年（18929），作《詩古微》、《董子春秋》，爲發揮春秋公羊思想的入門作。

　　道光二十年（1840），中英鴉片戰爭，時源四十七歲。次年，林則徐將所譯《四洲志》及一些資料交與他，囑撰《海國圖志》一書。友人張穆亦從《永樂大典》畫出《元經世大典西北地圖》一幅贈與，作爲《海國圖志》的資料。〔註93〕同年，龔自珍卒，源爲文悼之。

　　道光二十二年（1842），《聖武記》、《海國圖志》先後告成，並著《籌河篇》。《聖武記》是一部記載清朝的當代史之作，於人材登用、海防戰守、練兵籌餉等方面頗多致意。《海國圖志》更開清末學人介紹西洋史地之先河，其序云「是書之作，曰爲以夷攻夷而作，爲以夷疑夷而作，爲師夷長技以制夷而作。」隔年，受龔自珍子橙之託，編訂《龔定盦文集》，紀念好友。

　　道光二十四年（1844），與何紹基、徐松、張穆、馮桂芬、朱琦等廿餘人，於京師城西建顧亭林祠公祭之。同時重修《聖武記》。二十五年（1845），始中進士，時源五十二歲。同榜者有何秋濤、滿人文祥等。

　　道光三十年（1850），《海國圖志》與《聖武記》傳入日本，造成後來的明治維新。亦有英、德諸國人士選譯之。咸豐二年（1852），增補《海國圖志》成一百卷。作書趙校《水經注》後，指戴震竊趙一清書。三年（1853），《元史新編》脫稿。五年（1855），著《書古微》、《西漢今古文經師家法考》，繼續發揮公羊思想之作，且更深入的探討今古文經問題。七年（1857），歿於杭州，葬於西湖。〔註94〕《清史稿》曰：「源兀傲有大略，熟於朝章國故。論古今成敗利病，學術流別，馳騁往復，

〔註93〕道光二十一年（1841），張穆從《永樂大典》畫出《元經世大典西北地圖》一幅，贈與魏源，魏源將之刻入《海國圖志》。張穆《閻潛邱先生年譜》康熙二十二年（1683）小注：「穆於辛丑七月，從《永樂大典》畫出《元經世大典西北地圖》以貽魏君默深，刻入所輯《海國圖志》中。」

〔註94〕魏源生平，主要參考王家儉《魏源年譜》（台北：中央研究院近代史研究所，民國70年2月再版）。另魏源之子魏耆所撰〈邵陽魏府君事略〉，亦酌參之。

四座皆屈。」〔註95〕

一、魏源經世思想與元史研究

　　《元史新編》，是道咸學風兼求「實事求事」與「經世致用」的思想結晶，是清初至道咸元史學的總成之作。此書脫稿於魏源晚年，斯時魏源的思想已相當成熟，生平許多的經世理念，均一一驗證書中。蓋是書乃有所爲而作，非只單純的《元史》改編，故究魏源元史學，有必要瞭解其生平的思想。

　　魏源的哲學思想，表現於《默觚》。《默觚》分爲兩篇，上篇爲「學篇」，是魏源的人生哲學；下篇爲「治篇」，是魏源的政治哲學。其政治哲學，先立基於經、史的博覽，後來又發揮於《元史新編》上。摘要如下：

> 三代以上，君師道一而禮樂爲治法；三代以下，君師道二而禮樂爲虛文。(《默觚》〈學篇〉九)

> 六經其皆聖人憂患之書乎！「天下之生久矣，一治一亂」；治久習安，安生樂，樂生亂；亂久習患，患生憂，憂生治。(《默觚》〈治篇〉二)

> 三代以上之天下，禮樂而已矣；三代以下之天下，賦役而已矣。……春秋以前之諸侯，朝聘而已矣；春秋以後之諸侯，功戰而已矣。……春秋以前，有流民而無流寇；春秋以後，流寇皆起於流民，往往虩宗社，痛四海。……春秋以前，夷狄與中國爲二；春秋以後，夷狄與中國爲一。(《默觚》〈治篇〉三)

> 治天下之具，其非勢、利、名乎！井田，利乎；封建，勢乎；學校，名乎！

> 聖人以其勢、利、名公天下，身憂天下之憂而無天下之樂，故褰裳去之，而樽俎揖讓興焉。後世以其勢、利、名私一身，窮天下之樂而不知憂天下之憂，故慢藏守之，而奸雄覬奪興焉。(《默觚》〈治篇〉三)

> 君子不輕爲變法之議，而爲去法外之弊，弊去而法能復其初矣。不汲汲求立法，而惟求用法之人，得其人自能立法矣。《詩》曰：「不失其馳，舍失如破。」(《默觚》〈治篇〉四)

> 有才臣，有能臣，世人動以能爲才，非也。小事不糊塗之謂能，大事不糊塗之謂才。才臣疏節闊目，往往可補小知；能臣又燭有餘，遠猶不足，可以佐承平，不可以勝大變。夫惟用才臣于廟堂，而能臣供其臂指，斯兩

得之乎！

　　臨大事，決大計，識足以應變，量足以鎮猝，氣足以攝眾，若張良、霍光、龐士元、謝安、陸贄、寇準、韓琦、李綱，其才臣與！理繁剸劇，萬夫之稟，一目十行，五官並用，無留牘，無遁情，若趙廣漢、張敞、陶侃、劉晏，其能臣與！至若才能兼而有之，若管仲、子產、蕭何、諸葛亮，尤古今不數人也；姚崇、張詠，抑其次也。欲求救世之相，非才臣不可。（《默觚》〈治篇〉七）

　　後世之事，勝於三代者三大端：文帝廢肉刑，三代酷而後世仁也；柳子非封建，三代私而後代公也；世族變爲貢舉，與封建之變爲郡縣何異？三代用人，世族之弊，貴以襲貴，賤以襲賤，與封建並起於上古，皆不公之大者。（《默觚》〈治篇〉九）

　　歷代亡天下有七：暴君、強藩、女主、外戚、宦寺、權奸、鄙夫也。（《默觚》〈治篇〉十一）

　　至治之世，士在公孤；小康之世，士在僚采；傾危之世，士在游寓；亂亡之世，士在阿谷；士在阿谷，其世又可知矣。（《默觚》〈治篇〉十二）

　　秦之暴不在長城，隋之惡不在敖倉，元之亂不在治河，安石之弊政不在經義取士，惟其人既得罪萬世，則功在天下者，世亦以此罪之。（《默觚》〈治篇〉十三）

　　使人不暇顧廉恥，則國必衰；使人不敢顧家業，則國必亡。（《默觚》〈治篇〉十四）

　　一生影響魏源最大的政治事件，無疑是中國鴉片戰爭的失敗。他痛心國是而奮筆疾書，先後完成了《聖武記》、《海國圖志》二書，期能振衰起弊，挽救民族生存危機。

　　《聖武記》，敘清代前期之武功，究嘉道中衰之原由，獻建軍、籌餉之略，而以「用人」與「安內」爲依歸。其云：

　　今夫財用不足，國非貧，人材不競之謂貧；令不行於海外，國非贏，令不行於境內之謂贏。故先王不患財用而惟亟人材，不憂不逞志於四夷，而憂不逞志於四境。〔註96〕

除了「用人」與「安內」，魏源又特別重視「漕運」、「鹽法」、「河工」、「兵餉」等所謂清之大政，而建立一套屬於他自己的政治經濟學。〔註97〕這些思想，後來也都一

〔註96〕魏源《聖武記》敘（北京：中華書局，1984年）。

〔註97〕魏源著有《籌河篇》、《籌漕篇》、《籌鹺篇》、《軍儲篇》等文。

一應證於晚年的《元史新編》中。

清室與元室有其類似性，他們都是完全征服中原的邊疆民族，也都是以少數民族統治眾多漢人的政權。他們的成敗，全視統治者的英武睿智。若一朝偶爾失馭，則可能陷入魚爛河潰而不可救的地步。蒙元初起，英武踵立而尚稱治世，至後世漸替，遂為朱明所代。滿清初入中原，也做了不少安撫民心的工作，如「詔舉博學鴻儒」、「廣開科舉」、「博採遺籍」、「永不加賦」等。可是，滿清自始即懷有種族的偏見，朝中經常滿人為正，漢人為副，禁滿漢通婚，許多城市有滿城、漢城之分，八旗軍駐防各地以防漢人叛變，在在顯示滿人為統治階級，漢人為被統治階級。時至嘉道，朝政日下，經濟日衰，鴉戰失敗，尤使弊端一一浮現，大清帝國隨時都有崩潰的可能。魏源憂之而提出忠告：

> 伏聞天不變道亦不變，國可滅史不可亡。粵稽典謨三五之年《春秋》所紀二百餘歲之事，自周漢至明廿三史之編，事非一端，跡多殊軌。元有天下，其疆域之袤，海漕之富，兵力、物力之雄，廓於漢唐。自塞外三帝、中原七帝皆英武踵立，無一童昏暴繆之主，而又內無宮闈奄臣之蠱，外無苛政強臣夷狄之擾，又有四怯薛之子孫，世為良相，輔政與國，同休其肅清，寬厚亦過於漢唐。而末造一朝，偶爾失馭，曾未至幽厲桓靈之甚，遂至魚爛河潰不可救者何哉？《禮運》言三代之治天下也，曰：「大道之行，天下為公。」公則胡越一家，不公則肝膽楚越。古聖人以絨冕當天之喜，斧鉞當天之怒，命討威福，一奉天道出之而不敢私焉。明人承元之後，每論元代之弊，皆由內北國而疏中國，內北人而外漢人、南人，事為之制，曲為之防，以言用人，則台省要官皆北人據之，漢人、南人百無一二，其破格知遇者，官至集賢翰林院大學士而止，從無入相秉樞之事。乃稽之《元史》紀傳，殊不盡然。太祖龍興，即以耶律楚材為丞相；太宗則劉秉忠主機要，而漢相數人副之；憲宗、世祖則史天澤、廉希憲、姚樞、許衡、竇默諸理學名儒皆預機密，朝夕左右，即姚呂後，雖以事誅，而史言有元一代紀綱多其所立，則亦非以漢人為不可用，而末年至正中，賀太平尚以漢相負中外望。惟是中葉以後，臺省官長多其國人，及其判署，不語文義，弄獐伏獵，不得已始取漢人、南人以為之佐。至於末造，中書政以賄成，臺憲官皆議價以得，出而分巡，競漁獵以償帥，不復之紀綱廉恥為何物。至於進士科舉，罷至國初，中業屢舉屢輟，動為色目人所掎摭，順帝末年始一大舉行，而國將亡矣。兼之中原財賦耗於僧寺、佛寺者十之三，耗於藩封勳戚者十之二，是以膏澤之潤，罕及於南，滲漉之恩，悉歸

於北界，鴻溝於大宅，自以為得親遍疏遠之道，致韓山童偽檄有貧極江南
富歸塞北之斥。天道循環，物極必反，不及百年，向之畸重於北者終復歸
於南，乘除勝負，理識固然哉。〔註98〕

「前師之不忘，後事之師也」，嘉道以後的滿清帝國，也正面臨著元末的動盪。
英、法侵擾東南，俄國野心西北。更令人觸目驚心的，是道光三十年（1850）洪秀
全太平天國的反滿革命，彷彿元末的韓山童，為大清帝國敲響了警鐘。時代的洶洶
下，對魏源的元史研究，起了推波助瀾的作用。

大清的中衰，使魏源產生了「鑑元知清」的歷史哲學，而《元史》西北史地的
闕如，加深了他改編的決心。其《聖武記》云：「敘外藩事，每苦蒙古山川地名，侏
離闒冗。」〔註99〕又云：「源治《海國圖志》，牽涉元史，輒苦迷津。」〔註100〕兩書
的寫作，使他困惑於邊疆史學的疏漏。寫《海國圖志》中的西北史地時，他取《元
秘史》、《蒙古源流》及邱處機、劉郁之書，參以列代西域傳記、圖理琛《異域錄》，
鉤稽旁證，再從《永樂大典》錄出的《元經世大典》地圖并附其後，而成《海國圖
志》中「元史研究」的「一圖四考」，即〈元代西北疆域沿革圖〉、〈元代征西域考〉
上、下篇，及〈元代北方疆域考〉上、下篇等五文。由是魏源驚異地發現，蒙元帝
國疆域竟如斯廣大，是跨歐亞兩洲的世界大帝國。因此，他也很不滿明初史臣的草
率粗疏，他說：

世祖至元二十五年（1288），從禮部請，令會同館蕃夷使至，籍其道
里山川、風俗物產為職貢圖，明又盡得燕京圖籍，使修元史諸臣稍加搜討，
何難部畫州居、成蓋地之圖、補禹貢之缺、擴萬古之冑、侈王會之盛？及
舉一代數萬里之版章，擯諸荒外，等諸烏有，其〈地理志〉末僅附錄西北
地名二頁，畢竟孰西孰北尚未能辨也。列傳則動言西北諸王兵起，畢竟西
方之王歟？北方之王歟？皆不能辨也。自一十行省而外，一則曰西北之地
難以里計，再則邊徼羈縻之州莫知其際，更何詰其部落之本末、山川之界
畫。〔註101〕

又云：

源於修《海國圖志》之時，知元代西域遠徼皆西北接鄂羅斯，西南連
五印度，與今西洋夷接壤，自國朝以前疆域，未有廓於元者，而史書之蕪

〔註98〕《古微堂外集》卷三〈擬進呈元史新編序〉，清光緒四年（1878）淮南書局刊本。

〔註99〕魏源《聖武記》附錄卷12〈武事餘記　掌故考證〉。

〔註100〕魏源《海國圖志》卷三〈元代疆域圖敘〉。

〔註101〕魏源《海國圖志》卷三〈元代西北疆域沿革圖〉敘。

蔓疏陋，亦未有甚於元者。〔註102〕

他認爲《元史》的疏陋，固是明初史臣的草率，而主要者還是元人的咎由自取：

> 人知《元史》成於明初諸臣潦草之手，不知其載籍掌故之荒陋疏舛、
> 諱莫如深者，皆元人自取之。兵籍之多寡，非勳戚典樞密之臣一二預知外，
> 無一人能知其數者。《拖布赤顏》一書譯言《聖武開天記》，紀開國武功，
> 自當宣付史館，乃中葉修《太祖實錄》，請之而不肯出。天曆修《經世大
> 典》，再請之而不肯出。故《元史》國初三朝本紀顛倒重複，僅據傳聞；
> 國初平定部落數萬里，如墮雲霧。而《經世大典》於西北藩封之疆域，錄
> 籍兵馬，皆僅虛列篇名，以金匱石室進呈乙覽之書而視同陰謀，深閉固拒
> 若是。是以《元一統志》亦僅載內地各行省，而藩封及漠北、遼東、西域
> 皆不詳，又何怪文獻無徵之異代哉！是以疆域雖廣，與無疆同；武功雖雄，
> 與無功同。加以明史館臣不諳繙譯，遂至重紕疊繆，幾等負塗，不有更新，
> 曷徵文獻！〔註103〕

於是，魏源有了改編《元史》之志。在他之前，有心改編《元史》者，有邵遠平、錢
大昕、徐松、毛嶽生諸子，唯邵遠平《元史類編》成書。可是，邵書僅書紀、傳而無
表、志，意在續祖經邦之《弘簡錄》，實無取代宋王之志，且仿鄭樵《通志》，分本紀
爲〈世紀〉、〈天王〉兩類，列傳分類十四，不符傳統正史體例。所以，魏源有云：

> 邵遠平《元史類編》襲鄭樵《通志》之重儓，分〈天王〉、〈宰輔〉、〈庶
> 官〉，分題已大違史法，且有紀傳無表志，於一代經制闕略未詳，故欽定
> 《四庫全書》置之別史。〔註104〕

正《元史》體例，尚非難事，校疏陋，補闕略，才是改編之要。於是，他參稽前人
經驗，徵元人官私紀錄，考明初諸臣遺老所載，據近時學者研究，以及引泰西之說，
而成《元史新編》一書。其云：

> 源於修《海國圖志》之餘，得英夷所述五印度、俄羅斯元裔之始末，
> 棖觸舊史復廢，日力於斯，旁搜四庫中元代文集數百種及《元祕史》，芟
> 其蕪，整其亂，補其漏，正其誣，闡其幽，文其野，討論參酌數年，於斯
> 始脫稿。烏呼！前事者後事之師，元起塞外有中原，遠非遼金之比，其始
> 終得失固百代之殷鑑哉。〔註105〕

〔註102〕魏源〈擬進呈元史新編表〉。
〔註103〕魏源〈擬進呈元史新編表〉。
〔註104〕魏源〈擬進呈元史新編表〉。
〔註105〕《古微堂外集》卷三〈擬進呈元史新編序〉。

《元史新編》的脫稿，有謂於咸豐三年（1853），有謂於咸豐六年（1856）〔註106〕，而隔了五十年後，才由其族孫魏光濤於光緒三十一（1905）年正式出刊。其間之遺稿，先落入仁和龔氏，已而復入於莫祥芝，魏光燾聞言而寓書索還。丁酉之歲（1897），光燾屬歐陽輔與鄒代過兩茂才校刊，歷經八寒暑，乃完其事，此即今日所見之光緒乙巳邵陽魏慎微堂刊本。〔註107〕魏源生前極希望《元史新編》得入於正史，嘗於新編表云：「有《舊唐書》復有《新唐書》，有《五代史》復有《新五代史》，皆於舊史之外重加整理，往往後勝於前。」〔註108〕並曾一度託人代呈，以時局危亟而未克實現。〔註109〕魏光燾刊行時，亦望其能「與新、舊《唐書》、新、舊《五代史》同列正史，以傳之天下」〔註110〕，以完成其族祖心願。終於在光緒三十四年（1908）九月，由翰林院編修袁勵準奏請列入正史，上命柯劭忞充國史館幫提調勘定之。〔註111〕柯氏審查校閱後，作成《校勘記》一冊呈上，云：

> 原書之入別史，實在《宋史新編》之上，入之正史，則史例殊多未合，
> 尚非《新唐書》、《新五代史》之比。〔註112〕

列入正史之議，遂被駁回。〔註113〕消息一出，引起了歐陽輔等人的極度不平。〔註114〕時劭忞亦有志《新元史》，是否因此而「避此人出一頭地」耶？不得而知！不過，主張魏源《元史新編》勝於柯氏《新元史》者，頗不乏其人。〔註115〕自稱為元史門

〔註106〕主張咸豐三年者，以《湖南文徵》國朝文卷十〈擬進呈元史新編表〉文尾有云「咸豐三年序於高郵州」。亦有主張咸豐六年者，如王家儉《魏源年譜》。

〔註107〕魏光燾〈元史新編敘〉。

〔註108〕魏源〈擬進呈元史新編表〉。

〔註109〕王家儉的〈魏源的史學與經世史觀〉，有一段考述《元史新編》列入正史的奏議經過，本文悉採之。其中有云：「（魏源）曾一度請浙江巡撫何桂清為之代呈，嗣以時局為亟，未克實現。」（《臺灣師範大學歷史學報》第21期，民國82年6月）

〔註110〕魏光燾〈元史新編敘〉。

〔註111〕見《政治官報》，光緒三十四年九月初十日第三百三十八號。與《大清宣統政紀》卷二十，頁21。

〔註112〕《大清宣統政紀》卷二十，頁21。

〔註113〕魏源《元史新編》同邵遠平《元史類編》（或名《續弘簡錄》）命運，皆列入《清史稿》藝文志之別史類。

〔註114〕王闓運《湘綺樓日記》民國三年甲寅七月三日云：「柯鳳笙駁籤魏元史，歐陽輔極不平。」

〔註115〕民國元史學家陳垣即認為柯書「似更下魏著一等」。（參見梁啟超《中國近三百年學術史》第十五章清代學者整理舊學之總成績（3）之史學。）

張爾田亦云：「壬申（1932）夏，為沈乙盦丈校補《蒙古源流事證》，始得見默深書。書成於洪（鈞）、屠（寄）二家之前，疏舛在所不免，而文筆之優乃過之。近柯鳳猻《新元史》名盛一時，躗事者固易為功。以余觀之，亦未大過於此書。」（參見王鍾翰錄的〈張孟劬先生邅堪書題〉，《史學年報》第2卷第5期，民國27

外漢的梁啓超云：

> 魏著訛舛武斷之處仍不少，蓋創始之難也。但舍事蹟內容而論著作體
> 例，則於魏著不能不深服，彼一變舊史「一人一傳」之形式，而傳以類從，
> 但觀其篇目，即可見其組織之獨具別裁，章實齋所謂「傳事與傳人相兼」，
> 司馬遷以後或未之行也。故吾謂魏著無論蟀漏多至何等，然固屬史家創
> 作，在斯界永留不朽的價值矣。〔註116〕

任公所言固是，但未能全及於重點。平心而論，魏源新編，創新體例，補正舊史，
並首探中西史互證，確屬難能可貴。惟須特別指出的是，新編文筆洗練，清新雋永，
使讀者易覽元朝之興衰原由，才是優於《元史》及後來改編者《蒙兀兒史記》、《新
元史》的主要原因，此爲該書之最大特色，亦爲是書之價值所在。至於書中尚存的
一些挂漏武斷，蓋時代之所限，非戰之罪也，無妨其爲道咸時代之史學代表作。

二、《元史新編》的史學思想

《元史新編》，計九十五卷，本紀十四，列傳四十二，表七，志三十二。因「原
稿係創成，有目無書者，亦不止一處」〔註117〕，如有目無傳者，有〈遺逸傳〉、〈釋
老傳〉、〈群盜傳〉三傳；或者某些類傳中缺某氏傳，如〈平宋功臣傳〉缺留夢炎、
蒲壽庚、方回等人，爲數不多。是書有兩大特色，一是爭勝於舊史，意取而代之；
二是反映當代，鑑元知清。

修新史以代舊史，是清儒元史學的一貫理想。清初以來，學者不斷的開發元史，
使蒙元重要史料陸續被發掘出來，加上官方對遼、金、元三史的重視，一直到道咸
時期，創造了有利的修史環境。因之，魏源得以廣泛參稽當時可見到的蒙元史籍，
擇善近人的研究成果，以綜合了清初以來的元史成績，完成新編一書。魏光燾云：

> 徵據元代官私之所紀錄，明初諸臣遺老之所記載，遼、金、宋、明之
> 所出入，與夫佚事遺聞見於近人，及泰西各家之說，元元本本，殫見洽聞，
> 載於各卷。〔註118〕

又云：

> 本紀自世祖而下，襲用邵氏類編；〈藝文志〉、〈氏族表〉，全取之錢詹

年12月）
〔註116〕梁啓超《中國近三百年學術史》第十五章清代學者整理舊學之總成績之史學。
〔註117〕魏光燾〈元史新編敘〉。
〔註118〕魏光燾《元史新編》敘。

－98－

　　事。〔註119〕

張爾田云：

　　　　默深諸書皆蟠天際淵，博肆或未能盡純，自見湘儒本色。要其獨到之
　　　　處，不可掩也。乾嘉以來，經師多，史才少，斐然之作，又豈易覯？此書
　　　　為其晚年傑著，精進不懈，前輩治學，固皆如是。〔註120〕

魏源創定體例，繫列傳於本紀之後，表、志又於列傳之後，使覽者一目瞭然。歷
代正史中，唯《魏書》彷彿。〔註121〕新編列傳，依類而分，如蒙元帝國平服諸國，
分〈太祖平服各國〉、〈太宗憲宗兩朝平服各國〉、〈中統以後屢朝平服叛藩〉；開國
功臣，分〈開國四傑〉、〈開國四先先鋒二部長〉、〈誓渾河功臣〉、〈開國武臣〉、〈開
國相臣〉、〈開國文臣〉；平中原者，分〈平金功臣〉、〈平宋功臣〉、〈平宋功臣〉；
世祖之臣，分〈世祖相臣〉、〈世祖文臣〉、〈世祖言臣〉，諸此皆使覽者易知蒙元史
事，比之舊史列傳易入迷津，新編無疑是較為進步的。此原仿於邵遠平的《元史
類編》，然分類更精確之。魏源云：

　　　　不分文武將相，不分時代先後，在漢、唐、宋史則可，若元代臣僚，
　　　　則名字侏離，文武錯雜，自非以事分人，何由一目瞭然？故於累朝文、武、
　　　　將、相、功臣，俾類相從，以及天曆交兵末年，討寇諸臣，分別部居，以
　　　　各朝為先後，可無舊史荒蕪顛倒之憾。〔註122〕

魏源新編處處流露出爭勝舊史的雄心。他除了改正舊史「一人兩傳」諸訛誤外，也
對舊史的一些史實提出疑問，甚至翻案。如新編之〈倒剌沙傳〉，即是他有名的一篇
翻案文章。文中謂倒剌沙忠心護主，政績突出，而舊史紀傳所載寥寥，且述斯人若
奸黨。乃謂明初史臣無識，為實錄家傳所逆而逆之。〔註123〕又舊史〈儒林傳〉，序
元代學風「上自朝廷內外名宦之臣，下及山林布衣之士，以通經能文顯著當世者，
彬彬焉眾矣。」魏源不以為然。他認為元代人材的培養，所養非所用，所用非所養，
士風之不振，為歷朝之最。其新編〈儒林傳〉云：

　　　　自女真踩據中原之後，廢道德性命之說，以辨博長雄，為詞章發揚

〔註119〕魏光燾《元史新編》敘。
〔註120〕王鍾翰錄〈張孟劬先生遯堪書題〉（《史學年報》，民國27年12月，頁394）
〔註121〕劉知幾於《史通》卷四〈編次〉云：「尋夫本紀所書，資傳乃顯；表志異體，不必相
　　　　涉。舊史以表、志帙介於紀、傳之間，降及蔚宗，肇加釐革，沈、魏繼作，相與因
　　　　循。既而子顯《齊書》、穎答《隋史》，不依范例，重遵班法。蓋擇善而行，何有遠
　　　　近；聞義不徙，是吾憂也。」可知范蔚宗《後漢書》、沈約《宋書》、魏收《魏書》
　　　　本表、志列紀、傳之後，今止於《魏書》不變，范、沈二書為後人易置矣。
〔註122〕《元史新編》凡例。
〔註123〕《元史新編》卷四十一〈倒剌沙傳〉。

稱述，率皆誕漫叢雜，理偏而氣豪。許衡獨得伊洛之學於南北會通之日。及宋亡之後，又有江漢趙氏流傳其書，北行於中國，保定劉因、關中蕭氏，始尊信而表章之，兼有姚樞、竇默、廉希憲諸名流主持於上，而後學畫一。然許衡初立國學時，所教皆蒙古子弟，風氣渾厚，人材樸茂，故先以小學、四書端其趨向，未暇如宋胡瑗立湖學之法，禮樂、刑政、兵農、漕運、河渠等事分門講習，以除經濟之實。又未嘗如朱熹議貢舉法，使經則漢、唐各儒之說，史則《通鑑綱目》、《大學衍義》，以明體用，可實見諸行事。自是以來，延襲日甚，而惟脣腐舌敝於四書之講義，以言尊德性，則內不出心得力行；以言求實用，則不知國計民生為何物！且鄙以為俗吏之事，議禮止於誠敬，言樂止於中和。不曉史事，則謂漢、唐下皆霸道；不能修詞，則謂之玩物喪志。以質疑辨難為躐等，以無猶為涵養德性，以深中厚貌為變化氣質，甚至治平事業不出於節用愛人一語。其能知王道，通人情，深悉天下之利害而內空淵泉溥博之餘者，蓋一代中無一人。又況至元平宋之初，即罷科舉，以吏為師。經師老宿，槁死山林，後生晚進，靡所矜式。冒進取者，又闊遠於事情，為刀筆吏所訕侮。所用非所養，所養非所用，歷朝士風之不振，未有如元代者。而欲收百年養士之恩於末造，不亦難乎？〔註124〕

這是一篇很棒的元代學風評論文章。他這麼毫不客氣的批評，當然與他的經世思想有關。他在〈姚燧傳〉有云：「黃宗羲論元文獨以虞集、姚燧二人並稱，尚非篤論也。使燧更留意於經世，進之於義理，其成就豈可量哉？」〔註125〕即可知其然了。

新編作論贊，又與舊史「不作論贊，善惡自見」相異。他以「論曰」的形式來表現他的史學思想，所謂「後聖師前聖，後王師前王」〔註126〕的經世理念往往流露其中。如〈太宗本紀〉，論金代之亡，乃物腐而後蟲生，非全為外力所為。他說：

自古無不亡之國，而亡國者亦從無不可挽之機。若金人者，豈盡元人亡之也哉？〔註127〕

倘當政者覺悟善察，亡羊尚可補牢，如是放任，則亡國之患必至。魏源以南宋之滅為例，云：

烏呼！當建炎南渡之始，舍李、岳、韓、劉、吳名相明將不用，而惟

〔註124〕《元史新編》卷四十六〈儒林傳〉。
〔註125〕《元史新編》卷四十七〈文苑傳〉。
〔註126〕魏源《聖武記》敘。
〔註127〕《元史新編》卷三〈太宗本紀〉。

稱臣、稱姪於不共戴天之女真。及理、度垂盡之朝，力拒講和而日生釁，
挑兵於毫無衅隙之蒙古國。既亡矣，而又予元以奉天討罪之名，果何爲哉？
果何爲哉？〔註128〕

蒙古本無滅宋意，因南宋當朝者短識，遂起其興兵藉口。魏源親歷鴉片戰爭，深有
同感。然鴉戰後，清室仍不知反省，一如往昔，終於又給了英、法聯軍戰爭之機。

蒙元與滿清的諸多類似，使魏源更傾注於元室統治的成敗經驗。新編的〈凡例〉
中，云元入中原，不變漢人衣冠，不薙其髮，參用漢制，固兵不血刃而下江南，諷
諭滿清入關的殘忍兇暴。其云：

> 元承遼金入中原，從無變更宋人衣冠及薙髮之事，而金代郊祀，且執
> 玉珪，則並參用漢制，故伯顏下江南，兵不血刃，杭民安堵，亦無一人變
> 動者。由紀律寬嚴，絕無削髮、改衣冠之令也，故其官服制度亦無可考。
> 〔註129〕

蒙古游牧出身，不知綱紀何物，至世祖入中國，興延人材，廣開治道，創業垂統有
成，魏源以此甚稱道之。〈世祖本紀〉云：

> 元之初入中國，震蕩飄突，惟以殺伐攻虜爲事，不知法度紀綱爲何物，
> 其去突厥、回紇者無幾。及世祖興，始延覽姚樞、竇默、劉秉忠、許衡之
> 徒，以漢法治中夏，變夷爲華，立綱陳紀，遂乃并吞東南，中外一統，加
> 以享國長久，垂統創業，軼遼金而媲漢唐赫哉。〔註130〕

以驍勇善戰聞名的蒙元帝國，治國雖非其能事，卻非常注意養民之政。源於〈食貨
志〉稱道云：

> 有元一代，養民之政，不下漢宋，其循古而行者，農桑之重，賦稅之
> 輕，深仁湛惠，皆文景之遺風也。其不遵古而創行者，海運之功濟夫河，
> 鈔幣之利權夫貨，雖時有至元、至大兩立尚書省分中書之權，中利臣之計，
> 然隨置隨罷，於元一代之元氣無所大損也。至於尚書劉宣有更鈔鑄錢之
> 議，葉子奇有以貨權鈔之議，危素有《浸銅要略》之序，皆裨益國計，而
> 舊史不一。〔註131〕

魏源極注重民生經濟，嘗云「自古有不王道之富強，無不富強之王道。……《易》
十三卦述古聖人制作，首以田漁、耒耜、市易，且舟車致遠以通之，擊柝弧矢以衛

〔註128〕《元史新編》卷四〈憲宗本紀〉。
〔註129〕魏源《元史新編》凡例。
〔註130〕《元史新編》卷六〈世祖本紀〉。
〔註131〕《元史新編》卷八十七〈食貨志〉。

之；禹平水土，即制貢賦而奮武衛，〈洪範〉八篇，始食貨而終賓師，無非以足食足兵爲治天下之具。」〔註132〕所以，於「鹽政」「漕運」、「河工」、「兵事」諸清朝大政，皆深研之，並流露於《元史新編》中。〈河渠志〉、〈食貨志〉，即爲其傑作。在〈食貨志〉中，他特別摘錄元末紅巾起義的一首民謠，力倡民生經濟的重要：

　　　　堂堂大元，奸佞擅權，開河變鈔禍根源，惹紅巾萬千。官制濫，刑法

　　重，黎民怨。人喫人，鈔買鈔，何曾見？賊作官，官作賊，混愚賢，哀哉

　　可憐？

這首歌謠對元末渲染的有些過分，極可能是當時反元之士爲「挑動天下反」的有所爲而作。魏源新編之作，正逢太平天國革命，農民紛紛然響應其中，或許他深有同感而摘錄書中，以提醒統治者及世人注意。

　　以上只是稍爲點出魏源新編的史學思想。其實，拋開其時代所限的一些訛誤不論，新編卻實是一部了不起的史著。蓋新編是魏源感時之作也，是徵實經世之作也，是晚年思想結晶之作也。是故，後世推源爲道咸的代表，晚清的先知，良有以也。

　　在魏源與道咸諸子的領航下，掀起了兩門學術風氣，一是公羊今文經學，一是遼金元史與西北地理，加之西學的影響，形成了同光時代新的學術氣象。

　　〔註132〕《魏源集》默觚治篇之一（北京：中華書局，1984年出版）（頁36）。

第六章　同光學術與元史學的極盛時代

第一節　西方侵略日亟與同光西法維新

自鴉戰失敗後，西方列強已窺知滿清帝室的無能，視中國爲魚肉而競相刀俎。

咸豐以後外患的情勢，主要是英、法擾其東南，俄國危禍西北。咸豐七年（1957），英法爲修訂商約，借口聯軍，陷廣州。次年，占大沽，簽訂天津條約。咸豐九年（1859），又以換約爲名，第二次聯軍，進入北京，焚圓明園。翌年，簽訂北京條約。此次戰爭，使西方勢力由海口進入中國內地。此外，北方的俄國，利用英法聯軍機會，乘機漁利，脅迫清室簽訂璦琿、天津、北京三條約，不費一兵一卒、一刀一槍，獨得東北廣大土地，又同享英、法利權。

清廷的內憂，則有洪秀全太平天國的革命，捻匪的作亂，以及滇、陝、甘、新的回變。雖然這些內患陸續於同光年間平定，而滿清衰微之象已然暴露無遺。

鴉片戰爭，象徵中國新時代的來臨，唯當時僅有少數先知者如林則徐、魏源等有所覺察，其餘大多數人尚醉心於盛世王朝的幻夢中。直至兩次英法聯軍，攻入北京，震撼當局，朝野多人始有所悟，認爲西學確實有值得效法之處。身逢其時的馮桂芬（1809～1874）云：

> 夫學問者，經濟所從出也。太史公論治曰「法後王」本荀子，爲其近己而俗變相類，議卑而易行也。愚以爲在今日又宜曰「鑒諸國」。諸國同時並域，獨能自致富強，豈非相類而易行之猶大彰明較著者。如以中國之倫常名教爲原本，輔以諸國富強之術，不更善之善者哉！〔註1〕

因此，在朝野有識之士的力倡改革下，開起了同光時期模仿西方軍事、外交的「自

〔註1〕馮桂芬《校邠廬抗議》卷下〈采西學議〉。

強運動」，又稱「洋務運動」。西學的潮流，遂由此再進。〔註2〕

洋務運動，從咸豐十年（1861）設立總理衙門始。後為因應對外關係的日漸需要，同治元年（1862），立京師同文館，培養新式教育人才，從事外交與翻譯西書的工作。翌年，立廣方言館於上海、廣州成立。同治四年（1865），設江南機器局並附譯書局。同治十一年（1872），遣幼童到國外留學。光緒二年（1876），派人赴德國陸軍學習，次年又派付英、法學習輪船駕駛、製造。而西方典籍的翻譯，尤為學術大事。當時譯介西書，有數百部之多，雖水準不盡理想，也啓蒙當時許多的讀書人。

洋務運動，使中國開始步入近代化的旅程，但因倡導者識見有限，施政缺乏通盤計畫，以及保守反對者眾多的情況下，成就有限，終於在歷經光緒中法戰爭及中日甲午戰爭後，不了了之。

洋務運動後，有許多人想從政治制度方面的進行改革，於是有了光緒二十四年（1898）的戊戌維新。斯時，德宗詔定國是，諭云：

> 中外大小諸臣，自王公至於士庶，各宜努力向上，發奮為雄，以聖賢義理之學，植其根本，又博采西學之切於時務者，實力講求，以救空疏迂謬之弊。
>
> 專心致志，精益求精。毋徒襲其皮毛，毋競騰其口說。總期化無用為有用，以成通達濟變之才。〔註3〕

雖然變法運動不久也告失敗，但是西學已然獲得了廣大的迴響。

〔註2〕西學輸入與近代中國的政治發展息息相關，其能否順利傳播，官方的態度是重要因素，據此而論，吾人認為近代西學輸入可分為六個階段：

第一階段是明清之際時期。

第二階段是乾嘉時期。本期雖因朝廷禁教，使西學輸入暫時受挫。但仍有傳教士活動其間，且學者戴震、錢大昕皆精西學算術，顯見西學未完全終斷。

第三階段是 1840～1860 年。本期因鴉片戰敗五口通商使西學輸入較前稍為順利，但受傳統影響而效果不大，唯林則徐、魏源等少數有識之士意及之。

第四階段是 1860～1895 年洋務運動時期。本期因同文館、江南機器製造局、廣學會的陸續成立，使西學比較有計劃的輸入。其特色是代表官方對西學地位的承認，但中央未完全與以公開支持，僅由地方開明大吏施辦。

第五階段是戊戌變法與立憲運動時期。本期以朝廷中央公開支持西學輸入為其特色。

第六階段是民國共和建立，官方對西學已不再居主導力量，而由民間掀起五四新文化運動，高唱「全盤西化」。

另外，郭廷以在〈近代科學與民主思想的輸入──晚清譯書與西學〉一文中，分西學輸入為三個階段，分別是明清之際、道咸同光、民國初年以後。（《大陸雜誌》第4卷第1～2期）

〔註3〕《清德宗光緒實錄》卷四百一十八，光緒二十四年四月乙巳。

　　然而，自鴉戰後，西方帝國主義近半世紀以來，對中國的持續壓榨侵略，卻也積累了極深的民族仇恨情緒，故終又爆發了驚天動地的義和團排外運動，激起了光緒二十六年（1900）「七月己未，德、奧、美、法、英、義、日、俄八國聯兵陷京師」〔註4〕，不僅震驚世界，中國也幾至亡國。《清史稿》卷一百五十八〈邦交志〉記云：

> 　　咸豐庚申（1860）之役，聯軍入都，乘輿出狩，其時英、法互起要求，當事諸臣不敢易其一字，構成增約，其患日深。光緒甲午馬關之約（1895），喪失割地，忍辱行成。而列強據利益均霑之利，乘機攘索，險要盡失，其由甚者，則定有某地不得讓與他國之條，直以中國土疆視為己有，辱莫大焉。庚子（1900）一役，兩宮播遷，八國聯師，勢益不支，其不亡者倖耳。

因次事件，簽訂了辛丑條約，對中國的權益與民族自尊心皆傷害極大，不僅使清室威望掃地，反清革命勢力也更加風起雲湧。清室為挽回頹局，決定接受改革，如同先前的戊戌維新，一切循「中體西用」思想從事改良，此即光緒末年與宣統時代的立憲運動。可是，清室的改革，意在招攬人心，權力始終不願下放，終又產生辛亥革命，一舉推翻秦始皇以來專制的帝制政體，走向西方民主政治的模式。〔註5〕

第二節　西學日趨濃厚與同光學術風潮

一、西學日趨濃厚

　　「古來世運之明晦，人才之盛衰，其表在政，其裏在學。」〔註6〕同光政治有西方的影子，同光的學術，亦有「借西法以印證中法」〔註7〕的反映。斯時學風，一方面繼承了道咸徵實經世並重的學風，一方面因西學的日趨濃厚，也形成了兼講西學的風氣。《清史稿》卷一百二十〈藝文志〉云：

> 　　清之末葉，歐風東漸，科學日昌。同治初，設江南製造局，始譯西籍。光緒末，復設譯書局，流風所被，譯書競出，憂時俊英，群研時務。

〔註4〕《清史稿》卷二十四〈德宗本紀〉。

〔註5〕蔣夢麟於《西潮》云：「歷史的發展真是離奇莫測。我們從研究砲彈而研究機械發明；機械發明而導致政治改革；由於政治改革的需要，我們開始研究政治理論；政治理論又再度使我們接觸西方的哲學。在另一方面，我們從機械發明而發現科學，由科學進而了解科學方法和科學理論。一步一步地我們離砲彈越來越遠了，但是從另一角度來看，也可以說離砲彈越來越近了。」（台北：久大文化，1991年9月，頁16～17）。

〔註6〕張之洞《勸學篇》序。

〔註7〕《籌辦夷務始末》，同治朝，卷四十七（頁16～17）。

其特色是由傳統學術逐步邁向世界學術。親歷其時的皮錫瑞（1850～1908）云：

> 今之學者，有漢學，有宋學。講漢學者，有西漢今文之學，有東漢古
> 文之學。講宋學者，有程朱之學，陸王之學。近日又以專講中學者爲舊學，
> 兼講西學者爲新學〔註8〕

道咸時代，因嘉道時期的「漢宋之爭」，而有「漢宋合一」的思想主張。同光時代，固也有「漢宋之爭」，但是西潮所興的「中學西學之爭」，似乎卻更獲得當時士林廣泛的迴響。當時，有許多保守士紳，高呼「中西國情不同」、「外人可恨」、「爲維持學術人心計」，堅決反對西學，正說明了當時中西之爭是如何的尖銳了。〔註9〕在這種尖銳的衝突下，「中體西用」的調和思想遂爲時代所趨。是清末大吏亦爲著名學者的張之洞（1846～1909），最樂此道，其云：

> 今欲強中國，存中學，則不得不講西學。然不先以中學固其根底，端
> 其識趣，則強者爲亂首，弱者爲人奴，其惑更烈於不通西學者矣。〔註10〕

「中體西用」思想論，可化解西學輸入的潮流，亦可使保中學者得到相當的安慰，誠爲時代之必然思潮。是故晚清的政治運動，如洋務運動、戊戌變法、新政立憲等，皆以此爲中心思想。

「中體西用」思想的流行，也與晚清留學生未參加西學運動有關。當時，力倡西學者，如康有爲等人，多是不通外文而有心維新者，因所知有限，所行當然不足以服人。梁啓超云：

> 晚清西洋思想之運動，最大不幸者一事焉，蓋西洋留學生殆全體未嘗
> 參加於此運動。運作之原動力及其中堅，乃在不通西洋語言文字之人。坐
> 此爲能力所限，而稗販、破碎、籠統、膚淺、錯誤諸弊，皆不能免。故運
> 動垂二十年，卒不能得一健實之基礎，旋起旋落，爲社會所輕，就此點論，
> 則疇昔之西洋留學生，深有負於國家也。〔註11〕

當時留學生固有負國家，而國家又何嘗重視他們，否則曾任駐英、法公使的郭嵩燾（1818～1891）與留學英國的嚴復（1854～1921），歸國後不致憔悴如此。當時留學生未受到重用，除當政者無知外，與西方的侵略思想所引發的排外情緒也有很深的關係。嚴復深有所感的說道：

> 夫自道咸以降，使國威陵遲，馴致今日之世局者，何一非自侮自伐之

〔註8〕《湘報類纂乙集》卷下（頁3）。
〔註9〕詳見全漢昇，〈清末反對西化的言論〉，《嶺南學報》第5卷第3、4期。
〔註10〕張之洞《勸學篇》內篇〈循序〉。
〔註11〕《清代學術概論》第29節。

所爲乎！是故當此之時，徒倡排外之言，求免物競之烈，無益也。於其言
排外，誠莫若相勖於文明。果文明乎，雖不言排外，必有以自全於物競之
際。而意主排外，求文明之術，傅以行之，將排外不能，而終爲文明之大
梗。二者終始先後之間，其爲分甚微，而效驗相絕，不可不衡量審處以出
之也。〔註12〕

情緒性的排外，只會阻礙了中國近代化的腳步。須知西學是時代大勢所趨，同樣飽
受西方帝國主義侵略的日本，即深有所悟，故力行「明治維新」，強力引進西學及
重視留學生，終使日本脫胎換骨，一躍而居世界強國之林，這是識時務者爲俊傑的
表現。我國當時也有不少人有此體會，名儒王國維即是其一，他曾於西元 1898 年致
書友人，大聲疾呼：「若禁中國譯西書，則生命已絕，將萬世爲奴矣。」〔註13〕

二、同光時代的學術風潮

　　因時代動蕩，同光學術更趨於經國濟民之學，凡學能持時局者，無不興於此時。
此際，研經者流行公羊今文思想，考史者群趨遼金元史與西北地理，二學皆承乾嘉
樸學遺韻與道咸經世學風，並亦受西學的影響。親驗此際學術盛會且深受當時今文
經學強烈影響的梁啓超（1873～1929），於《清代學術概論》云：

　　　今文學之健者，必推龔、魏。龔、魏之時，清政既漸陵夷衰微矣，舉
　　國方沉酣太平，而彼輩若不勝其憂危，恆相與指天畫地，規天下大計。考
　　證之學，本非其所好也，而因眾所共習，則亦能之，能之而頗欲用以別闢
　　國土，故雖言經學，而其精神與正統派之爲經學而治經學者則既有以異。
　　自珍、源皆好作經濟之談，而最注意邊事。自珍作《西域置行省議》，至
　　光緒間實行，則今新疆也；又著《蒙古圖志》，研究蒙古政俗而附以論議
　　未刻。源有元史，有《海國圖志》，治域外地理者，源實爲先趨。故後之今
　　文學者，喜以經術作政論，則龔、魏之遺風也。〔註14〕

又於《中國近三百年學術史》云：

　　　光緒初年，一口氣喘過來了各種學問，都漸有向榮氣象。清朝正統派
　　——即考證學，當然也繼續工作，但普通經學史學的考證，多已被前人做
　　盡，因此他們要走偏鋒爲局部的研究。其時最流行的有幾種學問一金石、

〔註12〕《嚴幾道文鈔》卷四〈與外交報主人論教育書〉，本文撰於光緒二十七（1901）年五
　　　　月五日。
〔註13〕王國維《王國維全集書信》1898 年 3 月 1 日致許同藺書信（頁3）。
〔註14〕《清代學術概論》第 22 節。

二元史及西北地理學、三諸子學，這都是從漢學家門庭孳衍出來。〔註15〕
既是晚清民初大儒，也對元史學有重要貢獻的王國維（1877～1927），亦親臨此際盛
會。他曾爲文述清學凡三變，認爲清初之學在大，乾嘉之學在精，道咸以降之學在
新。並謂道咸以降風氣，言經者及今文，考史者爲遼金元史與西北地理。其云：

> 我朝三百年間，學術三變，國初一變也，乾嘉一變也，道咸以降一變
> 也。順康之世，天造草昧，學者多勝國遺老，離喪亂之後，志在經世，故
> 多爲致用之學。求之經史，得其本原，一掃明代苟且破碎之習，而實學以
> 興。雍乾以後，紀綱既張，天下大定，士大夫得肆意稽古，不復視爲經世
> 之具，而經、史、小學專門之業興焉。道咸以降，涂轍稍變，言經者及今
> 文，考史者兼遼金元，治地理者逮及四裔，務爲前人所不爲，雖承乾嘉專
> 門之學，然亦逆睹世變，有國初諸老經世之志。故國初之學大，乾嘉之學
> 精，道咸以降之學新。〔註16〕

國維以道咸以降學術爲新，甚有其理。唯主道咸至清政權結束爲一期，則似嫌迂闊。
蓋道咸學風仍深受傳統學術影響，而同光學風於中學之外更添西學，故有「中學西
學之爭」與「中體西用」的思想，可謂相承而不可相類也。

晚清世家出生，且是近代享有盛名的史家陳寅恪（1890～1969），亦因緣而得聞
同光風會。其云：

> 曩以家世因緣，獲聞光緒京朝勝流之緒論。其時學術風氣治經頗尚公
> 羊春秋，乙部之學，則喜談西北史地。後來今文公羊之學，遞演爲改制疑
> 古，流風所被，與近四十年間變幻之政治，浪漫之文學，殊有連繫。此稍
> 習國聞之士所能知者也。西北史地以較爲樸學之故，似不及今文經學流被
> 之深廣。〔註17〕

可知「公羊今文經學」與「遼金元西北輿地」二學，皆受乾嘉以來治學影響，然既
究「經國濟民」之術，復於西學態度開放，故能於同光時代風會下成其大。其他學
術，如諸子學、金石學亦勃興此時，唯其勢尚不如之。

〔註15〕梁啓超《中國近三百年學術史》（台北：華正書局73年8月初版）（頁32）。

〔註16〕王國維〈沈乙庵先生七十壽序〉，收入於《觀堂集林》。靜安先生寫此文於民國八年
（1919，己未），是著名的五四新文化運動時期，故文中又提「今者時勢又劇變矣！」
此與本文以五四新文化運動爲清代學術的結束和西學時代的開始，略相契合。

〔註17〕參見〈朱研豐突厥通考序〉，收入於《陳寅恪先生文集（一）》（頁144）。

第三節　元史學的極盛時代

　　學術乃時代反映之利器也。道咸以降，天下紛紛，內憂外患踵至，故有公羊今文經者，講「微言大義」，力倡順時應勢，於同光流行天下。而西方列強凌中國益甚，侵犯瓜分，如司馬昭之心。有識之士，遂發經世之心，而思域外之探索，北魏、遼、金、元史與西北地理研究乃乘時應起。道咸之際，經世思想再現，已為遼金元史與西北地理學立基。同光之際，時局益處波瀾，尤其北方俄國之咄咄侵略，使此學益昌。

　　清初之際，沙俄近臨北方，而其時處理尚洽，故能一時相安。時至道光，野心逐露，有識者已感其危機潛在，故厥有何秋濤《朔方備乘》之作。咸豐年間，俄國猙獰盡現，對清室危詞恫嚇，不費一兵一彈，脅迫簽訂「璦琿條約」（1858 年）與「北京條約」（1860 年），輕易地攫奪外興安嶺以南，黑龍江以北，烏蘇理江以東之東北廣大領土。蒙古新疆，俄國亦視如囊中物，於「伊塔通商章程」（1851 年）、「塔城界約」（1864 年）、「伊犁條約」（1881 年），獲至西北廣大土地與前所未有之利益。外患如此，憂時學者莫不感憤。深究其因，乃皇室對邊地認識不足，且辦事大臣又多不諳西北邊務所致。由是，學者發經世之心，別開學術天地，將樸學運用於西北史地，希冀有助於國人瞭解邊疆史地，以利涉外處理。首開研究風氣之先者，為西北輿地，後及於元史。因元史研究最難、最特殊，研究風氣也就最盛，成為晚清當世顯學，因成績也最為傑出，時人遂名之為「元史學」。

一、元史學極盛之因

　　同光之際，學者群趨元史，一時風會，為京朝大夫之熱門耳語。李思純於《元史學》云：

　　　　中國元史學之發達，實在晚清時代，其時講學之士，以元史為風尚，吾人苟略稽舊聞，當知清末同治光緒之間，所謂『金元歷史，西北地理』，殆成為一時風行之研究，京朝大夫以不通此學為恥，而彼能從事搜討著述者亦群尊奉以專家學者之名。〔註18〕

甚至也成了當時科舉考試的題目。《清末沈寐叟先生曾植年譜》載云：

　　　　光緒十一年乙酉（1885）秋，（沈曾植）擬廣東鄉試策問，問宋元學案及蒙古事，場中無能對者，粵城傳之。〔註19〕

〔註18〕李思純《元史學》（台北：華世出版社，民國 65 年初版）（頁 51）。
〔註19〕王蘧常《清末沈寐叟先生曾植年譜》（台北：商務印書館，民國 71 年 5 月初版）。

斯時元史學者，在前人的基礎下，勃然奮起，大力創作，而各領風騷。或者補輯元史，或者改編《元史》，或者校讎蒙元史料，或者考察蒙古地理經濟，或者譯介西方蒙古史籍，貢獻巨大，創造了有清一代史學大業。

同光元史成就如此輝煌，析其所以，可歸爲五因：

一、元史學實爲清代學術有系統之研究。其學，發之於清初，啓蒙於乾嘉，成熟於道咸，至同光之時，承前人遺緒，而大放異彩。

二、清代樸風甚盛，經學是其主流，然乾嘉已達於極盛，難再超越。道咸以後諸子思有作爲，移樸學於其他，而《元史》的疏漏以及元史研究富有經世精神，正投其所好，故又群趨於此。

三、清儒一如元儒，雖處異族統治下，卻較無宋明儒士強烈之夷夏意識，故能傾心於北魏、遼、金、元史之研究。尤其同光之時，憤歐人欺凌，更思蒙元帝國之雄霸歐西而有以致之。此外，清室亦嘗鼓勵之，如高宗敕修《遼金元三史國語解》與敕譯《蒙古源流》，並正遼、金、元三史譯語，亦有助斯學之興盛。

四、晚清內憂外患屢興，逢「千古未有變局」，經世思潮因之再生，故學者因外患而競相研究域外地理，因域外地理而及於元史研究。

五、晚清中西交通大開，西學輸入，亦是促成元史學興盛之一大原因也。蓋道咸時，魏源已知利用西人著作，成其名著《海國圖志》與《元史新編》。同光之際，中西交通更盛，學者益知西方蒙古學之可用，是故洪鈞以出使外交之便，因緣際會，勤蒐西書，證之中史，成劃時代之巨著《元史譯文證補》。此書爲晚清元史學注入新血，興起所謂的元史革命，使後來學者益知西學之可用。

以上五因，是因緣際會，也是大勢所趨。自此以後，清儒元史事業進入了開花結果的年代。〔註20〕

二、同光元史學先驅

同光的元史學，可分爲二途，一是錢大昕式的「考史派」，以盛昱、李文田、洪

〔註20〕李思純之《元史學》，論同光「元史研究」興盛四因如下：（頁51～53）
　　（1）《元史》之蕪亂缺漏也。
　　（2）漢學精神之遺傳也。
　　（3）國家外患漸多而思爲域外之研究也。
　　（4）中西交通大啓，新得外來史料之助力也。

鈞、文廷式、沈曾植、丁謙諸子最知名；一是魏源式的「寫史派」，有曾廉、王先謙、屠寄、柯劭忞四子爲代表。洪鈞是其中最具關鍵者，前此諸子尚醉心於傳統下的樸學，後此諸子則知西方蒙古史籍之可用。在此，先述洪鈞《元史譯文證補》出書前之盛昱與李文田，後敍洪書後的影響。

（一）盛　昱

　　《元朝秘史》是蒙古史的重要史料，也是清儒元史學的課題之一。是書首由乾嘉錢大昕從《永樂大典》發現，爲十五卷本的《元朝秘史》。此十五卷本由阮元傳至張穆，張穆遂將之刊於《連筠簃叢書》。另外，顧廣圻（1770～1839）又於晉江太守張祥雲處，鈔寫斠刊了十二卷本的《元朝秘史》。此十二卷本的《元朝秘史》，輾轉流入了盛昱之手而加以傳播，掀起了光緒朝新的元史運動。盛昱者，光緒學術之風會人物也。

　　盛昱，字伯熙，隸滿州鑲白旗，爲滿清宗室，肅武親王豪格（1609～1648）七世孫。生於道光三十年（1850），卒於光緒二十五年（1899），得年五十歲。

　　盛昱爲光緒二年（1876）進士，歷任翰林院編修、日講起居注官等職。自以宗支世胄，盱衡世局，怒焉傷之。曾奏疏斥崇厚於中俄伊犂條約（1879 年）有辱國體。光緒八年（1882），清將吳長慶奉北洋大臣張樹聲檄，率師定朝鮮之亂，時詫爲奇勳，唯盛昱言：

　　　　出自誘劫，不足言功，徒令屬國寒心，友邦騰笑。宜嚴予處分，俾中
　　外知非朝　廷本意。

類此言論，常驚愕四座。光緒十年（1884），遷國子監祭酒，究心教士之法，大治學舍，懲游惰，獎樸學，士習爲之一變。尤醉心於中外考察而力倡改革。嘗云：

　　　　考古今情勢，通中西之治法，惟商可以富國，惟武可以立國。〔註21〕

當時滿人支持康有爲變法甚少，盛昱即其一，並有所贊畫。變法失敗後，被迫去職，益鬱鬱寡歡。由是寄情山水，踏雪飛狐以終。著《衍華閣遺集》、《雪屐尋碑錄》等。〔註22〕柯劭忞於《衍華閣遺集》序云：

　　　　先生博聞強識，其考訂經史及中外輿地之學，皆精覈過人，尤以練習
　　本朝故事爲當事所推重。……先生自通籍至國子祭酒，居官十有四年，忠
　　規讜論，中外歙仰，然不能盡行其志，謝病家居，又十年乃卒。卒之明年
　　而京師之亂作（八國聯軍），使先生尚在，則當時耆艾重臣，敬信先生而

〔註21〕盛昱《盛伯熙雜記》（天津古籍出版社，1987 年）（頁 38）。
〔註22〕楊鐘義搜盛昱遺稿，編爲《意園文略》一書，並爲之傳敍生平。

聽其言，必不至崇妖亂而召戎寇，以貽宗社阽危之患也。「人之云亡，邦國殄瘁」，嗚呼恫已。〔註23〕

盛昱為人簡貴清謐，崇尚風雅。尤淬奮於學，論述經史、輿地及清朝掌故，皆能詳其沿革，而推以治亂興衰之跡。其交遊甚廣，門下之士甚多，所居「意園」，每為英才入都者所留宿之處，如李文田、文廷式、沈曾植、張謇、柯劭忞等皆曾受邀，實為十九世紀末望高而能持一時之風會者。

盛昱晚年頗用力於金石與蒙古史地，嘗考訂唐代「闕特勤碑」，並撰有碑跋。自此碑倡，門下之士遂多留意於蒙古史地之學。〔註24〕又藏有十二卷版本的《元朝秘史》，當時學者李文田、文廷式、沈曾植均曾鈔錄而加以校勘之。後由葉德輝於光緒三十三年（1907）正式刊刻，而為後世之通行本。〔註25〕盛昱之於元史，一如嘉道松筠，有引河開渠之功。

（二）李文田

李文田繼承了道咸張穆、何秋濤西北史地的研究風氣，而更究心於元史，其貢獻至鉅，與洪鈞地位相匹。

李文田，字若農，一字仲約，廣東順德人。道光十四年（1834）生，咸豐九年（1859）二十二歲時，一甲三名進士，授編修。同治甲子（1864），入直南書房，充日講起居注官。時國難方興，文田居恆憂國，色常不怡，屢奏疏拂太后意。時方修繕圓明園，為兩宮太后頤養，文田以國家多事，奏請停修園事，不報。光緒八年，遭母憂。服竟，復入官，數遷至禮部侍郎，充經筵講官，領閣事。光緒二十年，中日戰爭，文田聞清朝大敗嗚咽流涕，聯合數臣奏請重用恭親王奕訢，上依行。時康有為思有為於天下，因禮傲，曾為文田抑之。自是以國事日非，遇要人，雖故，交多責備語，遇同志則流涕，數月之間，頭鬚盡白。某日，忽覽鏡詫歎，語人曰：「余容貌改易，今歲不革官則必死。」果不久寒疾，又遭人離間革職，謝醫拒藥，遂卒於光緒二十一年（1895），享年六十二歲，諡曰文誠。〔註26〕

綜覽文田一生，除乞養外，皆官京朝，直內廷。其嫻習掌故，文字工敏，故屢掌皇朝文衡。其甄拔才俊，不分畛域，故名流宿學多出其門下。時名流盛昱、文廷

〔註23〕《鬱華萬遺集》為柯劭忞等友人所集錄，於光緒三十一年（1905）出版，此序亦同年所記。

〔註24〕參見內藤虎次郎〈意園懷舊錄〉，收入於《中國近三百年學術思想論集》（香港存萃學社編集，民國六十年出版）（頁498～504）。

〔註25〕參見那柯通世《成吉思汗實錄》之序錄。

〔註26〕陳伯陶〈李文誠公傳〉，《碑傳集三編》卷五。

式、沈曾植、洪鈞諸子，皆相與琢磨切磋，蓋亦能持同光之風會矣。

　　文田為學極博，自經、史、小學、金石、輿地、歷算諸藝術，逮至西人政學諸籍，皆博涉潛研之。因志於經世，故最熱衷於遼、金、元三史及西北輿學。蓋咸豐、同治年間，俄國乘清朝內亂，製造邊界糾紛。若農因怵然於塞外山川形勢顯要，關繫甚鉅，而圖籍多疏舛，乃悴二十年精力，考古證今，成書十餘種，有《元聖武親征錄校注》、《元秘史注》、《朔方備乘札記》、《西游錄注》、《和林金石錄》、《和林詩》、《元代地名考》、《西使記注》、《雙溪醉隱集箋》、《塞北路程考》、《撼龍經注》等著。〔註27〕其所考者，與乾嘉治經之法同。文田云：

　　　　比年士大夫多好鑿空致遠之學，冀有禆於實用，風氣所沾溉，遂能變
　　　　化四裔。今之有影拓和林唐代及元人諸碑，不可謂非物聚所好也。按試餘
　　　　暇，小憩都門，以此代投壺雙陸焉，豈可以來自殊族而忽諸。

可見文田元史研究志在經世治用。其元史箋注中，以《元祕史注》最為重要。《元朝祕史》自清初以來陸續有學者注意，然該書原由蒙文繙譯，詰屈聱牙，極其難懂，有興趣此道者不多。當時的學者施世杰即言秘史難讀甚於《元史》，其云：

　　　　讀《元史》難，讀秘史尤難。《元史》書成六月，漏略滋夥，開國諸
　　　　紀，尤為疏舛。祕史以當時野言，志軍行實事，雖樸拙繁瑣，而本史紕繆，
　　　　頗資是正。官書采進，豈為虛譽？然而烏焉塞目，叢雜侏離，難讀之端，
　　　　厥有數事：一則同地殊名，譯無定字，……不會其通，幾為所惑，難讀者
　　　　一。或則名似同名地非一，……字音似近，準向實殊，難讀者二。至於音
　　　　有短長，字分多寡，……語苟昧夫急言、緩言，每眩於二合、三合，難讀
　　　　者三。若夫字經繙譯，蒙夏混淆，……一篇之中，前後錯出，不加尋繹，
　　　　歧誤終多，難讀者四。〔註28〕

文田以通滿蒙漢三合音之例，博綜書乘，旁摭金石，精審《元朝秘史》中之地理、年代、史實，蓽路藍縷，披荊斬棘，使其書如髮受梳，如玉就理，五百年來榛蕪晦盲之逕，豁然而昭明矣。〔註29〕所徵引史籍，約七十種，包括正史十種，宋代史料六、七種，金人著述一種，元代史料七種，明代史料史料十餘種，清代著述約十餘種，元人碑碣文字十餘種，亦可謂詳矣。〔註30〕不僅有益訂證《元史》，亦可通貫

〔註27〕汪兆鏞〈李文誠公遺書記略〉，《碑傳集三編》卷五。
〔註28〕施世杰《元秘史山川地名考》自序。
〔註29〕沈惟賢跋語，收於李文田《元秘史注》，清光緒二十二年（1896）桐廬袁氏刊本。
〔註30〕李思純《元史學》（頁69～70）。

於邱長春、劉郁之記，更可啓發後學者〔註31〕，「斯眞不朽之盛業」〔註32〕，元史學之大功臣也。

文田又以《元史》成於倉促，挂漏不少，而《經世大典》所存之圖，亦多訛誤，乃參稽舊籍，驗以今名，作《元史地名考》。以此基礎，又接續地考訂元代史料，成《西游錄注》、《西使記注》、《塞北路程考》等著。爲正確判斷突厥、蒙古族之重要故址和林，復採唐以來和林一地殘碑斷碣，錄其原文，加以考釋，成《和林金石錄》一卷，並附有《和林金石詩》。此皆前所未及而開通後學也。

清代以樸學爲正宗，樸學發展到晚清，以元史學爲最熱門，而這項熱門學問，似乎又以李文田與洪鈞二人爲這方面的考據翹楚。唯文田專用中土史料審校，以細膩紮實著稱，而洪鈞則「西天取經」，驗之中史，頗有出奇制勝之功。自洪鈞《元史譯文證補》出，元史學進入了新的時代。

第四節　《元史譯文證補》的問世與劃時代的元史革命

一、西方蒙古學與洪鈞《元史譯文證補》

洪鈞的《元史譯文證補》，開啓了「中國元史學」與「西方蒙古學」兩大學術體系的會通交流，使中土「元史學」轉變爲世界性意義的「蒙古學」。換句話說，洪鈞開中西學術交流風氣之先，誠爲劃時代之學術大事。〔註33〕

（一）西方蒙古學的發展

十三世紀興起的蒙古王朝，在世界各地留下了豐富的歷史文獻，有漢文、蒙文、藏文、畏兀兒文、波斯文、阿拉伯文、俄文，以及歐洲的拉丁文等。由於中古世界性的影響與世界各地豐富的史材，遂使「蒙古學」成爲東方學中的一門重要學術。

「蒙古學」的研究，可分爲中國與西方兩大學術體系。中國自南宋起（甚至更早的《舊唐書》），即有系統的記錄蒙古的歷史，時至清代，更是元史學的鼎盛

〔註31〕光緒朝，受李文田《元秘史注》影響而更進一步研究者，有沈曾植著《元秘史補注》，高寶銓著《元朝秘史李注補正》，王樹榮著《元朝秘史潤文》，丁謙著《元秘史地理考證》。

〔註32〕沈惟賢跋語。

〔註33〕李思純《元史學》云：「洪氏所用方法，不外『採西方之新説，以證中國之舊説。』此方法實爲中西交通後無論任何學術皆可應用，而洪氏能首開其途，此其所以爲吾人所推崇也。」（頁73）

時期。西方蒙古史的研究，發軔於十三世紀中葉拔都掃蕩東歐、中歐之時，當時名著有《馬可波羅傳記》、柏郎嘉賓（Jean de Pian Carpin1182～1252）的《蒙古行紀》、魯布魯克（Willian of Rubruk）的《東行紀》等書。此時又為東西方交流的空前時期。至十四、五世紀，蒙古帝國逐漸退出歷史，東西方再生隔絕，往後的兩百年中，西歐對蒙古所發生的一切已茫然無知。故而十六世紀時，歐洲人還在尋找「大汗的王國」，根本不知道這個稱霸一時的帝國早已經不存在了。〔註34〕

　　十七世紀時，西方才又開始注意蒙古的發展。此際，俄國已發展至東方，因與蒙古關係日益密切，便成為首先研究蒙古的西方國家。西歐國家，則透過俄國的研究與中東回教的文獻而意及之。1710年，法國的克魯瓦（Petis de la Croix），以波斯文、阿拉伯文史料為基礎，成《偉大的成吉思汗傳》一書，被尊為西歐第一部蒙古史的學術著作。〔註35〕

　　十八世紀時，法國傳教士成了中西蒙古學交流的首要功臣。當時耶穌會傳教士到東方傳教，長期留在中國，除了引進西學於中國，也譯寫中國著作於西方世界，中國的蒙元史著即為其一。如曾受命中俄尼布楚條約談判的張誠（Jean Francois Gerbillon,1654～1707），是康熙時代來華的法國耶穌會傳教士，他以旅行蒙古八次的日記與報告為基礎，寫成了《韃靼行紀》（Voyage dane la Tartarie），將蒙古的歷史與現況介紹於西方。與張誠一道東來的法國傳教士劉應（Claude de Viedelou,1656～1737）回國也寫了《大韃靼史》一書。1722年來華的法國傳教士宋君榮（P. Antoine Gaubil1689～1759），於 1739 年巴黎刊行了《成吉思汗與蒙古史》（Historie de Gentchiscan et de toute la dynastie des Mongous, ses successeurs, conquerants de la Chine）。本書，以邵遠平《元史類編》為譯寫依據，同時還譯有其他漢籍中關於蒙古統治中國的史料，於西方蒙古學影響極大。稍後，有著名的東方學家德基涅（H. de Guignes），以漢文、波斯文、阿拉伯文為主的史料，著成《匈奴、突厥、蒙古及其他西方韃靼人史》一書。由此，西歐蒙古學興起。

　　十九世紀，西方帝國主義的思想，興起所謂的東方殖民主義，遂使「漢學」與「蒙古學」更盛。此際，西方出了不少享賦盛名的漢學家，同時漢學機構也陸續成立。這時期的蒙古史著作，以法國多桑（D'hosson 1779～1851）《蒙古史》為十九世紀前期的名著，英國霍握斯（H. H. Howorth）的《蒙古史》則為十九世紀末蒙古史的大成之作。尤重要者，俄國東方學家貝勒津於1858～1888年譯註了波斯重要文

〔註34〕引自〔蘇俄〕戈爾曼著，陳弘法譯《西方蒙古史研究》（內蒙古教育出版社，1992年初版）（頁41）。
〔註35〕《西方蒙古史研究》，頁47。

獻──拉施特的《史集》。上述三本著作，均為1887～1890年出使歐洲的洪鈞所窺見，將之證於中史，而開近代元史學之新局。

（二）洪鈞與《元史譯文證補》

洪鈞，字陶士，號文卿，江蘇吳縣人。生於道光十九年（1939），卒於光緒十九年（1893），得年五十五。

洪鈞幼穎益，家貧，令習賈，涕泣請讀書。年十八，補現學生，同治三年（1864）舉人，同治七年（1868）廷對第一成進士，授修撰。曾主持陝西、山東鄉試，並參加《同治穆宗實錄》的修纂工作。光緒六年（1880），出江西學政。適逢有一教案涉道員周漢者，洋教士欲懲治之。斯時外國傳教士與信徒多挾外以自重，故教案屢起，官吏懼生事而多護洋人，獨鈞以此事「傷國體，持不可」〔註36〕，使周氏獲其免。九年（1883），陞內閣學士兼禮部侍郎銜。十三年（1887）正月，納十四歲的傅彩雲（即賽金花）為妾，五月奉派出使俄德奧比四國大臣，攜彩雲同赴歐。公使生活三年，文卿並不豔羨，反覺歐國野蠻，不可仿習，故除公務外，幾埋首於元史。於時豔驚全歐的傅彩雲，曾經這樣的描述：

> 洪先生在歐洲整整三年。這三年的生活，除去辦公務以外，差不多是研究學問。他最懶於應酬，悶倦時便獨自一個人到動物園散步，回來又伏案看起書來。他的身體羸弱多病，也就是因他用心過度所致。洪先生不懂洋文，連一句洋話也不會說，參考外國書籍，是一個比國人給作翻譯，常見他到各圖書館裏去替洪先生尋找材料。〔註37〕

其用功元史如此，由此可知。光緒十六年（1890），晉兵部左侍郎。同年十月，使成歸國，直總理各國事務衙門行走。十八年（1892），中俄帕米爾地界談判。鈞涖俄國時，曾以俄制《中俄界圖》譯為漢字，攜之回國。清朝即以此圖為參考，與俄人談判，因此圖誤甚，遂致中國平白損失數百里土地。為此，朝廷議論紛紛，並有痛劾洪鈞者。〔註38〕十九年（1893）八月卒，光緒皇帝諭曰：「兵部左侍郎洪鈞，才猷練達，學問優長。」命給豐厚撫卹。綜觀洪鈞，可說一生功業不顯，倒是有二事使其垂名千古，一是納清末名女人傅彩雲（賽金花）為妾，使自己也成為曾樸筆下《孽海花》一角；另一是成《元史譯文證補》一書，劃時代之元史革命。

〔註36〕《碑傳集補》卷五〈清故光祿大夫兵部左侍郎洪公墓誌銘〉。
〔註37〕引自傅彩雲（賽金花）口述，劉復‧商鴻逵筆錄的《賽金花本事》（北平：星雲堂書店，民國23年）。
〔註38〕詳見《清史列傳》卷五十八〈洪鈞傳〉。

　　洪鈞一生嗜學，經史皆通，因國家屢遭外擾，頗憂心於世局，嘗與人「言海國
形識之異宜與其所以強弱之故，俯仰太息而不能語。」〔註39〕因此，專求經世之學，
而「於元史甚用功」。〔註40〕光緒十三年（1887）至十六年（1890），奉命出使俄國、
德意志、奧匈帝國、荷蘭四國大臣。三年間，周諮博訪，努力蒐求西方蒙古史研究。
當時歐洲可看到的蒙古史著，有波斯拉施特（Rashid-ad-Din）《史集》、志費尼（Juvaini）
《世界征服者史》〔註41〕、（The History of the World-Conqueror）、蒙古阿卜而嘎錫
（Abulghazi）《突厥世系考》、波斯瓦薩甫（Vassaf）《伊兒汗史記》、阿拉伯訥薩怖
（Nessavi）《蘇丹只剌哀丁傳》、法人多桑《蒙古史》、德人哈木耳（Von Hammer
Purgstatt）《蒙古史》、英人霍握斯《蒙古史》等。以上，洪鈞均傾力搜求。〔註42〕
回國後，將所蒐集的西方蒙古史著與漢文史籍互證，稿經三易，歷時兩年，名曰《元
史譯文證補》。爲洪鈞好友且有姻親之誼的陸潤庠云：

> 　　光緒己丑年（1887），吾友吳洪文卿奉命出使俄、德、和、奧。……
> 侍郎之初至俄也，得拉施特書，隨行舌人，苦無人譯阿剌比文者，見之皆
> 瞠目。侍郎以爲既得此書，當使顯於斯世，不可當吾身而失之。於是百方
> 購求，遂得多桑書，則譯成英文者；又得貝勒津、哀忒蠻諸人書，則譯成
> 俄文者，始有端緒可尋，而所譯各從其音，人名、地名、部族名。有繙考
> 歧異者，有前後不一者，乃復詢之俄國之通人，及各國駐俄之使臣，若英、
> 若法、若德、若土耳其、若波斯，習其聲音，聆其議論，然後譯以中土文
> 字。稿經三易，時逾兩年，名之曰《元史譯文證補》。〔註43〕

證者，證史之誤；補者，補史之闕也。是書之撰，極費洪鈞心力。不通外文的他，

〔註39〕《碑傳集補》卷五〈清故光祿大夫兵部左侍郎洪公墓誌銘〉。

〔註40〕《翁同龢日記》光緒十六年（1890）十月五日載云：「洪文卿出使俄德回京，因病請
　　　　假，於元史甚用功，得波斯回字元史，譯出數卷。」

〔註41〕《史集》乃西元十三世紀的波斯人拉施特〔Rashid〕所撰。拉施特曾任伊兒汗國宰相，
　　　　本書是他參考皇室密秘紀錄而成的，史料價值很高，爲後來歐洲史家常引用的史料。
　　　　洪鈞《元史譯文證補》曾間接引用之，震撼當時。今大陸學者余大均、周建奇合譯
　　　　該書，他們根據俄文本翻成中文，於一九八六年北京商務印書館出版。

　　　　《世界征服者史》是十三世紀波斯人志費尼〔Juvaini〕所撰。志費尼曾任蒙古
　　　　官員，拘留和林時，開始撰寫《世界征服者史》〔The History of the World-
　　　　Conqueror〕，記述蒙古興起始末，從成吉思汗，窩闊台，貴由，蒙哥到旭烈兀等的
　　　　事跡，所述史實多爲作者耳聞目睹，親身經歷，有些爲漢文所不載，被公認是十三
　　　　世紀蒙古興起與強盛時期最原始、最有權威的史料。今大陸學者何高濟根據英譯本
　　　　繙成中文，由內蒙人民出版社於一九八一年出版。

〔註42〕詳見洪鈞《元史譯文證補》之〈引用西域書目〉。

〔註43〕《元史譯文證補》陸潤庠序。

唯賴譯者口述，然後自己筆錄。倘遇有歧異難解、前後不一者，即詢之俄國通人，或就於教英、法、德、土耳其、波斯各國駐俄使臣，習其聲音，聆其議論。回國後，公務之暇，「一燈中業，猶孳孳爲之無倦容。」〔註44〕光緒十九年（1893）秋天，洪鈞病劇，臨歿時，以初稿留其子洪恪。再將復抄之清本屬之好友陸潤庠與沈曾植，且云：「數年心力，瘁於此書，子爲我成之。」後鈞歿，其子恪不久亦逝，初稿散失遂不可復得。陸潤庠乃取清本，重斠數過，以付刊刻，並與沈曾植商其體例，於光緒二十三年（1897）問世。陸潤庠云：

> 惜所謂未定稿之卷數，已無從搜索，其字句閒有可疑者，亦不獲以初稿斠正之，則此書仍未完備。然有元西域武功之盛，卓越前古，觀於此書，亦可知正史之遺漏舛錯，非可僂指計。即秘史譯文，及李侍郎所爲注，猶未免囿於聞見也。則其蒐羅考訂之功，豈捃摭家所可同年語哉！〔註45〕

《元史譯文證補》刊行後，因取域外之材證補中史，而「時論稱之」。〔註46〕

證補一書凡三十卷，其中有目有書者二十卷，有目無書者十卷。有目有書者，有〈太祖本紀譯證〉、〈定宗憲宗本紀補譯〉、〈后妃公主表補輯〉、〈尤赤補傳〉、〈拔都補傳〉、〈忙哥帖木兒諸王補傳〉、〈阿八哈補傳〉、〈阿魯渾補傳〉、〈合贊補傳〉、〈合兒班答補傳〉、〈阿里不哥補傳〉、〈海都補傳〉、〈哲別補傳〉、〈西域補傳〉、〈報達補傳〉、〈木剌夷補傳〉、〈地理志西北地附錄釋地〉、〈西域古地考〉、〈元世各教名考〉、〈舊唐書大食傳考證〉等。有目無書者，有〈察合台諸王補傳〉、〈旭烈兀補傳〉、〈不塞因補傳〉、〈帖木兒補傳〉、〈圖克魯帖木兒補傳〉、〈速不台傳注〉、〈葛思麥里傳注〉、〈郭寶玉郭德海傳注〉、〈克烈部補傳〉、〈蒙古部族考〉等。蓋此書意在證補《元史》闕陋，其特殊者，乃爲中西史互證也。觀此書，可見洪鈞經世思想處處流漏其中，而所用史法，卻是道道地地的乾嘉學派。

其實，以西史證中史，並非始於洪鈞，早如魏源《海國圖志》、《元史新編》即有所用。唯魏源所採擇西書者，多不具有學術性，故權威性略顯不足。洪鈞不然，未出國前，於元史已然下過深功夫。赴歐後，勤蒐當時可見的蒙古史籍，所得者幾爲歐洲當時有學術深度的史著，故所撰證補，一鳴驚人。當洪鈞對照中外史書時，對相隔千里的史書竟如此相似而極感詫異，其云：

> 拉施特自謂親見本朝譜牒史策，依據成書，今以《元史親征錄》、《元秘史》較之，則尤於《親征錄》符合。可知親征錄實由《脫卜赤顏》譯出。

〔註44〕《元史譯文證補》陸潤庠序。
〔註45〕《元史譯文證補》陸潤庠序。
〔註46〕《清史稿》卷四百四十六〈洪鈞傳〉。

當日金匱副本，必然頒及宗藩，否則夷夏異文，東西異地，何以不謀而合
若此？〔註47〕

於是，他運用正宗乾嘉考據法互證，並歸納比較，推論出「《元史》疏簡」、「當係《脫
卜赤顏》即其簡略」、「（錢大昕）詹事所言，非篤論矣。」等之結論。不論其說是否
正確，單就中西史籍互證這一招而言，就足以轟動清末學界。

雖然，他也不全然地採信外史。如拉施特《史集》，他說：

> 拉施特書屢經傳鈔，不免奪誤，又經重譯，抑恐差池。繙述不敢文，
> 人名、地名、部族名不輕改，皆懼失眞也。〔註48〕

於當時西方史家的著作，尤其襟慎。其云：

> 得今英人霍兒渥特，意未安也。復譯德人華而甫之書。繼於德國藏書
> 官舍假得多桑舊本，譯以戶校，乃知華而甫書好逞臆見，引述舊說，往往
> 改易失眞。霍兒渥特書本於多桑，而蒐獵過繁，胸無斷制，異說叢積，輒
> 自矛盾。求述作之才於侏傑之文，亦大難矣。〔註49〕

洪均證補一書，雖羅列不少西方史籍，主要還是參考拉施特與多桑二書，其云：

> 書中補傳，悉本多桑，閒引他說。拔都西伐，則華而甫敘述轉祥，且
> 多出於西國當時文報記載，故亦本之。此外，又有德人哈木耳，著書論蒙
> 古事，披沙揀金，偶然得寶而已。若駙馬帖木兒補傳，則本東羅馬書。察
> 合臺後王補傳，則雜采西人所譯西域人著述。〔註50〕

洪鈞所證補者，全爲西北地域，以〈太祖本紀譯證〉、〈地理志西北地附錄釋地〉、〈西
域補傳〉、〈木剌夷補傳〉四篇，爲其愜心貴當者。在〈太祖本紀譯證〉一文，以拉施
特《史集》調合了《元史》與《元朝秘史》的若干出入，並以清新的文筆，重述
成吉思汗征西大業。〈木剌夷傳〉等三篇，考蒙元時西域概況，極甚詳悉，可彌補舊
史之缺憾。唯洪鈞不懂外文，三篇中亦尙有失誤。〔註51〕

〔註47〕《元史譯文證補》卷一〈太組本紀譯證〉序言。

〔註48〕《元史譯文證補》卷一〈太組本紀譯證〉序言。

〔註49〕《元史譯文證補》之〈引用西域書目〉。

〔註50〕《元史譯文證補》之〈引用西域書目〉。
　　　　　近時學人馮承鈞與何炳松云洪鈞之書主要是參考霍兒渥特《蒙古史》。馮承鈞於
　　　　1930年代翻譯了《多桑蒙古史》一書。在序言中，他極批評洪鈞譯名的問題，同時
　　　　認定《元史譯文證補》書中所參考的多桑，是從「霍兒渥特書轉錄的」。何炳松於〈蒙
　　　　古史導言並序〉亦云洪均證補脫胎於霍兒沃特《蒙古史》。（本文收於《東方雜誌》
　　　　第22卷15期，民國14年。）這種看法是有問題的，桂尊義等著的《中國近代史學
　　　　史》已提出了反駁。（見是書下冊頁80～81）

〔註51〕田虎著《元史譯文證補校注》一書，重新考訂洪著，極具參考價值。其云《元史譯文

〈朮赤補傳〉、〈西域古地考〉、〈元世各教名考〉亦是佳作。〈朮赤補傳〉中，糾謬《元史》朮赤傳的疏略與訛誤，並補充西史，使朮赤一生功業釐然可知。〈西域古地考〉，考中國古時西域諸國，如「康居奄蔡」、「安息」、「條支」、「拂菻」、「拂突厥回紇」、「蒙古」、「馬札兒」、等，頗具匠心。同時，也感慨自古「中原天下」的傳統觀念，使國人太昧於域外。他說：

　　「六合之外，存而不論」，惜哉古人此言，爲誤不淺也。〔註52〕

〈元史各教名考〉，考證元時木速蠻（回教）、也里可溫（天主教）、斡脫（猶太教）等宗教，啓迪民國以後的宗教史研究，如民國史家陳垣一系列的宗教史研究。〔註53〕

洪鈞所引西籍，今日已陸續譯爲中文，故證補一書的重要性也相對性的減弱。雖然，其歷史性的地位是不容磨滅的，顧頡剛於《當代中國史學》云：

　　　元史史料的整理與元史的改作，自洪鈞的《元史譯文證補》出，又起了一個新的變局。這一個變局是劃時代的，自此國內治元史的人，方知道怎樣利用海外資料。〔註54〕

換句話說，首開中西學術交流風氣的洪鈞，是當時「中體西用」思想下的學術先行者。

　　證補》之學術價值有四：
　　　（1）採新史料，解決元史的若干問題，爲元史研究開闢了一個新的領域。
　　　（2）內容充實，彌補以往史書對於蒙古族記載上的疏略與不足。
　　　（3）史料取捨極有見地，敘史更接近眞象。
　　　（4）地理考證相當精詳，對西北史地有突出的貢獻。
　　認爲《元史譯文證補》一書中存在的問題有：
　　　（1）譯名多不準確。
　　　（2）年代記載有誤。
　　　（3）史實記載有誤。
　　　（4）譯名不統一。
　　　（5）地理上的疏漏和訛誤。
　　　（6）洪鈞史學識見與立場上所存在的問題。
　　（本書由河北人民出版社出版，1990年8月1版）
〔註52〕《元史譯文證補》卷二十七中〈西域古地考二〉。
〔註53〕陳垣爲民國著名之元史、宗教史、校勘學家。其宗教史的研究，有《有元也里可溫考》、《開封一賜樂業教考》、《火祆教入中國考》、《摩尼教入中國考》及若干宗教史論文。甲凱於〈陳新會史學〉云：「民國六年，著〈一賜樂業考〉、〈元也里可溫考〉，震動學界，一時認爲學術之新氣象。」（《輔仁學誌》民國68年第8期）。
〔註54〕顧頡剛著，《當代中國史學》（香港，龍門書局，一九六四年）（頁36）。

二、元史研究的人才輩出

令人大開眼界的《元史譯文證補》出刊後，一時朝野風行，元史學進入了新的時代，從此學者不再故步自封，紛紛向外蒐求新籍。此際，元史學人才輩出，以文廷式、沈曾植、丁謙、曾廉、王先謙、屠寄、柯劭忞爲其中之最傑出者。本節先述前五者，屠、柯二氏有集成清儒元史學之功，另闢一節敘之。

（一）文廷式

文廷式，字芸閣，號道希，江西萍鄉人。生於咸豐六年（1856），卒於光緒光緒三十年（1904），時年四十九歲。

廷式光緒十六年（1890）舉進士，翁同龢得其策卷，置一甲第二。珍妃與瑾妃居廣州時，曾從廷式受學，後甲午（1895）大考翰詹，以二妃力，上親擢廷式第一，由編修遷翰林侍讀學士。廷式在強烈的憂患意識下，以剛直敢言聞名當世。時中日甲午戰起，力主戰，劾主和派李鴻章畏葸，挾夷自重。原本賞識他的李鴻章，自此銜恨。又屢逆慈禧旨意，爲其所不喜。光緒二十一年（1895），廷式力倡開強學會於京師，後康有爲加入，聲勢大振，旋爲康之友僚排擠，擁康取而代之。十月，好友李文田歿，廷式感傷作輓悼念。李文田生前一再勸其謹慎，即臨終前一日亦云朝局將變，「汝等當小心！」二十二年（1896），李鴻章授意御史楊崇伊，以狂妄自恃，不孚眾望，遇事生風，勾結太監等由參劾之，削其職。

光緒二十四年（1898）八月，戊戌政變，慈禧再度垂簾，逮捕廷式之謠，甚囂塵上。隔年，果以其支持變法爲由，下令逮捕，欲致之死地。廷式乃匿跡海隅，後東走日本。十二月，好友盛昱卒。廷式與盛昱同屬光緒朝之清流，是政治上的夥伴，也在學術上互相影響，「元史研究」即爲其一。二十六年（1900）夏，回到上海，並出席愛國會組織，參加者尚有章太炎、嚴復、容閎等。七月，八國聯軍，兩宮西奔，廷式賦詩哀痛國局而有「孤臣淚灑荒江畔」一語。三十年（1904）五月，慈禧悔，諭革職者皆開復，當時即有人爲廷式平反並盼其復官。此時，廷式在上海流連五旬，後因病回鄉，不久病末。

廷式爲清末名流，才華洋溢，時所著稱。其最長於史學〔註55〕，元史研究尤爲傑出。平生交遊，以盛昱、李文田、沈曾植最相契合，而此諸子皆善元史。〔註56〕

〔註55〕引自〈文廷式小傳〉，本文刊於《昭萍志略》，後收入《文廷式全集》（台北：大華書局，民五十八年）。

〔註56〕内藤虎次郎於〈意園懷舊錄〉中，謂文廷式曾告訴他：「余平生莫逆二人，一爲李文田，一爲盛昱。」從錢萼孫所編《文廷式年譜》中，亦可知沈曾植與其交非泛泛。（本

廷式之元史學，可分為兩方面：一是考史方面，有《元史錄正》、《西域釋地》等著，其文集《純常子枝語》亦收錄不少這方面的研究；二是輯史方面，嘗從殘存的《永樂大典》中，輯出《元高麗紀事》、《元代畫塑記》、《大元倉庫記》、《大元馬政記》、《大元氊罽工物記》等有價值的元代史料。他受洪鈞《元史譯文證補》一書影響極深，常於考據中引介其說，並有感而發的說：「它日中國文氏能通西國語言，其考據必有出人意表者。」〔註57〕

廷式於日本元史學有傳播之功。戊戌政變時，他東渡日本，於東京會見內藤湖南，閒聊中談及他鈔有盛昱所藏十二卷本的蒙文《元朝秘史》，內藤當即求索，廷式應允歸國後寄贈。後內藤攜廷式往見那珂通世諸子，那珂亦懇求欲見秘史。內藤湖南於明治三十五年（1902）二月三日大阪《朝日新聞》這樣的回憶：

> 文廷式芸閣氏，余前已在滬上與之相識，前年來遊，相交甚洽，日夕相隨，以筆代舌，商榷古今，語及元史。芸閣道余藏有蒙文《元朝秘史》，為同李文田一起鈔自國子祭酒宗室盛昱的原本。芸閣云此二人為其生平交遊最親者，惜李已於五年前去世，盛昱也於去年離世。余因求其歸後，使鈔寄來。且攜與往見那珂通世、白鳥庫吉、桑原騭藏三氏。三氏為當今東洋學最精深的學者。那珂通世亦懇求欲見蒙文秘史。芸閣歸國，未幾發生拳匪之變。余從東來，到此地操觚，急論時務，復以此事遑問芸閣也。頃日，從滬上歸時，芸閣乃以蒙文秘史託寄於余。〔註58〕

廷式亦於《東遊日記》1900 年 2 月 17 日有記：

> 偕內藤往那珂通世家，白鳥庫吉、桑原騭藏亦在座，觀景教碑影本。……那珂著《支那通史》，近專考元史地理，將刻成書。白鳥贈余以所撰《唐闕特勒碑考》一卷，惜以德文行之，余不能讀。

廷式歸國後，即寄贈手鈔本《元朝秘史》與內藤，那珂通世遂以此為基礎而成《成吉思汗實錄》一書，不僅帶動了日本元史學的風氣，也劃下了日本東洋學發展的重要里程碑。所以有日本學者稱廷式與那珂相晤之日，是日本「東洋史學史上永遠值得紀念的一天」〔註59〕。

年譜亦收入《文廷式全集》）

〔註57〕《純常子枝語》卷十二。

〔註58〕《內藤湖南全集》第十二卷《目睹書譚》之〈蒙文元朝秘史〉。（頁 149～152）

〔註59〕此為神田喜一郎於〈內藤湖南先生と文廷式〉所云。本文收日《神田喜一郎全集》（京都：株式會社同朋社出版，昭和 61 年（1976））（頁 382）。

（二）沈曾植

沈曾植，字子培，號乙盦，晚號寐叟，浙江嘉興人。生於道光三十年（1850），卒於民國十一年（1922），享年七十三。

曾植為光緒六年（1880）進士，官刑部主事。居刑曹十八年，專研古今律書，由《大明律》、《宋律統》、《唐律》上溯漢、魏，於是有《漢律輯補》、《禁書刑法志補》之作。曾植為學兼綜漢、宋，而尤長於史學掌故，後專治遼、金、元三史，及西北輿地與南洋賈遷沿革。庚子拳亂，八國入京，與盛宣懷密商保護長江之策，疾走江、鄂，決大計於劉坤一、張之洞，而以李鴻章主其成，遂與西國「盡保東南約」，而免中國東南於戰火之列，此真有功於萬世也。

宣統二年（1910），移病歸隱。辛亥革命，清帝下詔遜位，曾植痛哭流淚不能止。民國六年（1917），張勳政變復辟，詔曾植為學部尚書。後政變失敗，原已病中的他頗為痛心，每日幾不離湯藥。此後更流連於佛、老二氏之學，常吟詩以詠人生。壬戌（1922 年）冬，病薨。《清史稿》論曰：「辛壬之際（1911～1912），世變推移，莫之為而為者，其中蓋有天焉。……（勞）乃宣、曾植皆碩學有遠識，不忘故君，卒憂傷憔悴以死。嗚呼，豈非天哉！」〔註60〕

曾植為晚清民初名流，當時士風有「北南皮，南乙盦」之稱〔註61〕。一生治學，通乾嘉諸師而主道咸經世思想。王國維云：

> 先生少年固已盡通國初及乾嘉諸家之說，中年治遼、金、元史，治四裔地理，又為道咸以降之學，然一秉先正成法，無或逾越。其于人心世道之汙隆，政事之利病，必窮其源委，似國初諸老。其視經史為獨立之學，而益探其奧窔，拓其區宇，不讓乾嘉先生。至於綜覽百家，旁及兩氏，一以治經史法治之，則又為自來學者所未及。〔註62〕

曾植壯年好經世之學，而嚮慕遼金元史與西北輿地，晚年目睹世變，感嘆人生，而**轉趨玄學**。〔註63〕弟子王蘧常言其一生凡三變：

> 先生之學初以義理輔實用，既由實用反自然，蓋有三變，而每變益進。壯歲由理學轉至考據，此一變也；及服官政，又由考據而求用世，此又一

〔註60〕《清史稿》卷四百七十二〈沈曾植傳〉。
〔註61〕謝鳳孫〈學部尚書沈公墓志銘〉：「當此之時，南皮相國張公，內預軍機，而先生寄命江表，天下之士，喁喁嚮慕，相聚而言曰今日文章、道德、學問、經濟可以為世法者，北則張公，南則先生。物望所歸，四海兩人而已。」（本文收入《碑傳集三編》卷八）
〔註62〕王國維《觀堂集林》卷十九〈沈乙盦先生七十壽序〉。
〔註63〕王國維〈聖武親征錄注序〉有云：「先生晚歲不甚談元史事。」（《觀堂集林》卷十六）

變也；晚年潛心儒、玄、道、釋之學，此又一變也。〔註64〕

曾植究元史由二十六歲始，當時，他得張穆《蒙古遊牧記》與沈垚《落帆樓文稿》以校他書，初識東三省、蒙古、新疆、西藏山水脈絡。因家貧苦無師無友，獨以張、沈二書爲指南，求《元朝秘史》一書而挑燈夜讀，漏盡不覺也。〔註65〕三十一歲中進士時，與盛昱、李文田、文廷式、李慈銘交遊，對於蒙古地理學稍稍自信。三十六歲時，嘗於廣東鄉試問宋元學案與蒙古事，場中無能對者，粵城傳之。〔註66〕隔兩年，作《經世大典西北地圖書後》。日本學者那珂通世因文廷式就教，曾植以中原音切蒙古音授之，那珂錄寫而去。四十六歲時，與陸潤庠商定洪鈞《元史譯文證補》體例。後有俄國學者以《唐闕特勤碑》、《圖厥苾伽可汗碑》、《九姓回鶻受里登囉汨沒密施合毗伽可汗聖文神武碑》景本送總理衙門，屬爲考釋。時曾植任職衙門，因作此三碑跋，糾新舊《唐書》謬誤，正突厥語與蒙古音的異同。然後將此三跋覆之俄使，俄人譯以行世，西方蒙古史研究遂屢引其說，蓋有功於世界蒙古學也。此遼、金、元史經世之學至五十歲以後興趣漸淡，往後追逐於佛老詞章之學。

曾植一生元史著作極多，可考者有《蒙韃備錄注》、《黑韃事略注》、《元秘史箋注》、《皇元聖武親征錄校注》、《長春眞人西遊記校注》、《西遊錄注》、《塞北紀程注》、《島夷志略廣證》、《蒙古源流箋證》以及《海日樓文集》中的散篇文章，堪稱道咸經世精神下乾嘉學風的實踐。

（三）丁　謙

自何秋濤辨西方輿圖以考證古史地理，洪鈞取西方蒙古研究以補證中史後，歷史地理學驟開風氣。其後有施世杰《元秘史山川地名》之作，以及阮惟和《元秘史地理今釋》。就在以上基礎下，誕生了晚清一位歷史地理學名家丁謙。他取歷代諸史作地理考證，以今日方位，辨其所在，其論有極精確處，亦有所謬誤，爲近世中國好爲新奇研究之第一人也。〔註67〕

丁謙，字益甫，浙江嵊縣人。生於道光二十三年（1843），卒於民國八年，享年七十七歲。

謙同治四年（1865）舉貢。中法戰爭時，因辦團練有功加五品銜，后處州府教授。謙博籍群書而善屬文章，精通醫學而酷嗜金石，尤長西北史地，嘗云：

〔註64〕原文見於王蘧常《沈乙盦先生學案小識》，本文轉引自錢仲聯爲《海日樓札叢》所寫的前言。

〔註65〕沈曾植《海日樓文集》卷上〈聖武親征錄跋〉。

〔註66〕見《沈寐叟年譜》之光緒十一年。

〔註67〕李思純《元史學》，頁77。

余幼嗜書，尤喜歡地輿之書。自鄉舉後奔波南北，得書約兩萬卷，中多有關地學者。近來風氣漸開，學問一端，皆思實事求是，而圖志之新出尤夥，余每得之以爲快。自是凡閱讀書，必按圖校核，有所得，簽記於眉間。〔註68〕

其代表作爲《蓬萊軒地理學叢書》，於光緒壬寅年（1902）出版，後爲浙江圖書館刊行。叢書以中國邊裔爲主要內容，取中國一切子史雜集與西方史籍、輿圖勾稽校考而成，凡二十七種，自《漢書》西域傳地理考證始，至清朝圖理琛《異域錄》地理考證止。邊裔學問，極其難也，謙所作實難能可貴。陳漢章序云：

自林文忠公譯西人四洲志，邵陽魏默深、光澤何愿船因以考定歷代外國傳及佛國、西遊、西使諸記爲《海國圖志》，并及《異域錄》、《寧古塔記》諸書爲《朔方備乘》。胡文忠撰《讀史兵略》，於西北國諸險要加詳焉，左文襄據以戡定新疆，我中國輿地之學駸駸乎詳實有用矣。於是順德李（文田）氏有《西游錄注》，烏沉沈（垚）氏有《西游記釋》，會稽施（世杰）有《元秘史山川地名考》，零星掇拾，遞相發明，然未能融會貫通也。仁和丁益甫先生秉鐸吾邑，以實事求是之學課士，多所成就。暇日讀諸家書，病其疏舛，乃自班范西域傳以降，取晉法顯、魏惠生、唐玄藏、元耶律楚材、李志常、劉郁，以迄於圖理琛、呂振臣所撰有關於古今中外地理者，一一疏通而證明之，並非諸儒所可幾及。又從《魏志》裴注中刺取魚豢《西戎傳》，《天下郡國利病書》中刺取《張耀卿參議紀行》，則並爲諸家所未詳也。……惟念我中國輢傳之逾蔥嶺自漢始，軍府之逮蒙池自唐始，兵力之加歐洲自元始。……百餘年來，海禁大開，中外交通，或懵然於古今之故，自先生之書出，山川能說常變，兼資我中國其不窮於因應也。

叢書中，丁謙所考證的蒙元史料，有《元史外夷傳地理考證》、《元祕史地理考證》、《聖武親征錄地理考證》、《西遊記地理考證》、《西遊錄地理考證》、《劉郁西使記地理考證》、《張耀卿紀行地理考證》、《元經世大典圖地理考證》、《元史地理志西北附錄》，以及《成吉思汗編年大事紀》等，並認爲蒙元史事闕陋之因有三：一.由明初史館諸人不明異域輿地。二.由成書太速，不暇詳細搜求。三.由蒙古人顯通中文，記載本少，無可爲外國傳之原料故也。

丁謙治學極求徵實，嘗云「輿地之學，最忌武斷」〔註69〕。他作《元朝秘史》地理考證時，揭明八項地理考證之要：一曰揆地望；二曰度情形；三曰審方向；四

〔註68〕見丁謙《元秘史地理考證》自跋。
〔註69〕《蓬萊軒地理學叢書》凡例。

日察遠近；五曰覈時日；六曰知徑路；七曰辨同異；八曰宜闕疑。〔註70〕其所有地理考證，實皆以此八要爲旨歸。

丁謙之學，有益中國歷史地理研究，有志者可深入探索，定能開發出新天地。

（四）曾　廉

曾廉，字伯隅，號蠡庵，湖南邵陽人。生於咸豐七年（1857），卒於民國十七年（1928），享年七十二。

廉二十歲爲教師，三十八歲舉於京兆。時西學之論，甚囂塵上，廉堅守中學，極力反對。其云：

> 中人之學西學，不過爲通西人語言、文字諸藝術，借以刺取外國之情事，奪其利權而已。故必心術端愨而學問通達，學之始有用。無學之人學之，但知順夷意而變我民，使人相率入於夷狄。然苟其人學問通達，不一定能學外國語言文字，故西學實無提倡之必要。〔註71〕

復云：

> 今天下之患，莫大於以西學亂聖人之道，隳忠孝之常經，趨功利之小得，騶騶乎爲西人導其先入，而率中國以迎之。〔註72〕

因此，他反對康梁變法，責其邪惡，而力主斬之。光緒二十六年，八國聯軍，慈禧與光緒帝西奔，曾廉不遠千里拔山涉水，徒步前往追隨。隔年，因事罷黜南歸，從此教書著述以終。

早年友人黃岱鍾曾鼓勵重撰元史，廉自是留心和林之舊址，三河之故跡，西北之荒陲，東南之島嶼，辨別於土地、人名、語言、文字之異同，徵以元人當代之文，而參以異域殊方之論。罷歸之後，始著手撰寫《元書》，至宣統三年（1911）刊刻問世。

廉撰《元書》，以魏源《元史新編》爲本，並參稽當時可見到的中土史料。因反西學，所以一概不理會西方蒙古學的作品，即便是當時紅遍中外的洪鈞證補一書，亦視若無睹，甚至是懷疑與敵視，此皆爲後人對其書評價不高的原因。〔註73〕

《元書》共一百零二卷，爲本紀十五，志十，列傳七十六，以及自序一卷。各

〔註70〕此地理考證八要，見於《元秘史地理考證》自跋。亦可見於《蓬萊軒地理叢書》凡例，唯第六名「考道途」，第八名「闕疑似」，蓋其意同也。

〔註71〕《籌辦夷務始末》同治朝，卷四十七，頁24。

〔註72〕《元書》卷百二〈自序〉。

〔註73〕李思純《元史學》云此書：「特就魏氏之《元史新編》爲藍本，更新增少許事實，然搜羅不廣，囿於見聞，無甚可取。」（頁70）

篇之後，皆有論贊。同時仿司馬遷《史記》附自序於後，述各篇原由。廉於書中不斷的揭示儒家綱常名教，孔子春秋大義，極力維護傳統士大夫典型。其云：

> 以繼麟經之志，而後君臣之位定，然後邪説不敢肆，而春秋之義行矣。

〔註74〕

復云：

> 自漢以降，惟潛溪《元史》，方勤於勦作鈔胥而已，其實未成書也。
> 何也？太史公固言之矣。《春秋》上明三王之道，下辨人事之紀，別嫌疑，
> 明是非，定猶豫，善善惡惡，賢賢踐不肖，存王國，繼絕世，起廢救廢，
> 王道之大者也。後世之史，固不敢言《春秋》，然而不通於《春秋》之義，
> 則所謂君不君，臣不臣，父不父，子不子者也。此四者，天下之大過也。

〔註75〕

換言之，其執春秋之筆，意在「恩怨可不言，而賢姦不可不辨，成敗可不計，而興亡不可不明」〔註76〕，其云：

> 夫一代之始終，治亂興衰豈苟而已哉，掇而萃之，亦當時得失之林也。
> 於是補其遺落，芟其重贅，自朔方始，至北狩止。

廉之才學識，均不如魏源，然史論中亦頗有可取者。如認為元代士人好作文章而不好儒術，而歎其「文翰之彬彬也」〔註77〕。提出「明於人才」的觀念，亦屬佳作：

> 自古未有賢人在位，而亂其國者也。股肱之寄，要在忠良。〔註78〕
> 嘗觀元之拔宋，而知遺才資敵之為禍烈也。〔註79〕
> 士氣之伸絀，每與國家為盛衰也，此在朝廷得人而已，然亦豈易易哉。

〔註80〕

廉不時於書中感嘆時局。如〈儒林傳〉，評後之儒生所習者經，而所用者非經，意在譏刺康有為《新學偽經考》與《孔子改制考》之作。其云：

> 後之儒生能通經者鮮矣。何也？彼所習者經，而所用者非經也。故後
> 人荒經之罪，不減於焚書也。以其不用，遂相棄而去之，以為非所以謀食

〔註74〕《元書》卷九十七〈亂臣列傳〉。
〔註75〕《元書》卷百二〈自序〉。
〔註76〕《元書》卷百二〈自序〉。
〔註77〕《元書》卷二十三〈藝文志〉。
〔註78〕《元書》卷六〈成宗本記〉。
〔註79〕《元書》卷五十一〈劉呂等傳〉。
〔註80〕《元書》卷八十〈張起巖等傳〉。

者，故李斯亦趨時而已矣。士不趨時而後可以爲儒矣，故曰「謀道不謀食」。上用儒術則見，上不用儒術則潛，何徘徊之有哉！不此之爲，而病儒術之疏，不知其用之非，非所習之非也。

廉頗推崇科舉制度，其云：

科舉者，國家取士之制，士之登進之職，又非遂有害於道也。〔註81〕

國家取士，始於漢代選舉制，隋唐改行科舉，建立更公平的選才制度，後一直沿用至明清。晚清，因流行西風，清室在大勢所趨下，於光緒二十八年（1902）廢八股文，光緒三十一年（1905）停止鄉試，改設新式學堂。一千三百年來的科舉制度，自此告終。廉對此極感痛心，其云：

自科舉興，進士科獨重，而朝廷得人亦爲盛矣。……元首叢脞而股肱惰，吏道由此雜焉，故末世政衰而亂，非選舉之失也。〔註82〕

以現代觀點而言，曾廉不免與人守舊之感，惟其滿懷愛國熱情亦是不可否認之事實，其處處維護傳統的表現，不僅令人感動，且亦代表了當時大多數人對西學的疑惑，如完全以保守反動者視之，則似又過矣。

（五）王先謙

王先謙，字益吾，號葵園先生，湖南長沙人。生於道光二十二年（1842），卒於民國六年（1917），享年七十六。

幼年家貧，然好學不倦，最喜古文詞，以曾國藩爲師。同治四年（1865）進士，選庶吉士，授編修。光緒元年（1875），大考二等，擢中允，充日講起居注官。後任將西學政。十四年（1878），以太監李蓮英招搖，疏請懲戒，但不獲報。後歷典雲南、江西、浙江鄉試，搜羅人材，不遺餘力。繼迄江蘇，仿阮元刻《續皇清經解》。終先謙一生，雖爲官各地，然自始不忘講學與培育人材。辛亥革命暴發，先謙憂危痛心，改名遯，遷居鄉間，專心著述以終。

先謙「於學無所不究，門庭廣大，合漢宋涂轍而一之」〔註83〕。其著述甚偉，經史子集皆有所作，一生撰述輯錄校刊之書竟達四千卷之多，令人歎爲觀止。先謙曾作《史記旁證》、《漢書補注》、《後漢書集解》、《新舊唐書合注》、《荀子集解》等書，獲得極大的迴響。

先謙曾作《元史拾補》，並有意總結清儒元史以完成一部蒙古編年史。今存先謙

〔註81〕 《元書》卷八十八〈儒林傳〉。

〔註82〕 《元書》卷八十八〈儒林傳〉。

〔註83〕 《碑傳補三編》卷七〈王葵園先生墓誌銘〉。

的《蒙古通鑑長編》〔註 84〕未定稿，或疑爲當日之《元史拾補》。其《葵園先生自訂年譜》云：

> 《元史》疏漏訛舛，海內學者所共知而同病也。其足參考者，惟《元朝秘史》、《聖武親征錄》、《元史譯文證補》三書。親征錄有光澤何秋濤應傳校本，秘史有順德李文田仲約注本，皆冥心孤索，使舊編神明煥然，大有助於考訂。譯文證補則吳縣洪鈞文卿於光緒中出使西國，得波斯拉施特所修之蒙古史、西域志費尼及瓦薩甫與阿黎之書，歐羅巴多桑之書，俄羅斯貝勒津之書，冶爲一爐，大補缺佚，譯文精審，而〈西北地附錄釋地〉與〈西域古地考〉，裨用洋宏。余究心元史，輒以此三書鱗次鄉比，名爲《元史拾補》。……參役篤學深思，將使此完書光於天壤，吾輩得讀所未見，甚爲欣快，當何如邪？〔註85〕

給藝風老人繆荃孫信中特別提到：

> 又涉獵元史，通校何秋濤所校親征錄、李文田注《元秘史》、洪鈞《元史譯文證補》三書，於是摘錄《元史》，以三書低格附錄爲注。《元史》及三書，俱爲之神明煥然，不忍捨棄。又以其較少於《唐書》，遂欲先從寫撰來歲倘能先以呈教，亦快意事也。〔註86〕

今存之《蒙古通鑑長編》，是一部編年史長編，約成於民國四年（1915）。本書以《元史》爲綱，頂格記載，旁參李文田注之《元朝秘史》、何秋濤校之《聖武親征錄》及洪鈞著之《元史譯文證補》，各低《元史》一格，以年代次第記錄，似仿於司馬光、李燾之通鑑長編，也類似其先前集解之作，換句話說，此書正表現了先謙集諸家大成的一貫治學精神。

第五節　大成時代的來臨

一、屠寄與《蒙兀兒史記》

屠寄，字敬山，自號結一宧主人，江蘇武進人。生於咸豐六年（1856），卒於民國十年（1921），享年六十六歲。

〔註 84〕湯開建與李直中著〈王先謙與蒙古通鑑長編〉，對此書進行了詳細的考查。（本文收於《元史論叢》第四輯）
〔註 85〕王先謙《王葵園先生先謙自訂年譜》之乙卯（1915）七十四歲。
〔註 86〕繆荃孫《藝風友朋書札》，頁 47。

屠寄幼受私塾教育。十九歲時，購得《三國志》一部，日夜誦讀，愛不忍釋，校其訛誤，遂精其學，是為從事史學之始。二十五歲時，治《文選》，始學為賦，屬常州駢文學派。所為賦，一時士林傳誦，是為其駢文名士之始。光緒八年（1882），繆荃孫編纂《光緒順天府志》，寄協助校對。光緒十一年（1885），中舉。十四年（1888），應張之洞請，入粵為廣雅書局襄校，兼廣東輿圖局編纂。後又隨之洞赴武昌，執教兩湖書院。

光緒十八年（1892）春，赴京會試，中進士，同榜者有蔡元培、張元濟諸人，寄被選為翰林院庶吉士。二十年（1894），授工部主事。二十二年（1896），任黑龍江輿圖局總辦。先是，寄究史地之學，歷有年所，每病遼、金、元三史荒疏，東北地理蕪陋，慨然有重修之志，及主輿圖局事，益肆力搜討。光緒二十五年（1899），纂成《黑龍江輿地圖》及其圖說。

光緒二十九年（1903），派為京師大學堂正教席，講授歷史、地理。當時大學堂所採用的中國史教材，非取古史即採日本人所寫的中國通史，屠寄為此頗感不滿。乃採新式的章節體，以歷史進化論的理念，新寫《中國史講義》，成為近代中國新史寫作的開路先鋒之一。三十年（1904），轉任奉天大學堂總教席。三十一年（1905），著《中國地理教科書》。〔註87〕三十二年（1906），任淳安縣知縣，於縣中開辦初級師範學校，自任校長，兼國文、史地講席。公牘之餘，奮筆於《蒙兀兒史記》。

宣統三年（1911），辛亥革命暴發，寄與其長子孝寬於常州組織地方力量，參與光復運動，被推為武進縣民政長。民國二年（1913），袁世凱欲以武進縣知事攏絡，寄辭，專意於《蒙兀兒史記》的撰述。民國六年（1917），應蔡元培之招，任國史館總纂。民國十年（1921）九月，以辛勤的工作以及長久的力學好酒，積勞成疾而終。〔註88〕

屠寄善賦文，又精通史地，時所譽之。一生著述頗多，《結一宦駢體文》、《結一宦詩略》為其詩文的代表作，而最享譽士林者，為史學名著《蒙兀兒史記》一書。

（一）屠寄的史學

舊學出生的屠寄，雖也感傷國事，思想卻極為進步，不僅崇尚經世思想，且力主政治維新，是晚清民初少有的進步知識份子。他曾說：

〔註87〕屠寄於《中國地理教科書》敘云：「去歲家居里中，少年知寄足跡半中國，以為識圖之老馬也，時以本國地理相質問。乃集同志十二人，開一地理講習會，按普通課程手編講義。……上海吾友張君菊生聞之，願代付鉛印，以公諸學界。」

〔註88〕屠寄的生平，主要參考其四子屠孝宧所著《先君敬山先生年譜》，本文附於上海古籍出版社所出版的《蒙兀兒史記》。

> 索國之自強，莫急於養才，養才之道，莫於開民智，此天下之公言也。
> 〔註89〕

因史學具經世精神，故最醉心於此。他以新式章節體編寫《京師大學堂中國史講義》，以實地考察東北而成的《黑龍江輿圖》及其圖說，以及悴半生心力所著的《蒙兀兒史記》，率皆表現了他一生史學的光彩。這些作品，皆表現其濃厚的經世意識及進步的史學方法，其特色如下：

1、歷史進化思想

光緒二十四年（1898），嚴復翻譯《天演論》，轟動清末，屠寄亦受強烈影響。在新編的《中國史講義》，即以歷史進化論述「草昧以來人群進化之理」，為當時的新潮之作。其云：

> 孔子作《易》，稱庖犧、神農、黃帝，而刪《書》，斷自堯以來。太史公作《五帝本紀》始于黃帝，誠哉其慎也。然九頭諸紀，事跡雖荒渺，其名號往往見於故書雅記，及巴比倫神王系表，東西數千里，時隔五千年，何其不謀而合若是！然則秦漢以來，諸家傳述尚不盡証，且其所稱，頗足證草寐以來人群進化之理。今刪其怪迂之處，取其尤雅訓者著於篇。〔註90〕

屠寄以「進化之理」建構一套古史發展系統。

於《蒙兀兒史記》，屠寄尤表現了他的歷史進化觀。他認為蒙古民族發展對世界歷史深具影響，故書其歷史，必須以世界性的觀點記其興衰演變，以知悉蒙古遊牧民族如何演進壯大而風捲殘雲，如何吸引農耕文化而提升自身文明，如何衰頹而終再沉默於大地。

屠寄記史，不以政治上的成敗論英雄，而改以文化史的觀點述其變遷，可說是相當進步的史學思想。因此，他特別推崇耶律楚材的文化貢獻，而感「微楚材吾亦被髮左衽矣」。其云：

> 蒙兀初起，專尚武功，無意置相，固遊牧人種性也。斡歌歹汗之世，始有官制，別軍民籍，定稅課，設科舉，譯經籍，駸駸嚮文治，思與諸夏同風，實開至元諸政之先路，此誰之功與？孔子曰：「微管仲，吾其被髮左衽矣！」吾於耶律楚材亦云。

他也稱許忽必烈汗行漢法治漢人，使元代漸開文明之治。其云：

> （忽必烈）雖生長漠北，中年分權用兵，多在漢地，知非漢法不足治

〔註89〕屠寄於《譯書公報》敘云。
〔註90〕《京師大學堂中國史講義》第一編第四章〈人民開化之變〉。

漢民，故即位後，引用儒臣，參決大政，諸所設施，一變祖父諸兄武斷之
風，漸開文明之治。

就當時而言，屠寄是進化論及文化觀點治史的先鋒，其西學開放有如此，故能卓越
而不凡。

2、民主共和精神

中國自古以來，都是實行君主專政制度。上古時代，有謂「民惟邦本，本固邦
寧」、「民爲貴，社稷次之，君爲輕」云云，只是告誡統治者要有愛民表現，與西方
民主眞義有異。晚清西學盛行，西方民主政治思想輸入中國，使傳統士紳出生的屠
寄，瞭解到「共和政體之利」與「家天下之法不足尚也」〔註91〕，故而欣然接受了
西方的民主思想，並支持民國的共和體制。其與世推移的維新思想，與當時許多士
紳仍沉醉於帝國幻夢相比，誠屬少見。

屠寄的民主思想，也表現於他的史學。《蒙兀兒史記》中，論元室之亡，反對全
以種族之禍歸之。其云：

元之致亡，其道多端，匪可更僕數。由君子觀之，則謂蒙兀君若臣百
年之內，揭諸種族異同有以招之，非苟論也。雖然，種族亦何常之有？自
秦漢以降，受命而王者數十，亡國易姓覆宗滅祀者比比也。豈獨異種之蒙
兀耶？孟子曰：「仁則存，不仁則亡。」又曰：「得道之至，天下順之。失
道之至，親戚畔之。」仁何在？曰在與民同憂樂。道何在？曰在與民公好
惡。〔註92〕

屠寄眞心企盼消解種族問題，其云：

宜乎種族之禍，于今爲烈已。種族乎！種族乎！彼蒼天者視之，果孰
肖於德乎？於戲！元有中國百餘年而亡，清有中國二百六十餘年而亡，諉
曰胡漢異種不相容也。彼朱明者，非華族同種耶？何以二百七十餘年而亦
亡也？然則自今以往，繼清而起者，勿恃同種相愛，逞其一家天下之私，
謂二世三世至於千萬世，可傳之無窮也。〔註93〕

所以，「民國肇興，以五族共和、四民平等相號召」〔註94〕時，屠寄由衷歡喜，眞
心擁護。這樣進步的思想，當然反映在他的史學上。

3、文獻實地相證

〔註91〕《蒙兀兒史記》卷七十四〈阿里不哥海都列傳〉。
〔註92〕《蒙兀兒史記》卷十七〈妥懽帖睦爾本紀〉。
〔註93〕《蒙兀兒史記》卷八〈忽必烈汗本紀〉。
〔註94〕《蒙兀兒史記》卷一百十三〈朱清張瑄列傳〉。

屠寄精於地理學，一生「足跡半中國」。其云：

> 嘗南浮漳，北汎難河，西入巴山，東望長白，登恆岳，濯彭蠡，歷內
> 蒙古及察哈爾之地殆遍，所在山川形要，風俗物產，略能道其一二。所不
> 至者，陝甘、四川、雲貴、新疆、清海、西藏而已。〔註95〕

他在光緒十四年至十五年（1888～1889）時，曾纂成《廣東輿地圖》。光緒二十二年（1896），任黑龍江輿地圖局總辦。黑省地處編陲，荒寒窮遠，時人視爲鬼域，鮮有往者。他在此實地測量，河山跋涉，不避風雪，歸按所測繪爲詳圖，以五年心力，完成《黑龍江輿圖》及其圖說，內容所載山水沿革，可爲考古之助。〔註96〕在此同時，他也考訂西北與東北邊地。他曾對繆荃孫說：

> 近年詞章之學少廢，頗考定西北、東北邊地，大約東則《滿州源流考》
> 得什之五六，西則洪文卿《元史譯補》得者什八九。可稱絕作。此外張石州、
> 徐星伯、何秋濤、祁韻士西清、李若農，數人之中若老較勝。多不足盡據。寄
> 近撰《元秘史地理今釋》一書，合諸公之說，証誤釋疑，似不微長，將脫
> 稿矣。別撰《黑龍江驛程錄》四卷，《柳外歸程錄》一卷，后錄遼金元東
> 北疑地，多所詮釋，爲小方壺齋主人取去，擬刻入叢書。〔註97〕

屠寄足跡半中國的資歷，使他領悟研究地理的三個益處：貢賦朝聘，疆域索定，可以通經，一益也；霸朝王朝，隕攸幅制，可以考史，二益也；戰勝攻手，審端徑術，可以知兵，三益也。〔註98〕換句話說，屠寄認爲研究地理沿革，既可經世致用，也有助於保國安民，是一門有用之學。當然，他精於地理的最終目的是在治史，故以「歷史地理學」名之最貼切。梁啓超於此最有體會，他說：「清儒之地理學，嚴格的論之，可稱爲歷史的地理學。蓋以便於讀史爲最終目的，而研究地理不過其一種工具。地理學僅以歷史學附庸之資格而存在耳。其間亦可略分爲三期：第一期爲順康間，好言山川形式阨塞，含有經世治用的精神。第二期爲乾嘉間，專考郡縣沿革，水道變謙等，存粹的歷史地理矣。第三期爲道咸間，以考古的精神推及於編徼，浸假更推及於域外，則初期致用之精神漸次復活。」可知其然。

豐富的旅遊經驗以及勤於研究的精神，使屠寄意識到文獻與實地二重互證的重要性，故而道出了「目治者可信，耳治者未能全信」〔註99〕的感言。他將二重互證

〔註95〕屠寄《中國地理教科書》自敘。
〔註96〕《先君敬山先生年譜》之光緒二十三年（1897）。
〔註97〕《藝風堂友朋書扎》屠寄致柯繆荃孫之二十七。
〔註98〕原文見於《結一宦駢體文》卷一〈新鐫刻李氏歷代地理沿革圖後敘〉。本文引自桂尊義等著《中國近代史學史》下冊，頁283。
〔註99〕屠寄〈答張蔚西（張相文）成吉思汗陵寢辨證書〉，《史地雜誌》第10、11期。

法運用於《蒙兀兒史記》，爲他帶來極高的聲譽。其云：

> 蒙兀兵力所及，橫跨亞細亞、歐羅巴兩大洲，間接於阿弗利迦。《元史》於東道地理，則附肇州於廣寧之下，上都虛列路名，嶺北僅詳省治，西北三藩地入附錄。洪氏鈞、魏氏源各有補釋，稍足彌前史之闕。但魏氏身未出長城一步，其所斠定，不外舊籍；洪氏所據，皆百年前之西書，其時泰西人遊歷西域者固多，而足跡至外蒙兀、關東三省者尚少。鄙人從事關東五年，往來蒙兀草地數四，又因前清光緒閒修會典，爲黑龍江輿圖局主任。測繪所及，旁涉吉林、內外蒙古及斡魯速屬鮮卑兒毗連之地。故於蒙兀初起用兵，及東道諸王分地，一山一水，皆能知其古今地名分注傳中。大足補洪、魏二家之闕誤。〔註100〕

可知其對蒙古研究充滿了自信。稍晚於他的民國大史家王國維，其有名的「二重校勘法」，「取地下之實物與紙上之遺文互相釋證，取異族之故書與吾國之舊籍互相補正，取外來之觀念與固有之材料互相參證」〔註101〕，實非首創，乃師法其前輩屠寄等人而光大之的。

4、徵實經世並重

屠寄治學，詳博特盛，凡駁正一說，必博考群籍，說明棄彼取此之由，有乾嘉精神，且又特重經世，故字裏行間，往往流露關懷世變之亟，有道咸之風。他嘗語友人繆荃孫曰：

> 我心維新，我學守舊，公則乾嘉諸老之風，寄亦道咸時學之黨。〔註102〕

治學徵實經世並重，爲人博學而開明，使他終成爲史學大家，也爲後人所樂爲推崇。

5、中西學術合一

屠寄國學根底深厚，西學態度亦開放。他曾以西方歷史進化論來編撰中國通史講義，也曾請其子翻譯西方蒙古史以幫助他的研究。這種治中西學術於一爐的博學精神，不僅擴大了他的史學世界，也是他思想持續進步的動力。

（二）《蒙兀兒史記》的特色

《蒙兀兒史記》是屠寄畢生最大的成就，其史學光彩，亦自此而煥發。〔註103〕

〔註100〕《蒙兀兒史記》凡例。
〔註101〕王國維的「二重考證法」，見於陳寅恪〈王靜安先生遺書序〉，《陳寅恪先生文集》（二）。
〔註102〕《藝風堂友朋書札》屠寄致柯繆荃孫之二十七。
〔註103〕引自杜維運〈屠寄傳〉，其云：「屠寄於清末民初史家中，有史學復有史識，誠不可及矣。」（本文收入氏著《歷史的兩個境界》，民國84年7月三民書局出版）

　　屠寄對蒙元史的興趣，始於光緒十五年至十六年（1889～1890）任職廣州廣雅書局與廣東輿圖局時。當時他購買明刻本的《元史》，詳審精讀，並作批注，以後三十餘年，皆究心於史地之學。〔註104〕屠寄初治此學，「每病遼、金、元三史荒疏，東北地理蕪昧不治，慨然有重修之志」〔註105〕。光緒二十二年（1896）任職於黑龍江輿圖局中的五年中，益勤於西北、東北史地的研究。他廣搜圖籍，校勘考訂，愈覺《元史》之紕繆，而有改編的想法。他曾書繆荃孫云：「《元史》之紕繆，眞出人意表，將來非重修不可。」〔註106〕。

　　《元史》改編，極其困難，屠寄於此，甚耗神智。其子孝宧描述：

> 先君雖躬掌校務（屠寄於1906年所創辦的初級師範學校），仍不廢著述，每晚料理公牘之餘，必挑燈兀坐，續著《蒙兀兒史記》，至晨雞唱野，始掩卷就枕，蓋夜深人靜，心易專一。先君自弱冠以來，即喜夜讀，雖舟車風雪，無或暫輟，此習積之已三十餘年矣，初不以向老而改其常也。〔註107〕

民國以後，中西學術交流漸頻，使元史學更盛，加上蒙古爭取獨立的刺激，使寄更「一意著述，朝夕寢饋於蒙兀兒史者」〔註108〕。至臨終前，尤燈坐不倦，孜孜不息。其精勤如此，令人感動。

　　《蒙兀兒史記》是屠寄生平的力作，一生精力皆悴於斯。與先前元史改編者最大的不同，是他擴大了元史的範圍，跳離傳統一朝一史的正史模式，以世界史的觀點，上起古代，下迄近代，專究一代天驕蒙古民族的興衰發展。因時間縱跨數百年，空間橫跨中外，與傳統正史記載有異，故不名元史，而曰《蒙兀兒史記》。以現代史學而言，就是一部標準的民族發展史。

　　《蒙兀兒史記》，凡一百六十卷，本紀十八，列傳一百二十九，表十二，志一。其中有目無書者十四卷，所以實際上是一百四十六卷。因屠寄蒙文不精，外文不通，而多賴其子譯書協助。〈凡例〉中，其言是書特色：

> 本書起訖，不圈有元一代，故不曰元史，而曰蒙兀兒史。
>
> 本書諸大汗本紀標題，不稱廟號而稱名。
>
> 《蒙兀秘史》（元朝秘史）逸事，一一潤色，散入紀傳。

〔註104〕屠寄以三十餘年時間悴力明刻《元史》，正楷朱批遍滿書端，現收藏於大陸中國社會科學院歷史研究所。

〔註105〕《先君敬山先生年譜》之光緒二十三年（1897）。

〔註106〕《藝風堂友朋書札》屠寄致繆荃孫之二十九。

〔註107〕《先君敬山先生年譜》之光緒二十九年。

〔註108〕《先君敬山先生年譜》之民國二年。

以《蒙兀秘史》譯音代字最審正而遵用之。

蒙兀色目人最重氏族，而氏族莫詳於秘史。本書紀傳，凡氏族有可考者，必於當篇詳考其源流。

補元史宗室世系表。

《元史》於東道地理，則附肇州於廣寧之下，上都虛列路名，嶺北僅詳治，省西北三藩地入附錄。鄙人從事關東五年，往來蒙兀草地數四，又因前清光緒閒修會典，爲黑龍江輿圖局主任。測繪所及，旁涉吉林、內外蒙古及斡魯速屬鮮卑兒毗連之地。故於蒙兀初起用兵，及東道諸王分地，一山一水，皆能知其古今地名分注傳中。大足補洪鈞、魏源二家之闕誤。

洪鈞自謂補傳悉本多桑。然取多桑原書校之，於知洪書於西域及木剌夷巴黑塔諸傳刪節過甚，或譯有違反處，今所重編，多所補正。

友周秉清寄米利堅米亞可丁博士所撰《蒙兀史》三巨冊。命三子孝實譯出拙赤後王之事。今所編拙赤諸王傳悉本之。

命四子孝宦於英吉利人所編《史家之歷史》一書中，抽譯帖木兒傳，與《明史稿》等補證之。

西北三藩，各以類次補之。

《蒙兀兒史記》，是一部總結清代元史學的體大思精之作。書中採自注方式，考異史實、史料之去取原由，使讀者明其所以。梁啓超對此甚稱之，其云：

屠著自爲史文自注之，其注純通鑑考異之性質，而博詳特甚，凡駁證一說，必博徵群籍，說明所以棄彼取此之由。以著作體例言，可謂極矜慎、極磊落者也。〔註109〕

惜書未克全竟。雖然，不掩其史學名著之作，孟森云：「先生此書，所得固多出於舊史。然其參訂舊史，以綜合新材，無一字不由審定其地時日而後下筆。故敘述皆設身處地，作者心入史中，使讀者亦不自謂身落史後。⋯⋯其於史業，上繼歐陽，下此安足數哉！⋯⋯則是書固治蒙兀史之正鵠，而亦恐攀望而不可及焉矣。」〔註110〕可謂定評焉。

二、柯劭忞與《新元史》

自錢大昕以降，清儒一直盼有一部新的元史誕生，經清儒近一百五十年來不斷

〔註109〕梁啓超《中國近三百年學術史》第十五章〈清代學者整理舊學之總成績〉之史學。
〔註110〕孟森於《蒙兀兒史記》序。

的拓荒與努力，終於有了柯劭忞《新元史》的開花結果。因體例工整，集清儒大成，為民國政府明令第二十五史。

柯劭忞，字鳳蓀，晚號蓼園，山東膠州人。生於道光三十年（1850），卒於民國二十二年（1933），享年八十四歲。祖父柯培元曾仕於台灣，著有《喀瑪蘭志略》。父母皆工於詩文。以家學之故，從小嗜讀，若如父風，有幾分癡氣。亦用功太過，少年多病，容色憔悴，識者多憂其不壽，而晚年身體康強，享壽八十餘之高齡，為當日所未料者。蓋鳳蓀少年多病而常留心醫理之故也。

鳳蓀幼年喪父，隨從母讀。其母學亦深湛，植下其國學良基。詩文訓詁，天算輿地，靡不精究。同治庚午年（1870），中舉人。光緒丙戌年（1886），登進士第，同榜者有徐世昌。歷官翰林院編修侍講侍讀、國子監司業、提督湖南學政等職。光緒三十二年（1906），奉派赴日考察學務。歸，派為貴州提學使、學部右參議、京師大學堂總監督、典禮院學士、山東宣慰使、督辦山東團練大臣等官。

辛亥革命，清室退位，鳳蓀哀慟非常，以遺老自居。民國三年（1914），選為參政院參政、約法會議議員，皆不就。寧入殘宮，為溥儀之師。後清史館成立，延為總纂。館長趙爾巽卒，又兼代之。鳳蓀自顧儒臣，國亡無以自盡，修故國之史，以表思故國之恩，總持紀稿，鞠躬盡瘁，於民國十六年（1927）成《清史稿》。其撰者有〈天文志〉、〈時憲志〉、〈災異志〉等志書，修正者有〈疇人傳〉、〈儒林傳〉、〈文苑傳〉等，均甚佳。

鳳蓀殫四十餘年之心力的《新元史》，於民國十年（1921）脫稿。次年問世，大總統徐世昌下令列為正史。隨後，日本東京帝國大學亦贈與文學博士，士隆重之。民國十四年（1925），擔任東方文化事業總委員會委員長，主持《續修四庫全書提要》。晚歲傾力於校勘群經，擬刊石於曲阜，未及刊而病卒。

鳳蓀八十餘歲，猶尚健談，與友聊，相與歎息世變日亟，赤禍之不可免，其言絕悲。其喪禮，蓼園弟子二十餘人公祭，由余嘉錫為主祭。一生著述，有《爾雅注》、《文選補注》、《新元史》、《新元史考證》、《文獻通考注》（未刊）、《譯史補》、《蓼園文集》、《蓼園詩鈔》、《春秋穀梁傳注》等。〔註 111〕

（一）柯劭忞的思想與學術

〔註 111〕柯劭忞的生平，參考張爾田〈清故學部左丞柯君墓誌銘〉（《碑傳集三編》卷八），柳詒徵〈柯劭忞傳〉（《國史館館刊》第一卷第二期），徐一士〈關於科劭忞〉、〈再述柯劭忞軼事〉（上海《逸經》第 25、26 期，民國 26 年 3、4 月），牟潤孫〈蓼園問學記〉（氏著《注史齋叢稿》，民國 79 年台灣商務印書館出版）。

柯劭忞是典型的儒家士紳，倡經世思想及講春秋之微言大義。其云：

> 吾人治學，當講宋人之義理，清人之考據，不可學阮元。阮氏全講錯了。〔註112〕

可知其主張「漢宋合一」。

劭忞的春秋大義，是穀梁傳的思想，同晚清流行的公羊學派不同。他在《春秋穀梁傳注》序云：

> 自瑕邱江公絀於董子，而穀梁之學微。孝宣以後，劉子政為穀梁大師，其學說尚有存者。子政通儒達識，兼采公羊，然用傳義者十之七八，用公羊義十之二三而已。《漢書》五行志劉向治穀梁春秋，數其禍福，傅以洪範，知子政演說禍福，皆穀梁義也。東京之末，篤生鄭君，兼通三傳，尤篤好穀梁之學，其言曰「穀梁善於經」，又曰「穀梁近孔子」，可知其宗尚。其起廢疾之說，發揮傳義，至精至密，舉一反三，斯為善學。何邵公智慮深長，為經師之冠，其說三科九旨，不用古說而別為條列者。按公羊徐疏引宋君春秋注三科者，一曰張三世，二曰存三統，三曰風內外。九旨者，一曰時，二曰月，三曰日，四曰天王，五曰天子，六曰王，七曰譏，八曰貶，九曰絕。何氏則就三科分為九旨，擯古說之九旨不用。蓋以三科為公羊學，九旨則穀梁學，故取其三科而不取九旨也。今以穀梁傳證之日月時之例，傳義較公羊詳數倍。天王天子王之三稱，傳義備矣，公羊未之及也。譏貶絕之例，亦較公羊為密，用是知宋君所謂九旨者，誠哉！為穀梁之義例矣。何氏專治公羊故舍之不取奈何！治穀梁者，熟識無睹而自棄綱領之大者乎！師說久湮，傳義恆疑其無條理，若統之以九旨，則如網在綱，有條不紊矣。今就子政、康成之遺文墜義，而推闡之九旨為全書綱領，復取本傳之文，旁參互證以通其未備，庶幾穀梁一家之學，得其門而入乎！至於疏通疑滯，其事有三：其一曰正文字之訛。……一曰正說解之訛。……一曰通傳文之義例。……吾友鄭東父有言穀梁之複傳，其文省而理密，可謂之言矣。竊謂世變方亟，撥亂反正，莫尚於《春秋》，非兼通三傳，不足以治《春秋》之學。《左氏傳》有杜元凱，《公羊傳》有何邵公，皆可以津逮後學。獨范武子《穀梁集解》，多襲杜氏、何氏之說，其自為說或不免於膚淺。近人有為之補注者，汎取唐宋以後諸家之說，亦無裨義也。劭忞樗昧無能，為役譬芳塞之途，粗知墾闢成《穀梁傳注》十五卷。

〔註112〕引自牟潤孫〈蓼園問學記〉。

由此也可知他與魏源、龔自珍、廖平、康有為、梁啟超等人政治思想上不同的原因。

　　劭忞早年史學用功於馬端臨的《文獻通考》，對中國的典章制度有極深入的研究。他曾對弟子牟潤孫說：「我四十歲之前，集中心力為《文獻通考》校注。不只校出馬貴與編撰之誤。自有通考以來，不用說校，就是從頭到尾讀一遍，不知有誰？後來由於捻軍戰事影響，稿本全失，遂改治元史。」〔註113〕

　　江瀚在劭忞的追悼會上，也這樣的說道：

　　　　鳳蓀先生為經世治用之學，上紹亭林，薄戴（震）、段（玉裁）、錢（大昕）、王（念孫、引之）而不為。民國初年設地政講習所，請柯先生批改學員課卷，柯先生往往批上千數百言，指陳歷代土地政策的利弊得失，如數家珍，無一字不說中肯綮。足見柯先生的典章制度之學的精湛。若非將歷朝史志及《通典》、《通考》等書爛熟於胸中，積蘊了豐富的知識，豈能有如此的表現！〔註114〕

劭忞治學富經世思想，元史研究是其經世理念的表現。

　　他究心元史，始於捻亂之後。光緒十二年（1886），及進士第，入官翰林院，見《永樂大典》殘本、元代《經世大典》與元代諸家文集，而勤鈔錄之。後來得讀柯逢時所藏的《經世大典》原本與洪鈞的《元史譯文證補》，而奠下其元史研究之基，遂發願重撰新史，並為其畢生唯一之大事業。咸豐舉人陳代卿云：

　　　　光緒甲辰（1904）六月初二，余由津門乘火車入都，……居停主人為柯鳳蓀少司成，余權膠州時所得士也。時方十四齡，文采斐然，知為遠到器，由詞館而洊升京堂，四十餘年，見余猶執弟子之禮不倦，其血性有過人者。鳳蓀樸學，不隨風氣為轉移，著有《新元史》，嘗得歐洲秘藏歷史，為中土所無。

　　　　余在京見其初稿，以為其書必傳，未知何時告成，俾余全賭為快也。

〔註115〕

劭忞究心元史，凡四十餘年，除盡讀清儒元史著作外，亦勤蒐西方史籍，故蒙元史事爛熟胸中，加上本身的史學造詣，終而完成清儒所一直嚮往的《新元史》。

（二）《新元史》的特色

　　《新元史》，是柯劭忞四十餘年元史研究的心血結晶，於民國十年（1921）脫稿，

〔註113〕牟潤孫〈蓼園問學記〉。
〔註114〕引自牟潤孫〈蓼園問學記〉。
〔註115〕陳代卿《節慎齋文存》卷下〈北遊小記〉。

翌年問世。1930 年代，自定最後定本，由天津徐氏出版，稱爲「徐氏退耕堂刻本」。計二百五十七卷，本紀二十六卷，表七卷，志七十，列傳一百五十四卷。新史不時流露出他對前朝大清帝國的惓惓之戀，故封面作者提名「賜進士出身日講起居注翰林院侍讀國史館纂修膠州柯劭忞撰」。〔註 116〕

《新元史》編撰體例頗異於舊史，其目的當然意在爭勝舊史，甚至取而代之。茲說明如下：

（1）本紀：仿《魏書》、《金史》之例，作〈序紀〉，考蒙古源流。改〈順帝紀〉爲〈惠宗紀〉，並補撰惠宗子昭宗紀。

（2）表：宗室與諸王合爲一，曰〈宗室世系表〉。以錢大昕〈元史氏族表〉爲主題，並參稽中外史料，成〈氏族表〉二卷。另新創〈行省宰相表〉。

（3）志：這是劭忞的專長。他分舊史〈禮樂志〉爲〈禮志〉、〈樂志〉二篇。合舊史〈祭祀志〉、〈輿服志〉爲一，曰〈輿服志〉。其他如〈五行志〉、〈百官志〉、〈食貨志〉、〈兵志〉、〈刑法志〉等，皆較舊史新增許多。

（4）列傳：舊史列傳九十七卷，新史則一百五十四卷，增加了五十七卷。列傳依人物時間先後撰述，一改舊史依蒙古、色目、漢人、南人之序，帶有種族意識的順序排列。傳末，有元末起義群雄與西方帖木兒汗國傳，描述元亡後的政局。專傳中，分舊史〈儒林傳〉爲〈儒林〉、〈文苑〉二傳，改〈良吏傳〉爲〈循吏傳〉、〈孝友傳〉爲〈篤行傳〉，刪去〈姦臣〉、〈叛臣〉、〈逆臣〉三傳，新增〈蠻夷傳〉。〔註 117〕

書成後，民國大總統徐世昌爲《新元史》付梓，並令入正史，成爲中國第二十五史。世昌序云：

明人修《元史》倉促成書，重複掛漏，讀者病之。乾隆中，錢竹汀少詹思別爲一書，成補志、補表及列傳百餘篇，然迄未卒業。今〈藝文志〉、〈氏族表〉俱刊行於世，列傳則佚而不傳。自少詹以後，改訂舊史者雖有成書，仍不饜讀者之意。膠西柯鳳蓀學士爲余丙戌（1886）同年，既入翰林，假館中所貯《永樂大典》讀之，擇褝於元史者鈔爲巨帙，固知其有著書之志矣。已而從元和陸文端公（陸潤庠）得洪文卿侍郎繙譯西書稿本，始知刊行之《元史譯文證補》尚多。而東西學者之撰述洪氏所未及者，學

<hr>

〔註 116〕柯劭忞於《新元史》中，不時有留戀前清之筆。如〈序紀〉史臣曰有「我高宗純皇帝」一語，〈河渠志〉之敘有「我大清乾隆間」一語，論贊亦以「史臣曰」述。

〔註 117〕柯劭忞之妻，爲吳汝綸之女，曾助柯氏之撰《新元史》。柳詒徵〈柯劭忞傳〉云：「增補元史大業，夫人當在纂修之列，夫妻間自爲知己，其樂奇矣。」

士亦獲而譯之。又博訪通人，假其藏書，多四庫未收之秘笈，旁及元碑拓本，又得三千餘事。於是，參互考訂，殫十餘年之精力，撰《新元史》二百五十有七卷，近世治史學者未有及學士之博篤者也。……昔新舊唐書論者互有短長，學士以此書贍而不蕪，義例尤嚴，視舊史殆倍蓰過之，其列於正史宜矣。

勛忞撰《新元史》，亦有意追隨歐陽修之《新唐書》、《新五代史》，故論贊之「史臣曰」處處流露春秋大義：

> 時無古今，治無夷夏，未有舍先王之道而能保世長民者。（卷十二〈世祖本紀〉）

> 《春秋》貴讓不貴爭，公羊子之言過矣。（卷十五〈武宗本紀〉）

> 孔子稱叔孫昭子不勞，泰定帝討鐵失等弒君之罪，雖叔孫昭子何以尚之。（卷十九〈泰定帝本紀〉）

> 春秋之義，未踰年之君稱子。寧宗即位，匝月而殤，乃入廟稱宗，其廷臣不學如此，豈非失禮之大者哉！（卷二十二〈文宗本紀〉）

> 春秋之法，善善及子孫，賢者之宜有後，諒矣哉！（卷一百二十一〈博爾朮、博爾忽傳〉）

> 春秋之義，用夏變夷，必自夫婦之倫始。（卷二百四十四〈列女傳〉）

當時，勛忞也寄贈新史與日本東京帝國大學，帝大東洋史學系諸教授以新史集成創新，提議交付教授會加以審查。審查報告指出，《新元史》承諸家之後，參考諸家之著述，修改元史，表面上似乎易於成功，實際上則等於當群雄割據迭興之後，而成統一之功。其述新史：

特色有三：

第一參照西方之史料。如「拉施特」、「多桑」等諸家之作，以補舊史之闕漏，正舊史之誤謬也。

第二參考蒙古史料之《元朝秘史》，以補舊史之闕也。

第三參照中國史料《經世大典》一部，如國朝典章等，以增補舊史之闕也。

缺點有二：

第一取捨添刪之處，尚未盡得宜者。

第二考證究索，尚有未盡之處。

最後以千秋不朽盛業，同意授與勛忞東京大學文學博士學位。〔註118〕這在當時

〔註118〕〈新元史論文審查報告〉，由箭內互與市村贊次郎所寫。有王桐齡譯為中文，刊於《學衡》第34期，民國13年6月。

是罕有殊榮，劭忞爲此極爲得意。

或問日本帝大對柯書審查，似重於「史料觀」？曰然，史料之考校，固極爲重要，而「史家三長」——史才、史學、史識——之發揮，尤爲史著之成敗關鍵。日本帝大之審，確重史料，且新史體例嚴謹，記事詳瞻，亦足以展現劭忞之史才及博學，此亦是書之價值所在，毋怪乎其能成清史館之總纂及兼代館長。當時柯書出，即有「廢舊史而成新史之說」，國學大師章太炎力讚其議，彼云：「柯書繁富，視舊史爲優，列入正史，可無愧色。」〔註119〕而反對者亦所在多有，紛紛然指陳其書「史實陋誤」、「刪節舊史失當」、「有錢大昕〈藝文志〉而不用」諸失。〔註120〕後來也證明，《新元史》終究是無法完全取代《元史》。

或問《新元史》比之《新唐書》、《新五代史》何如？曰劭忞固有意追隨歐陽文忠公，唯其地位不如也。蓋自十九世紀末、二十世紀初西方史學輸入中國後，「一手史料」觀蔚然成爲近代中國史學的主要思潮，故就《新元史》比之《元史》而論，終究只能算是二手史書，且柯書所引史材，今日多仍可見，不足爲奇，不若《新唐書》、《新五代史》尚多可與舊史相參，故其地位無法與之相彷彿。此乃時隨勢異也。

或問清儒素有重修《元史》之志，柯書之地位何如？曰清儒重修元史，以魏源《元史新編》、屠寄《蒙兀兒史記》與柯劭忞《新元史》三書最佳。魏書文筆洗練，清新雋永，而短於史實不備，此亦時代所限，不可過責。屠書體大思精，考證精博，工整明淨，惜全書未竟。柯書體例謹嚴，記事詳瞻，洋溢自信，可覽「一代之興衰，

徐一士〈關於柯劭忞〉有云：「據聞東京帝大方面，最初本無授予鳳老博士學位之意，此事係由當日駐華公使小幡酉吉之提議而成。」可見學位之贈，亦包藏攏絡清室遺老之意。

〔註119〕章太炎《國學略說》之史部。

〔註120〕近人考證《新元史》謬誤中，以陳叔陶〈新元史本證〉一文最詳。其文仿汪輝祖《元史本證》，以子之矛攻子之盾，指摘《新元史》之病有二十二項：

（1）重疊重複　　　（2）譯音無定　　　（3）人名多誤
（4）地名多誤　　　（5）紀年多誤　　　（6）紀月多誤
（7）紀日多誤　　　（8）紀事多誤　　　（9）世系多誤
（10）封爵多誤　　（11）官職多誤　　（12）氏族多誤
（13）謚號多誤　　（14）誤「氏」爲「人」　（15）紀年多遺
（16）紀事多遺　　（17）宗室多遺　　（18）世族多遺
（19）姓氏多遺　　（20）體例不一　　（21）書法未審
（22）剪裁未當

（本文刊於《史語所集刊》第七本第三分，民國二十六年）

另外，〈蓼園問學記〉記載了柯劭忞不寫〈藝文志〉的原因。他對牟潤孫說道：「你不知道《漢書》藝文志所根據的是漢中秘藏書目？我找不到元內府藏書目，何從爲之撰〈藝文志〉？」

生民之休戚」，然較不善於敘事。三者實伯仲也。〔註121〕然整體言，柯書晚出，有總成之功，最具勝相，坐清儒重修元史第一把交椅，當無疑議。

柯劭忞，是民國以後少有的傳統士紳，他和他的作品，皆象徵了清代學風的尾聲，此後學風益趨西化，中國邁入新精神時代。換句話說，民國以後的學風，是中國真正「西學時代」的來臨。

〔註121〕孟森於《蒙兀兒史記》敘云：「（屠書）敘述皆設身處地，作者心入史中，使讀者亦不自謂身落史後，較之心不與全史浹，而以其翦截餖飣之文詒後人，不免孟子所謂『以其昏昏，使人昭昭』矣。」借稱譽屠書暗詆柯書。

第七章 尾 聲

一

讀史之樂樂無窮。

歷史留給我們的，有政治上、社會上、經濟上的成就，也有文化上、藝術上的創造。這些成就或創造，經過史學家的春秋之筆，如日月麗天，光輝永恆。因此，我們可知萬物之靈的生生不息，政治天才的風捲殘雲，以及文化巨匠的鬼斧神工。史學家留給我們豐富的文化遺產，是人類至高無上的偉大成就，我們對他們永懷欽慕與感念。

二

讀史易，治史難；治漢、魏之史易，治宋、元以後之史難；治漢族之史易，治邊族之史難；治《史記》、《漢書》易，治《元史》難。是故昔人多喜前四史，以其文筆生動簡練，易曉易習也。若元史者，覽之不易，疏陋尤甚，讀者已不多，治者何遑論之！是故司馬遷、班固知己遍天下，宋濂、王褘相識無幾人。

就因元史難，清儒元史事業更加珍貴。

在探索清代學風與清儒元史學時，我心底由衷地感佩他們的文化偉業。看到他們勇往直前的意志，永不氣餒的勇氣，在荒蕪蒼涼中披荊斬棘，在極度貧乏中拓荒播種，在灰天暗地中而開創新局。他們的研究，有紹往，有開來，有推陳，有出新，因此他們的成績日新又新、生生不息。他們之間，有提攜而不相輕，有爭雄而不互短，所以他們共同創造了人類珍貴的文化遺產。如果讀元史而不知他們，彷彿吃飯而不知農一樣，是令人無限遺憾的。飲水思源，當我們在欣賞成吉思汗的征西大業，忽必烈汗建國中原，以及元朝的理學、藝術時，也應知悉為我們撰寫這段歷史的史

學家——宋濂、王褘、邵遠平、錢大昕、魏源、張穆、李文田、洪鈞、曾廉、屠寄與柯劭忞。他們的事業，在今日看來或許已成為「浪潮中的前浪」，但是他們曾有過的輝煌成就，以及對人類文化的推波助瀾之功，卻是長留青史而永不凋謝的。借用英國史家 G.P.Gooch 的一段話：

> 我請求學者們應該視他們為全心奉獻真理的兄弟，而不是把他們看作
> 在競技場上，受各自支持者喝采聲中進行搏鬥的戰士。〔註1〕

三

從事學術史的研究，不單要重視個人的成就，更應重視整體的群象。因為「歷史研究，有如奔騰的江流，前後相擁，波瀾萬千，沒有研究已至於止境，後人的研究，不斷代替前人的研究。新陳代謝，生生不已，於是成為歷史研究的特質。」〔註2〕換句話說，一個時代的學風發展，不是一、二人能無中生有打造而成的，其中充滿了時代變遷下的遞嬗與傳承。所以，研究清代學風，不可不知明代學風，不可不知清代政治；研究清儒元史學，不可不知清代政治，不可不知清代學風；研究屠寄、柯劭忞的元史大成，不可不知錢大昕、張穆的元史拓荒，不可不知李文田、洪鈞的元史成長。由此亦可知，學術發展雖因時代變遷下而各有不同的特色，但是直線式的進步卻是無庸置疑的。此與政治上一治一亂的循環論，堪稱是一個強烈的對比。

四

中國是最重視歷史的民族，所以史學家也非常受到尊敬。古時司馬遷、班固固不必說，即如近世之王國維、陳寅恪亦復如此。然而，晚清以前，從事元史學是一件很孤獨的事。清儒曾經這樣的傾訴：

> 讀史縱橫貫穿功，眼光如月破群蒙；
> 和林舊事編成後，更與何人質異同。〔註3〕

> 斷瓦殘當歲月深，沿河翁仲草深深；
> 殘碑滿地無人拾，太息圭塘許翰林。〔註4〕

在晚清時局的風會下，元史學大張旗鼓起來。而「異族政權的啟示」，「清代學風的寫照」，「西北危機的呼聲」，「中體西用的先河」，「清儒傑出的史學」，更增添了

〔註1〕G.P.Gooch, *History and Historians in the Nineteenth Century*, Longmans, 1959, Preface to the beacon press edition.

〔註2〕杜維運《史學方法論》（台北：三民書局，民國78年3月十版），頁111。

〔註3〕《潛研堂文集》卷六〈過許州追悼亡友周禼西刺史〉。

〔註4〕李文田《和林詩》。

他們遊學於此的不凡意義。

　　他們的元史事業，可分為與「重修元史」、「蒙元史料史實考證」、「元史專題研究」三類。其中，「蒙元史料史實考證」、「元史專題研究」二類為預備階段，「重修元史」才是他們的終極目標。中西大通以後，元史學提升為世界性的學問，連帶也使他們具有世界性的學術地位，這是時勢造英雄，也是英雄造時勢。

五

　　拜清代樸風之賜，從事元史學的清儒，幾為博學鴻儒。李思純云：「清代能以漢學家之精神方法治史者，固捨諸元史學專門家以外莫屬也。」是很有其道理的。也正因如此，他們能神思清明，目光如炬，穿梭於文獻金石之間，縱橫睥合於古今中外典籍，而各擅勝場、各領風騷。後來民國學風的開展，都是站在他們的肩膀上繼續成長茁壯的。

六

　　儒家思想薰陶下的中國傳統士人，治學極富經世精神。孔子曰：「我欲載之空言，不如見之於行事之深切著明也。」是最具代表性的一段話。清儒治元史更是如此，所以他們很自豪於自己的研究工作，常自稱所從事的是經世之學。

　　順康之世，明勝國遺老，離喪亂之後，研究元史，意在經世，又可與南宋遺老共鳴。乾嘉之世，漢學鼎盛，諸子得肆意稽古，因而元史學曙光乍現。雖然此時元史重在訓詁，而「鑑元知清」的思想，都在錢大昕、趙翼諸子的作品中「誠於中，形於外」。道咸之世，政治中衰，經世之風再起，「實事求是」與「經世治用」並重，元史學成為他們經世的實學。同光之世，更興經世文風，元史學者憂心國是，思有所用，而更加悴心。清儒之於元史的歷史意義，由這三百年的發展可知了。

　　總而言之，愛國愛民是清儒元史學共同的心聲，所以他們願意用寶貴的一生盡瘁於斯，期盼心血結晶能有用於當世。這種經世關懷與道德理想，正是他們文化生命的所在，值得我們後輩學人效法與學習。然而，我們反觀當今史學，方法雖是較前人進步，研究卻與人性逐漸疏離，不但失去了史學應有的光彩，且於世道人心無益，思清儒元史，能無愧乎？

七

　　本書名《清儒與元史》，意在藉清代一門傑出學問，以觀一代學風發展及清儒治

學志趣。「專注」、「同情」、「物證的刺激」以及「學術的基礎」〔註5〕，是本文研究應具有的條件。當我覽讀他們的故事及其成就時，彷彿我也置身於清代世界。在提筆寫下他們時，我猶如又看到一群梁山好漢出現在我的眼前。最後，完成本文時，我歡喜無限，好似寫成了一部清史儒林傳。得親此風會，幸甚！幸甚！

〔註 5〕杜維運《史學方法論》云：「專注、同情、物證的刺激以及學術的基礎，都是引發想像的媒介。」（頁 200）

參考書目

一、明朝以前的載籍

1. 司馬遷，《史記》，新校標點本。
2. 班固，《漢書》，新校標點本。
3. 范曄，《後漢書》，新校標點本。
4. 陳壽，《三國志》，新校標點本。
5. 魏收，《魏書》，新校標點本。
6. 房玄齡，《晉書》，新校標點本。
7. 劉昫，《舊唐書》，新校標點本。
8. 歐陽修・宋祁，《新唐書》，新校標點本。
9. 薛居正，《舊五代史》，新校標點本。
10. 歐陽修，《新五代史》，新校標點本。
11. 脫脫，《宋史》，新校標點本。
12. 脫脫，《遼史》，新校標點本。
13. 脫脫，《金史》，新校標點本。
14. 宋濂・王禕，《元史》，百納本。
15. 宋濂・王禕，《元史》，乾隆武英殿本。
16. 宋濂・王禕，《元史》，新校標點本。
17. 劉知幾著・浦起龍釋，《史通通釋》（台北：里仁書局本）。
18. 司馬光，《資治通鑑》，新校標點本。
19. 鄭樵，《通志》（台灣：商務印書館本）。
20. 朱熹，《朱子文集》，四部叢刊本。
21. 黎清德輯，《朱子語類》，王星賢點校（北京：中華書局，1986 年）。
22. 陸九淵，《象山全集》（台北：世界書局本）。

23. 彭大雅撰‧徐霆疏，《黑韃事略》海寧王靜安遺書本。

24. 孟珙，《蒙韃事略》，海寧王靜安遺書本。

25. 李志常，《長春眞人西遊記》，海寧王靜安遺書本。

26. 劉郁，《西使記》，海寧王靜安遺書本。

27. 馬端臨，《文獻通考》（台灣：商務印書館本）。

28. 蘇天爵，《元文類》，四部叢刊本。

29. 王士點，《元秘書監志》，高榮盛點校（浙江：古籍出版社，1992 年）。

30. 蘇天爵，《元朝名臣事略》（北京：中華書局，1985 年）。

31. 權衡，《庚申外史》（上海：商務印書館本，民國 25 年）。

32. 陶宗儀，《輟耕錄》（台北：世界書局本）。

33. 汪大淵，《島夷志略》（上海：古籍出版社，1993 年）。

34. 佚名‧〔清〕徐松輯，《元河南志》（清光緒宣統間刊本）。

35. 《元高麗紀事》（台北：廣文書局本）。

36. 《大元馬政記》（台北：廣文書局本）。

37. 《大元官制雜記》（台北：廣文書局本）。

38. 《大元倉庫記》（台北：廣文書局本）。

39. 《大元聖政國朝典章》，四庫全書本。

40. 盛如梓，《庶幾老學叢談》，四庫全書本。

41. 陳桱，《通鑑續編》，四部叢刊本。

42. 《明太祖實錄》，中央研究院歷史語言研究校刊本。

43. 宋濂，《宋學士集》，四部叢刊本。

44. 王褘，《王文忠公集》，四部叢刊本。

45. 火原潔，《華夷譯語》，四部叢刊本。

46. 程敏政輯，《皇明文衡》，四部叢刊本。

47. 王陽明，《傳習錄》（台灣：商務印書館本）。

48. 周復俊，《元史弼違》（台北：新文豐出版社本）。

49. 胡粹中，《元史續編》，四庫全書本。

50. 薛應旂，《宋元通鑑》，明嘉靖刊本。

51. 陳邦瞻，《元史紀事本末》（台北：三民書局本）。

52. 王光魯，《元代備忘錄》（台北：新文豐出版社本）。

53. 邵經邦，《弘簡錄》（台北：廣文書局本）。

54. 王世貞，《弇山堂別集》（北京：中華書局，1985 年）。

55. 黃虞稷，《千頃堂書目》，四庫全書本。

二、清代的載籍

1. 張廷玉，《明史》，新校標點本。

2. 趙爾巽・柯劭忞，《清史稿》，新校標點本。

3. 《清史列傳》（北京：中華書局點校版）。

4. 顧亭林，《日知錄》（台北：文史哲出版社之原抄本）。

5. 顧亭林，《亭林文集》（台北：中華書局本）。

6. 黃宗羲，《明儒學案》（台北：里仁書局本）。

7. 黃宗羲原著・全祖望補修，《宋元學案》，陳金生・梁運華點校（北京：中華書局，1987 年）。

8. 孫承澤，《元朝典故編年考》（台北：文海出版社影印本）。

9. 孫承澤，《元史人物略》，孫氏手稿影印本。

10. 孫承澤著・王劍英點校，《春明夢餘錄》（北京古籍出版社，1992 年）。

11. 王士禎，《池北偶談》（台灣：商務印書館本）。

12. 王士偵，《居易錄》，四庫全書本。

13. 邵遠平，《元史類編》，掃葉山房刊本。

14. 朱彝尊，《曝書亭集》，四庫全書本。

15. 倪燦，《補遼金元藝文志》（北京：中華書局本，1985 年）。

16. 金門詔，《補三史藝文志》，清光緒八年校刊本。

17. 全祖望，《鮚埼亭集》（台北：華世出版社本）。

18. 清高宗敕修，《遼金元三史國語解》，四庫全書本。

19. 清高宗敕譯，《蒙古源流》，四庫全書本。

20. 清高宗，《御制文初集》，四庫全書本。

21. 清高宗，《御制文二集》，四庫全書本。

22. 博明，《西齋雜著二種》（《西齋偶得》、《鳳城瑣錄》），嘉慶年刊本。

23. 畢沅，《續資治通鑑》，新校標點本。

24. 畢沅，《經訓堂叢書》，四部叢刊本。

25. 袁枚，《袁枚全集》（江蘇：古籍出版社本，1993 年）。

26. 王鳴盛，《十七史商榷》（台北：鼎文書局本）。

27. 錢大昕，《元史氏族表》（台北：開明書店《廿五史補編》本）。

28. 錢大昕，《元史藝文志》（台北：開明書店《廿五史補編》本）。

29. 錢大昕，《廿二史考異》（台北：鼎文書局本）。

30. 錢大昕，《三史拾遺》（台北：鼎文書局本）。

31. 錢大昕，《宋遼金元四史朔閏考》（台北：開明書店《廿十五史補編》本）。

32. 錢大昕著・錢慶曾注補，《錢辛楣先生年譜》（台北：鼎文書局《錢大昕讀書筆記廿九種》本）。

33. 錢大昕，《潛研堂文集》，四部叢刊本。

34. 錢大昕，《十駕齋養新錄》（台北：鼎文書局本）。

35. 錢大昕，《潛研堂金石跋尾》，四部叢刊本。

36. 趙翼，《廿二史箚記》（台北：廣文書局本）。

37. 趙翼，《陔餘叢考》（台北：華世出版社本）。

38. 汪輝祖，《元史本證》，姚景安點校（北京：中華書局，1984 年 1 月）。

39. 汪輝祖，《史姓韻編》，光緒甲申耕餘樓書局聚珍版。

40. 汪輝祖，《二十四史同姓名錄》（台北：華文書局本）。

41. 汪輝祖，《九史同姓名略》（台北：華文書局本）。

42. 汪輝祖，《遼金元三史同名錄》（上海商務印書館本，民國 26 年）。

43. 汪輝祖，《汪輝祖先生自訂年譜》（一名病蹋夢痕錄）（台灣商務印書館本）。

44. 汪輝祖，《汪龍莊遺書》（光緒己丑年（1889）江蘇書局本）。

45. 永瑢等著，《四庫全書總目提要》（台灣：商務印書館本）。

46. 章學誠，《章氏遺書》（台北：漢聲出版社本）。

47. 章學誠・葉瑛校注，《文史通義校注・校讎通義校注》（台北：漢京出版社本）。

48. 阮元，《揅經室全集》，四部叢刊本。

49. 江藩，《漢學師承記》（台灣：商務印書館本）。

50. 方東樹，《漢學商兌》（台灣：商務印書館本）。

51. 江標，《黃丕烈年譜》（北京：中華書局本）。

52. 唐鑑，《清學案小識》（台灣：商務印書館本）。

53. 松筠主持・祁韻士編・徐松修定，《新疆識略》（光緒甲午仲春上海積山書局石印）。

54. 祁韻士，《欽定外藩蒙古回部王公表傳》，四庫全書本。

55. 祁韻士，《西陲要略》（道光十七年筠淥山房本）。

56. 祁韻士主編・毛嶽生編次・張穆審覆，《皇朝藩部要略》（光緒十年冬月浙江書局本）。

57. 祁韻士，《鶴皋年譜》（上海書店影印本，1994 年）。

58. 徐松著・繆荃孫輯，《徐興伯先生小集》（民國 9 年，江陰繆氏刊本）。

59. 徐松，《西域水道記》（光緒丁丑至丁酉，上海著易堂排印本）。

60. 李兆洛，《養一齋文集》（光緒十九年，瑞州府鳳儀書院刊本）。

61. 李兆洛，《歷代地理志韻編今釋》（上海：中華書局本，民國 25 年）。

62. 龔自珍，《龔自珍全集》（台北：河洛出版社本）。

63. 魏源，《海國圖志》（台北：成文書局本）。

64. 魏源，《元史新編》（光緒乙巳（1905）仲春月邵陽魏慎微堂刊本）。

65. 魏源，《聖武記》（北京：中華書局本，1984 年）。

66. 魏源，《古微堂文集》（光緒四年（1878）淮南書局刊本）。

67. 賀長齡主持‧魏源編，《皇朝經世文編》（同治癸酉年（1873）江右雙峰書局袖珍本）。

68. 魏源，《魏源集》（北京：中華書局本，1984 年）。

69. 毛嶽生，《休復居集》（寶山滕氏樓嘉定黃氏道光刊本）。

70. 毛嶽生，《元史后妃公主列傳》（寶山滕氏樓嘉定黃氏道光刊本）。

71. 施國祁，《金史詳校》（台北：藝文印書館本）。

72. 施國祁，《元遺山詩集箋注》（上海：中華書局本，民國 25 年）。

73. 沈垚，《落帆樓文集》（民國吳興嘉業堂刊本）。

74. 沈垚，《落帆樓文遺稿》（光緒二十八年貴池劉氏刊）。

75. 沈垚，《西遊記金山以東釋》（光緒二十九年金匱浦氏靜寄東軒石印本袖珍本）。

76. 張穆，《蒙古遊牧記》（台灣：商務印書館本）。

77. 張穆，《月齋文集》，咸豐八年刊本。

78. 張穆，《閻潛邱先生年譜》（台灣：商務印書館本）。

79. 張繼文，《石州年譜》（太原：山西人民出版社影印本）。

80. 何秋濤，《校正元聖武親征錄》（光緒二十年（1894）桐廬袁氏刊本）。

81. 何秋濤校正‧李文田、沈曾植校注，《元親征錄》（清光緒間順德龍氏刊本）。

82. 何秋濤，《北徼彙編》（同治四年陳必榮刊本）。

83. 何秋濤，《朔方備承》（光緒七年直隸官書局刊本）。

84. 盛昱，《意園文略》（清宣統庚戌（1910 年）刊朱印本）。

85. 盛昱，《雪屐尋碑錄》（上海書店本，1994 年）。

86. 盛昱，《盛伯義雜記》（天津古籍出版社影印本）。

87. 李文田，《元朝秘史志》（清光緒二十二年桐廬袁氏刊本）。

88. 李文田，《元史地名考》（拜朱室朱絲欄鈔本）。

89. 李文田撰‧羅振玉校，《和林金石錄》（民國己巳年（1929）上虞羅氏石印本）。

90. 李文田，《和林詩》（光緒丁酉年（1897）元和江世靈鶺鶒閣刊本）。

91. 〔元〕耶律鑄‧李文田箋，《雙溪醉隱集箋》（光緒十八年順德龍氏刊本）。

92. 李文田，《朔方備承札記》（上海：商務印書館本，民國 25 年 12 月初版）。

93. 盛如梓刪略‧李文田注，《西遊錄注》（宣統三年（1911）上虞羅氏校刊本）。

94. 李文田注‧范金壽注補，《西遊錄注補》（光緒間貴池劉氏刊本）。

95. 洪鈞，《元史譯文證補》（台北：鼎文書局本）。

96. 洪鈞著・田虎校注，《元史譯文證補注》（河北：人民出版社，1990 年 8 月初版）。

97. 施世杰，《元秘史山川地名考》（台北：廣文書局本）。

98. 沈曾植箋證・張爾田校補，《蒙古源流箋證》（沈氏家刊本，民國 20 年）。

99. 沈曾植，《海日樓文集》（北京：中華書局，1962 年 7 月 1 版）。

100. 沈曾植，《元朝秘史注》，張爾田校（古學院刊本，民國 34 年）。

101. 沈曾植，《島夷志略廣證》（台北：廣文書局本）。

102. 丁謙，《西遊記地理考證》（蓬萊軒地理學叢書，民國四年浙江圖書館校刊）。

103. 丁謙，《西遊錄地理考證》（蓬萊軒地理學叢書，民國四年浙江圖書館校刊）。

104. 丁謙，《元史外夷傳地理考證》（蓬萊軒地理學叢書，民國四年浙江圖書館校刊）。

105. 丁謙，《元史地理志西北附錄》（蓬萊軒地理學叢書，民國四年浙江圖書館校刊）。

106. 丁謙，《聖武親征錄地理考證》（蓬萊軒地理學叢書，民國四年浙江圖書館校刊）。

107. 丁謙，《元祕史地理考證》（蓬萊軒地理學叢書，民國四年浙江圖書館校刊）。

108. 丁謙，《張耀卿紀行地理考證》（蓬萊軒地理學叢書，民國四年浙江圖書館校刊）。

109. 丁謙，《元經世大典圖地理考證》（蓬萊軒地理學叢書，民國四年浙江圖書館校刊）。

110. 丁謙，《劉郁西使記地理考證》（蓬萊軒地理學叢書，民國四年浙江圖書館校刊）。

111. 曾廉，《元書》，宣統三年層漪堂刊本。

112. 曾廉，《元史考訂》（台北：文海出版社影印本）。

113. 文廷式，《文廷式全集》（台北：大華書局，民國 58 年）。

114. 屠寄，《蒙兀兒史記》（台北：鼎文書局本）。

115. 屠寄，《京師大學堂中國史講義》，油印本。

116. 屠寄，《中國地理教科書》（上海：商務印書館本，1911 年）。

117. 屠寄，《黑龍江輿圖說》（遼海書社排印本，民國 23 年）。

118. 柯劭忞，《新元史》（民國，徐氏退耕堂本）。

119. 柯劭忞，《新元史攷證》（上海書局，1996 年）。

120. 柯劭忞，《春秋穀梁傳補注》（國立北京大學研究院文學院，民國 16 年）。

121. 柯劭忞，《譯史補》（國立北京大學研究院文學院，民國 16 年）。

122. 王先謙，《蒙古通鑑長編》（全國公共圖書館古籍文獻編委會影印，1996 年 3

月 2 印）。

123. 王先謙，《清王葵園先生先謙自訂年譜》（台灣：商務印書館本）。

124. 王樹榮，《元朝秘史潤文》，光緒王氏清稿手本。

125. 馮桂芬，《校邠廬抗議》（台北：文海出版社本）。

126. 左宗棠，《左文襄公全集》（光緒十八年（1892）刊本）。

127. 昭槤，《嘯亭雜錄》（北京：中華書局本，1980 年）。

128. 李慈銘，《越縵堂讀書記》（北京：中華書局本，1963 年 1 版）。

129. 張之洞，《書目答問補正》，范希曾補正（台北：漢京出版社本）。

130. 張之洞，《勸學篇》（台北：文海出版社本）。

131. 劉成禺，《世載堂雜憶》（太原：山西古籍出版社本，1995 年）。

132. 王先謙，《東華錄》。

133. 《籌辦夷務始末》（同治朝）（台北：文海出版社影印本）。

134. 《清德宗光緒實錄》（台北：華聯出版社本）。

135. 《大清宣統政紀》（台北：華文書局本）。

136. 《政治官報》（北京：政治官報局編印，光緒三十三年至宣統三年）。

137. 繆荃孫，《藝風堂朋友書札》（上海古籍出版社，1980 年）。

138. 王闓運，《湘綺樓日記》（台灣：商務印書館本）。

139. 翁同龢，《翁同龢日記》（北京：中華書局本，1989 年）。

140. 葉德輝，《書林清話》（台北：文史哲出版社本）。

141. 嚴復，《嚴幾道文鈔》（台北：世界書局本）。

142. 錢儀吉輯，《碑傳集》（台北：明文書局本）。

143. 閔爾昌輯，《碑傳集補》（燕京大學研究所刊，民國 21 年）。

144. 繆荃孫輯，《續碑傳集》（宣統庚戌（1910）江楚編譯局刊本）。

145. 汪兆鏞輯，《碑傳集補三編》（台北：文海出版社本）。

146. 劉錦藻，《清朝續文獻通考》（台灣：商務印書館本）。

147. 《國朝耆獻類徵初編》（台北：明文書局本）。

148. 朱記榮輯，《國朝未刊遺書志略》，清光緒 8 年觀自得齋徐氏刊本。

149. 羅汝懷輯，《湖南文徵》（同治十年（1871）刊本）。

150. 《湘報類纂乙集》（光緒二十八年上海中華編譯印書館）。

三、民國以後論著

（1）專　書

1. 王國維，《觀堂集林》（北京：中華書局，1994 年）。

2. 王國維，《蒙古史料四種》（台北：正中書局，民國 64 年 2 月台二版）。

3. 王國維，《王國維書信》（台北：華世出版社，1985 年 2 月）。

4. 王家儉，《魏源年譜》（台北：中央研究院近代史研究所，民國 70 年再版）。

5. 王家儉，《清史研究論藪》（台北：文史哲出版社，民國 83 年）。

6. 王蘧常，《清末沈寐叟先生曾植年譜》（台北：商務印書館，民國 71 年 5 月）。

7. 王慎容等，《元史探源》（長春：吉林文史出版社，1991 年）。

8. 方豪，《中國天主教史人物傳》（台北：明文書局）。

9. 支偉成，《清代樸學大師列傳》，台北明文書局本。

10. 方詩銘・周嚴杰，《錢大昕》（上海人民出版社，1986 年）。

11. 皮錫瑞著・周予同注，《經學歷史》（台北：漢京出版社，民國 72 年 9 月初版）。

12. 甲凱，《史學通論》（台北：學生書局，民國 74 年 9 月初版）。

13. 札奇斯欽，《蒙古秘史新譯並注釋》（台北：聯經公司，民國 81 年 9 月）。

14. 牟潤孫，《注史齋叢稿》（台北：商務印書館，民國 79 年）。

15. 牟潤孫，《海遺雜著》（香港：中文大學出版社，1990 年）。

16. 朱傑勤，《龔定庵研究》（台北：文星書店，民國 54 年）。

17. 杜維運，《清代史學與史家》（台北：東大圖書公司，民國 80 年 4 月再版）。

18. 杜維運，《清乾嘉時代之史學與史家》（台北：學生書局，民國 78 年 4 月）。

19. 杜維運，《趙翼傳》（台北：時報出版公司，民國 72 年 7 月初版）。

20. 杜維運，《史學方法論》（台北：三民書局，民國 78 年十版）。

21. 杜維運，《中國史學史》（第一冊）（台北：三民書局，民國 82 年 11 月）。

22. 杜維運，《中國史學史》（第二冊）（台北：三民書局，民國 87 年 1 月）。

23. 吳瓊恩，《行政學》（台北：三民書局，民國 82 年）。

24. 李思純，《元史學》（台北：華世出版社，民國 63 年）。

25. 李治安・王曉欣，《元史學概要》（天津教育出版社，1989 年）。

26. 徐世昌，《清儒學案》（台北：世界書局本）。

27. 徐浩，《二十五史述要》（台北：世界書局，1994 年）。

28. 金毓黻，《中國史學史》（台北：鼎文書局，民國 75 年 3 月六版）。

29. 孟森，《清代史》（台北：正中書局，民國 73 年 11 月台八版）。

30. 范希曾，《南獻遺徵箋》，民國 20 年淮陰范氏家刻露氏遺著本。

31. 柳詒徵，《中國文化史》（台北：正中書局本）。

32. 胡逢祥・張文建，《中國近代史學思潮與流派》（上海：華東師範大學版社，1991 年）。

33. 馬金科・洪京陵，《中國近代史學發展概論（1840～1949）》（北京：中國人民大學出版社，1994 年）。

34. 梁啓超,《清代學術概論》(台北:商務印書館本)。

35. 梁啓超,《近代學風之地理分布》(台北:中華書局本)。

36. 梁啓超,《中國近三百年學術史》(台北:華世出版社,民國 73 年 8 月初版)。

37. 袁英光・桂遵義,《中國近代史學史》(江蘇古籍出版社,1989 年)。

38. 倉修良主編,《中國史學名著評介》(濟南:山東教育出版社,1990 年)。

39. 孫春在,《清末公羊思想》(台灣:商務印書館,民國 74 年初版)。

40. 張相文,《南園叢稿》(台北:文海出版社,民國 57 年)。

41. 張元濟,《校史隨筆》(台灣:商務印書館,民國 61 年台二版)。

42. 張舜徽,《清儒學記》(濟南:齊魯出版社,1991 年 1 版)。

43. 郭伯恭,《四庫全書纂修考》(台灣:商務印書館,民國 73 年 5 月台三版)。

44. 郭延禮,《龔自珍年譜》(濟南:齊魯書社,1987 年)。

45. 郭廷以,《中國近代史綱》(香港:中文大學本)。

46. 屠孝宦,《先君敬山先生年譜》(附於上海古籍出版社所出版之《蒙兀兒史記》)。

47. 陶懋炳,《中國古代史學史略》(湖南:人民出版社,1987 年)。

48. 陶晉生,《中國近古史》(東華書局,民國 80 年 10 月)。

49. 陳垣,《陳援庵先生全集》(台北:新文豐出版社,民國 82 年初版)。

50. 陳寅恪,《陳寅恪先生文集》(台北:里仁書局,民國 71 年)。

51. 陳高華・陳智超,《中國古代史史料學》,(北京出版社,1983 年)。

52. 陳清泉等編,《中國史學家評傳》(河南:中州古籍出版社,1985 年)。

53. 陳耀南,《魏源研究》(香港:乾惕書屋,1979 年)。

54. 陳捷先,《明清史》(台北:三民書局,民國 79 年)。

55. 盛郎西,《中國書院制度》(上海:中華書局,民國 23)年。

56. 傅樂成,《中國通史》(台北:大中國圖書公司,民國 75 年 9 月四版)。

57. 楊翼驤,《中國史學史資料編年》(第二冊)(天津:南開大學出版社,1994 年)。

58. 齊思和,《中國史探研》(北京:中華書局,1981 年)。

59. 葉含秋,《宋濂年譜》(東海大學中國文學研究所碩士論文,民國 79 年 5 月)。

60. 蔣夢麟,《西潮》(台北:久大文化公司,1991 年 9 月)。

61. 錢穆,《中國近三百年學術史》(台灣:商務印書館,民國 69 年台七版)。

62. 賽金花口述,劉復・商鴻逵筆錄,《賽金花本事》(北平:星雲堂書店,民國 23 年)。

63. 蕭一山,《清代通史》(台灣:商務印書館,民國 69 年 1 月台五版)。

64. 蕭啓慶,《西域人與元初政治》(台北:國立臺灣大學文學院,民國 55 年)。

65. 蕭啓慶,《元代史新探》(台北:新文豐出版社,民國 72 年)。

66. 蕭啓慶，《蒙元史新研》（台北：允晨公司，民國 83 年 9 月初版）。

67. 顧頡剛，《當代中國史學》（香港：龍門書店，1964 年）。

（2）專　文

1. 王國維，〈南宋人所傳蒙古史料考〉（《清華學報》第 4 卷第 1 期）。

2. 王國維，〈沈乙庵先生七十壽序〉（《觀堂集林》卷十九）。

3. 王鍾翰錄，〈張孟劬（爾田）先生遯堪書題〉（《史學年報》第 2 卷第 5 期，民國 27 年 12 月）。

4. 王壽南，〈龔自珍先生年譜〉（《大陸雜誌》第 18 卷第 7、8、9 期）。

5. 王德毅，〈姚從吾先生年譜〉（《台大歷史學報》第 1 期，民國 63 年 5 月）。

6. 王明蓀，〈元代之史館與史官〉（《第三屆史學史國際研討會論文集》，中興大學出版，民國 80 年 2 月（又見於《宋史研究集》第二十五輯））。

7. 王記錄，〈錢大昕的學術思想〉（《史學史研究》，1997 年第 1 期）。

8. 王俊義，〈康乾盛世與乾嘉學派——兼論乾嘉學派的流派及其評價〉（《清代研究集》第四輯，四川人民出版社，1986 年 6 月）。

9. 王繼，〈畢秋帆述評〉（《蘭州大學學報》（社會科學版），1983 年第 2 期）。

10. 王聿均，〈徐松的經世思想〉（《近世中國經世思想研討會論文集》，中央研究院近代史研究所出版，民國 73 年 4 月）。

11. 王家儉，〈魏源的史學與經世史觀〉（《台灣師範大學歷史學報》第 21 期，民國 82 年 6 月）。

12. 王爾敏，〈張之洞與晚清中西調和之思想〉（《中國近代思想史論》，台北：華世出版社，民國 66 年）。

13. 甲凱，〈陳新會史學〉（《輔仁學誌（文學院之部）》第 8 期，民國 68 年）。

14. 甲凱，〈明代的學風與士習〉（《中國歷史學會史學集刊》第 7 期）。

15. 史筠，〈我國學者長期以來對蒙古史的研究概況〉（《蒙古史論文選集》第四輯，1984 年）。

16. 史筠，〈國外蒙古史研究的發展和若干值得注意的問題〉（《蒙古史論文選集》第四輯 1984 年）。

17. 朱仲玉，〈宋濂和王禕的史學成就〉（《史學史研究》1983 年第 4 期）。

18. 牟潤孫，〈蓼園問學記〉（《注史齋叢稿》台灣商務印書館，民國 79 年 6 月）。

19. 牟潤孫，〈勵耘書屋問學回憶——陳垣庵先師誕生百周年紀念感言〉（《明報月刊》，15 卷 11 期，1980 年 11 月）。

20. 牟潤孫，〈錢大昕著述中論政微言〉（《明報月刊》第 16 卷 12 期，1981 年）。

21. 牟潤孫，〈清代史學沒落之原因〉（《海遺雜著》，1990 年，香港：中文大學出版）。

22. 牟小東，〈記近代史家柯劭忞〉（《史學史研究》，1993 年第 1 期）。

23. 全漢昇，〈清末反對西化的言論〉（《嶺南學報》第 5 卷第 3、4 期）。

24. 杜維運，〈清代歷史地理〉（《中國歷史地理》第三冊）。

25. 杜維運，〈西方史學輸入中國考〉（《台大歷史學報》第 3 期，民國 65 年 5 月）。

26. 杜維運，〈民國史學與西方史學〉（《憂患與史學》，台北：東大出版社，民國 82 年 1 月出版）。

27. 杜維運，〈屠寄傳〉（《歷史的兩個境界》，台北：東大出版社，民國 84 年 7 月）。

28. 沈兼士，〈近三十年來中國史學之趨勢〉（《沈兼士學術論文集》（北京：中華書局，1986，年 12 月）。

29. 余大鈞，〈十四世紀伊朗史學家拉施特丁主編的歷史巨著《史集》〉（《內蒙古大學學報》（哲學社會科學版），1978 年第 2 期）。

30. 余大鈞，〈十三世紀伊朗史家志費尼和他的歷史著作《世界征服者史》〉（《內蒙古大學學報》，1980 年第 2 期）。

31. 余大鈞，〈清代學者張穆及其對我國西北史地學的貢獻〉（《內蒙古大學學報》（哲學社會科學版），1984 年第 2 期）。

32. 余大鈞，〈論屠寄《蒙兀兒史記》〉（《元史論叢》，北京：中華書局，1986 年 1 月。

33. 〔英國〕H.Howorth 原序，何炳松譯並作導言，〈蒙史導言並序〉（《東方雜誌》第 22 卷第 15 號，民國 14 年 8 月）。

34. 何炳松，〈元史外紀・譯者導言〉（《民鐸雜誌》第 6 卷第 3 號，民國 14 年）。

35. 何佑森，〈元史藝文志補注〉（《新亞學報》，1957 年第 2 卷第 2 期與 1958 年第 3 卷第 2 期）。

36. 何佑森，〈清代漢宋之爭平議〉（《台大文史哲學報》第 27 期）。

37. 何冠彪，〈乾隆朝重修遼、金、元三史剖析〉（《蒙古學信息》，1997 年第 1 期）。

38. 李國祁，〈道咸時期我國的經世致用思想〉（《中央研究院近代史研究所集刊》第十五期）。

39. 金毓黻，〈唐宋時代設館修史制度考〉（《說文月刊》第 3 卷第 8 期，民國 31 年 9 月）。

40. 周予同，〈「漢學」與「宋學」〉（《周予同經學史論著選輯》，上海：人民出版社，1983 年）。

41. 周予同，〈五十年來中國之新史學〉（《周予同經學史論著選輯》，上海：人民出版社，1983 年）。

42. 林慶彰，〈實證精神的尋求──明清考據學的發展〉（《中國文化新論》（學術篇）（台北：聯經公司，民國 70 年 12 月）。

43. 洪金富，〈從元史到新元史〉（《六十年來之國學》第三冊，台北：正中書局，民國 60 年）。

44. 邱樹森，〈我國元史研究的展望〉（《南京大學學報》1986 年第 4 期）。

45. 姚漁湘，〈民國歷史學人表〉（《大陸雜誌》第 26 卷第 6、8 期）。

46. 胡適，〈清代學者的治學方法〉（《胡適文存》第 1 集第 2 卷）。

47. 胡逢祥，〈沈垚西北史地學述評〉（《中國史學集刊》第一輯，江蘇：古籍出版社，1984 年 4 月）。

48. 俞旦初，〈二十世紀初年中國的新史學思潮初考〉（《史學史研究》，1982 年第 3～4 期與 1983 年第 2 期）。

49. 柳詒徵，〈柯劭忞傳〉（《國史館館刊》第 1 卷第 2 期，1948 年 3 月）。

50. 唐景生，〈清儒西北地理學述略〉（《東方雜誌》第 28 卷第 21 號）。

51. 徐一士，〈關於柯劭忞〉（《逸經》第 25 期，民國 26 年 3 月）。

52. 徐一士，〈再述柯劭忞軼事〉（《逸經》第 28 期，民國 26 年 4 月）。

53. 柴德賡，〈王西莊與錢竹汀〉（《史學叢考》，北京：中華書局，1982）。

54. 柴德賡，〈王西莊與十七史商榷〉（《史學叢考》，北京：中華書局，1982）。

55. 張爾田，〈清故學部左丞柯君墓誌銘〉（《史學年報》第 3 卷第 1 期）。

56. 張爾田，〈清儒學案序〉（《國風半月刊》第 5 卷第 8、9 合期，民國 22 年）。

57. 張君勱，〈中國學術史上漢宋兩派之長短得失〉（《再生》第 4 卷三月號）。

58. 張帆，〈元代實錄材料的來源〉（《史學史研究》，1988 年第 4 期）。

59. 張承宗，〈魏源的改革與史學成就〉（《蘭州大學學報》（哲學社會科學版），1985 年第 1 期）。

60. 張承宗，〈清代的元史研究〉（《史學史研究》，1992 年第 4 期）。

61. 張蔭麟，〈明清之際西學輸入中國考略〉（《張蔭麟先生文集》，台北：九思出版社，民國 66 年）。

62. 陳叔陶，〈新元史本證〉（《史語所集刊》第 7 本第 3 分）。

63. 陳讓，〈汪輝祖年譜〉（《輔仁學誌》第 1 卷第 2 期）。

64. 陳高華，〈元史纂修考〉（《歷史研究》，1990 年第 4 期）。

65. 陳祖武，〈從清初的反理學思潮看乾嘉學派的形成〉（《清史論叢》第六輯，北京：中華書局，1986 年 6 月）。

66. 陳其泰，〈龔自珍的史學思想〉（《史學史資料》，1980 年第 6 期）。

67. 陸寶千，〈嘉道史學〉（《清代思想史》，台北：廣文書局，民國 72 年 9 月三版）。

68. 郭廷以，〈從張騫到左宗棠——西北兩千年的經營〉（《大陸雜誌》第 7 卷第 1～2 期）。

69. 郭廷以，〈近代科學與民主思想的輸入〉（《大陸雜誌》第 4 卷第 1～2 期）。

70. 郭雙林，〈論嘉道年間的西北地學〉（《河南大學學報》（社會科學版），1993 年 1 月）。

71. 祥伯，〈近二百年國人對於中亞地理之貢獻〉（《中央亞細亞季刊》第 2 卷 4 期，民國 32 年 10 月）。

72. 屠寄，〈答張蔚西成吉思汗陵寢辨證書〉(《史地雜誌》第 10～11 期)。

73. 黃兆強，〈《元史》纂修若干問題辨析〉(《東吳歷史學報》第 1 期，民國 84 年 4 月)。

74. 黃兆強，〈錢大昕元史研究動機探微及學人對錢氏述評之研究〉(《東吳歷史學報》第 2 期，民國 85 年 3 月)。

75. 黃兆強，〈《元史類編》之研究——以本書〈凡例〉爲主軸所展開之探討〉(《東吳歷史學報》第 3 期，民國 86 年 3 月)。

76. 黃兆強，〈汪輝祖先生 (1731～1807) 年譜〉(《東吳歷史學報》第 4 期，民國 87 年 3 月)。

77. 黃啓華，〈乾嘉考據學興起的一些線索——兼論顧炎武錢大昕學術思想的發展關係〉(《故宮學術季刊》第 8 卷第 3 期，民國 80 年)。

78. 童浩，〈魏源與《元史新編》〉(《中國近代史學史論集》(二)，華東大學出版社，1994 年)。

79. 喻大華，〈清嘉道時期學術潮流述論〉(《遼寧師範大學學報》(社會科學版) 1991 年第 2 期)。

80. 喻大華，〈論 19 世紀中國史學界邊疆史地研究的熱潮〉(《遼寧師範大學學報》(社會科學版，1991 年第 2 期)。

81. 湯開建・李直中，〈王先謙與《蒙古通鑑長編》〉(《元史論叢》第四輯)。

82. 楚金，〈道光學術〉(《中和月刊》第 2 卷，又收入《中國近三百年學術思想論集》，香港存萃學社編，民國 60 年)。

83. 楊聯陞，〈官修史學的結構——唐朝至明朝間正史撰修的原則與方法〉(《國史探微》(台北：聯經公司，民國 73 年 2 月再版)。

84. 齊思和，〈魏源與晚清學風〉(《燕京學報》第 39 期)。

85. 齊思和，〈晚清史學發展〉(《中國史探研》，北京：中華書局，1981 年)。

86. 齊思和，〈近百年來中國史學的發展〉(《燕京社會科學》，1949 年第 2 卷)。

87. 蔡美彪，〈中國元史研究的歷程〉(《元史研究通訊》，1986 年第 2 期)。

88. 鄭鶴聲，〈清儒對「元史學」之研究〉(《史地學報》第 3 卷第 4、5 期，民國 24 年 12 月至民國 25 年 3 月)。

89. 閻崇年，〈清代史壇大家孫承澤〉(《故宮博物院院刊》，1983 年第 1 期)。

90. 潘世憲，〈日本蒙古史研究概況〉(《中國蒙古史學會成立大會紀念集刊》，1971 年 9 月)。

91. 劉師培，〈清儒得失論〉(《劉申叔先生遺書》第 49 冊)。

92. 鄧雲鄉，〈汪輝祖〉(《學林漫錄》第十集，北京：中華書局，1985 年 5 月)。

93. 錢穆，〈朱子的史學〉(《朱子新學案》第五冊，台北：三民書局，民國 60 年 9 月)。

94. 韓儒林，〈元史研究之回顧與前瞻〉(《責善半月刊》第 2 卷第 7 期，民國 29 年)。

95. 韓儒林，〈關於洪鈞〉（《邊政公論》第 1 卷第 9 期，民國 31 年）。

96. 羅仲輝，〈明初史館和《元史》的修纂〉（《中國史研究》1992 年第 1 期）。

97. 羅炳綿，〈清代考證學淵源和發展之社會史的考察〉（《新亞學術集刊》第 2 期，1979 年）。

（4）外文譯著

1. 〔蒙古〕比拉著・陳弘法譯，《蒙古史學史》（內蒙古教育出版社，1988 年初版）。

2. 〔蘇俄〕戈爾曼著・陳弘法譯，《西方蒙古史研究》（內蒙古教育出板社，1992 年初版）。

3. 〔美國〕湯普森（J.W.Tompson）・謝德風譯，《歷史著作史》（北京商務印書館，1988 年）。

4. 〔波斯〕拉施特（Rashid-ad-Din）主編，余大鈞・周建奇譯，《史集》（北京商務印書館，1992 年）。

5. 〔波斯〕志費尼（Juvaini）原著・周高濟譯，《世界征服者史》（The, History, of, the World-Conqueror）（內蒙古人民出版社，1981 年）。

6. 〔法國〕多桑（D'hosson）著・馮承鈞譯，《多桑蒙古史》（台灣：商務印書館，民國 51 年 8 月）。

7. 〔法國〕沙海昂（Cnarignon）註・馮承鈞譯，《馬可波羅行紀》（台灣：商務印書館，民國 51 年）。

8. 〔法國〕伯希和著・馮承鈞譯，《蒙古與教廷》（北京：中華書局，1994 年）。

9. John K.Fairbank・劉廣京主編，張玉法主譯，《劍橋中國史晚清篇》（台北：南天書局民國 76 年 9 月初版）。

10. 〔日本〕內藤虎次郎，〈意園懷舊錄〉，《中國近三百年學術思想論集》（香港：存萃學社編輯，民國 56 年）。

11. 〔日本〕東京帝國大學教授會撰・王桐齡譯，〈柯劭忞《新元史》論文審查報告〉（《學衡》第 30 期，民國 13 年 6 月）。

四、外文論著
（1）日　文

1. 那珂通世，《成吉思汗實錄》（東京：筑摩書房，昭和 18 年（1943））。

2. 張穆著・須佐嘉橘譯，《蒙古遊牧記》（東京：開明堂，昭和 14 年（1939））。

3. 小林高四郎，《元朝秘史の研究》（東京：日本學術振興會刊，1954）。

4. 箭內互，《蒙古史研究》（東京：西田書店，昭和 41 年（1966））。

5. 內藤湖南，《支那史學史》（東京：弘文堂，1952 年）。

6. 內藤湖南，〈蒙文元朝秘史〉，《內藤湖南全集》第十二卷之《目睹書譚》（東京弘文堂，1952 年）。

7. 神田喜一郎，〈內藤湖南先生と文廷式〉，《神田喜一郎全集》（京都：株氏會社同朋社，昭和 61 年（1986））。

8. 市村瓚次郎，〈元の實錄及び經世大典にする〉，（收入箭內互著《蒙古史研究》，刀江書院，1930 年）。

9. 箭內互，〈元史に對する惡評に就二〉（《東洋學報》第 1 卷第 1 期，1911 年）。

10. 桑原騭藏，〈柯劭忞の《新元史》帖木兒傳〉（《史林》第 1 卷第 2 期，大正五年（1916））。

（2）英 文

1. Barraclough, Geoffrey. *Main Trends in History.* New York：Holmes，&，Meier Publishers, 1978.

2. Beasley, W. G., and E. G. Pulleyblank, eds. *Historian of Chian and Japan History.* Oxford University Press, 1961.

3. Bretschnieder, Emil. *Mediaeval, researches, of, Eastern, Asiatic, Sources.* London, 1910.

4. Butterfield, Herbert. *The Origins of History.* Basic Books, 1981.

5. Elman, Benjamin A. *From Philosophy to Philology：Intellect and Social Aspects of Change in Late Imperial China.*

6. Fairbank, Herbert., and Denis Twitchett, eds. *Alien Regimes and Border States 907 ～1368,* pt1. Vol. 3 of The Cambridge History of China. Cambridge：Cambridge University, 1994.

7. Gooch,G.P.,History and Historians in the Nineteenth Century, Longmans,Green and Company 1959.

8. Howorth, H.*History of the Mongols.* 4 vols. London, 1876～1927.

9. Hung, Willian 洪業. *"Three of Ch'ien Ta-Hsin's（錢大昕）Poems on Yuan History."* Havard Journal of Asiatic Studies, Volume19, 1955.